BATISMO
DE SANGUE

BATISMO DE SANGUE
Prêmio Jabuti 1982 – melhor livro de memórias do ano, concedido pela Câmara Brasileira do Livro
Dossiês Carlos Marighella & Frei Tito

FREI BETTO

BATISMO DE SANGUE
GUERRILHA E MORTE DE CARLOS MARIGHELLA

Rocco

Copyright © 2006 *by* Frei Betto

Direitos desta edição reservados à
EDITORA ROCCO LTDA.
Rua Evaristo da Veiga, 65 – 11º andar
Passeio Corporate – Torre 1
20031-040 – Rio de Janeiro – RJ
Tel.: (21) 3525-2000 – Fax: (21) 3525-2001
rocco@rocco.com.br
www.rocco.com.br

Printed in Brazil/Impresso no Brasil

preparação de originais
MARIA HELENA GUIMARÃES PEREIRA

CIP-Brasil. Catalogação na publicação.
Sindicato Nacional dos Editores de Livros, RJ.

B466b Betto, Frei, 1944-
Batismo de sangue: guerrilha e morte de Carlos Marighella /
Frei Betto. – [14]. ed., rev. e ampl. – Rio de Janeiro: Rocco, 2021.

"Prêmio Jabuti 1982 – Melhor livro de memórias do ano"
ISBN 978-65-5532-116-6

1. Marighella, Carlos, 1911-1969. 2. Guerrilheiros – Biografia –
Brasil. 3. Prisioneiros políticos – Biografia – Brasil. 4. Brasil –
Política e governo – 1964-1985. I. Título.

21-71224   CDD-920.9322420981
                                        CDU-929:356.15(81)

Leandra Felix da Cruz Candido – Bibliotecária – CRB-7/6135

O texto deste livro obedece às normas
do Acordo Ortográfico da Língua Portuguesa

A Sônia Queiroz & Fernando Lopes,
que me auxiliaram na pesquisa em jornais,

e a Mariaugusta Salvador,
que me ajudou a levantar o processo nos tribunais,
o testemunho de minha fraterna gratidão.

Para Jorge de Miranda Jordão,
que, no afeto, venceu o medo.

Aos trabalhadores brasileiros,
que, com suas lutas,
restauram esperanças.

In memoriam

Dos companheiros assassinados

Aderval Alves Coqueiro,
Carlos Eduardo Pires Fleury,
Jeová de Assis Gomes

e

Frei Tito de Alencar Lima;

Dos desaparecidos

Issami Nakamura Okamu,
Daniel José de Carvalho e
Joel José de Carvalho,

com quem convivemos na mesma cela, em 1970.

Retiro da maldição e do silêncio,
e aqui inscrevo seu nome de baiano:
Carlos Marighella.

JORGE AMADO

Sumário

I. Carlos, o itinerário 15
II. Sul, a travessia 63
III. Prisão, o labirinto 133
IV. Morte, a cilada 227
V. DEOPS, a catacumba 309
VI. Tito, a paixão 365
    Anexos 417
    Fontes 437
    Obras do autor 441

SIGLAS

ABC – Região industrial vizinha à capital paulista. A sigla refere-se aos municípios de Santo André, São Bernardo do Campo e São Caetano do Sul.

AID – *Agência Internacional de Desenvolvimento*, um dos serviços de intromissão do governo dos Estados Unidos na vida interna de outras nações.

ALN – *Ação Libertadora Nacional*, nome do movimento guerrilheiro comandado por Carlos Marighella, atuante entre os anos de 1968 e 1974.

AP – *Ação Popular*, movimento político de esquerda que, entre os anos de 1962 e 1975, atuou sob inspiração inicialmente cristã, depois maoísta e, por fim, marxista-leninista.

CELAM – *Conselho Episcopal Latino-Americano*, órgão que congrega, em nosso continente, os bispos da Igreja Católica, e tem sede na Colômbia. Promoveu as famosas conferências episcopais de Medellín (1968) e de Puebla (1979).

CENIMAR – *Centro de Informações da Marinha.*

CIA – *Agência Central de Inteligência*, dos Estados Unidos.

CNBB – *Conferência Nacional dos Bispos do Brasil.*

CODI – *Centro de Operações de Defesa Interna.*

CPI – *Comissão Parlamentar de Inquérito.*

DETRAN – *Departamento de Trânsito.*

DEOPS – *Departamento Estadual de Ordem Política e Social.*

DOI – *Destacamento de Operações de Informações.*

DOI/CODI – Sigla do organismo que integrava o DOI e o CODI por força de decreto do presidente Médici, de setembro de 1970.

DOPS – *Departamento de Ordem Política e Social*, subordinado aos governos estaduais.

FAB – *Força Aérea Brasileira.*

ILADES – *Instituto Latino-Americano de Desenvolvimento*, órgão interessado nas questões sociais e vinculado ao Celam.

ITA – *Instituto Tecnológico da Aeronáutica*, em São José dos Campos (SP).

JEC – *Juventude Estudantil Católica*, movimento especializado da *Ação Católica*, atuante no meio secundarista entre os anos de 1958 e 1964.

JUC – *Juventude Universitária Católica*, movimento especializado da *Ação Católica*, atuante especialmente entre os anos de 1948 e 1964.

MOLIPO – *Movimento de Libertação Popular*, formado em 1972 por ex-militantes da ALN.

MRT – *Movimento Revolucionário Tiradentes*, organização guerrilheira urbana, atuante entre os anos de 1969 e 1970.

MR-8 – *Movimento Revolucionário 8 de Outubro*, organização política de esquerda, que participou da guerrilha entre os anos de 1969 e 1972, tornando-se posteriormente um partido marxista-leninista. Após o fim da ditadura, aliou-se a políticos como o paulista Orestes Quércia.

OBAN – *Operação Bandeirantes*. Centro de tortura que funcionava no quartel do Exército na rua Tutoia, São Paulo. Foi montado com a colaboração financeira de empresários e inaugurado, a 29 de junho de 1969, pelo governador Abreu Sodré. Ali funcionava o DOI.

OLAS – *Organização Latino-Americana de Solidariedade*, fundada em Cuba, em 1967, com o propósito de incentivar as lutas de libertação nos países do continente.

PC – *Partido Comunista*.

PCB – *Partido Comunista do Brasil*, até 1961, e *Partido Comunista Brasileiro*, desde então, quando surge, em 1962, o PCdoB, *Partido Comunista do Brasil*, de tendência maoísta em seus primórdios e, posteriormente, albanesa. Os dois partidos comunistas reivindicam terem sido fundados em 1922.

PCBR – *Partido Comunista Brasileiro Revolucionário*.

PCUS – *Partido Comunista da União Soviética*.

PM – *Polícia Militar*.

REDE – *Resistência Democrática*.

SNI – *Serviço Nacional de Informações*. Em 1999, passou a chamar-se Agência Brasileira de Inteligência – Abin.

STM – Superior Tribunal Militar.

TFP – Tradição, Família e Propriedade, movimento ultramontano católico, fundado por Plínio Corrêa de Oliveira, de fanática atuação anticomunista. Não é reconhecido pela hierarquia da Igreja Católica.

UBES – *União Brasileira dos Estudantes Secundaristas*.

UNE – *União Nacional dos Estudantes*.

USP – *Universidade de São Paulo*.

VPR – *Vanguarda Popular Revolucionária*, movimento guerrilheiro cuja principal figura foi o capitão Carlos Lamarca. A VPR atuou entre os anos de 1968 e 1971.

I. CARLOS, O ITINERÁRIO

1

"Foi na realidade uma noite do povo", publicou O Globo em sua edição do dia seguinte. Espetáculo de gala no estádio do Pacaembu, em São Paulo. Pelé teria festejado seu milésimo gol se o resultado fosse o contrário. Mas foi o Corinthians que marcou quatro gols no Santos. Magnífica atuação do time do Parque São Jorge. A equipe praiana fez apenas um tento. E não foi de Pelé, mas de Edu.

Os portões do estádio foram franqueados ao público. Arquibancadas repletas, torcidas excitadas, tambores, cornetas e apitos alegravam a noite de terça-feira, 4 de novembro de 1969. Bandeiras coloridas flutuavam sobre a multidão que aplaudia o desempenho de seus times.

Bem que Pelé tentou. Mas não seria ainda daquela vez. Quando ele dominava a bola, o coração da torcida batia acelerado. O milésimo gol de sua carreira poderia ocorrer a qualquer momento. Rivelino, porém, roubou-lhe a noite e balançou a rede adversária duas vezes. Pelé permaneceu na soma de 996 gols ao longo de seu inigualável desempenho como jogador de futebol.

A contagem foi aberta aos 25 minutos. Rivelino centrou forte para a pequena área, Ivair entrou livre e tocou a bola para dentro da meta do goleiro santista. A torcida corintiana explodiu: a euforia reboava, as cornetas soavam estridentes, as baterias assemelhavam-se a disparos acelerados dos canhões em salvas de tiros. Aos

32 minutos, Benê tentou cortar Joel e Ramos Delgado, e foi derrubado pelo primeiro. De pé esquerdo, Rivelino bateu a falta. Chutou entre a barreira do Santos e viu a pelota enroscar-se no fundo da cidadela de Agnaldo.

No intervalo do jogo, a torcida movimentava-se agitada. O cheiro de suor misturava-se ao hálito úmido do clima chuvoso da noite. Dedos nervosos cruzavam, entre mãos estendidas, dinheiro, pipocas, refrigerantes, sanduíches, amendoim torrado. Possantes holofotes cobriam com um véu branco o gramado verde do Pacaembu. Nos vestiários, os times recobravam fôlego. Súbito, um ruído metálico de microfonia ressoou pelo estádio. Um ajustar de ferros puxados por corrente elétrica. Cessaram as batucadas, silenciaram as cornetas, murcharam as bandeiras em torno de seus mastros. O gramado vazio aprofundou o silêncio curioso da multidão. O locutor pediu atenção e deu a notícia, inusitada para um campo de futebol: *Foi morto pela polícia o líder terrorista Carlos Marighella.*

2

Augusto Marighella viera de Ferrara para a Bahia, acompanhado de outros imigrantes do Norte da Itália. Era de Emília, terra de destacados líderes italianos, como o fascista Mussolini e o socialista Nenni. Mecânico de profissão, socialista de ideias, trazia consigo a experiência emergente do sindicalismo europeu.

A baiana Maria Rita fixou o coração de Augusto em terra brasileira. Descendia dos negros haussás, escravos africanos trazidos do Sudão, sempre rebeldes à privação

I. CARLOS, O ITINERÁRIO

da liberdade. Moravam em Salvador, na rua do Desterro 9, na Baixa do Sapateiro. Ali, a 5 de dezembro de 1911, nasceu o filho Carlos.

É dura a vida de operário; nesta terra, quem não é doutor não tem vez, sabia Augusto. A mulher não queria os oito filhos subjugados como seus ascendentes negros; queria-os livres, senhores de seu destino. Os pais não pouparam esforços para que Carlos ingressasse, aos 18 anos, no curso de Engenharia Civil da antiga Escola Politécnica da Bahia.

3

Dissertar sobre as propriedades do hidrogênio – elemento. Sua preparação no laboratório e na indústria.

Era o tema da prova de Química naquele sábado, 27 de junho de 1931. O aluno Carlos Marighella redigiu-a em versos:

*De leveza no peso são capazes
Diversos elementos, vários gases.*

*O hidrogênio, porém, é um gás que deve
Ter destaque, por ser o gás mais leve.*

*Combina-se com vários metaloides,
Com todos, aliás, e os sais haloides*

*Provêm de ácidos por aquele gás
Formados, reunindo-se aos metais.*

*Cloro e hidrogênio combinados dão
Um ácido – o clorídrico – e a explosão*

Produzida por bela experiência
Por ser de funesta consequência.

Vale a pena que seja aqui descrita
Essa experiência que acho tão bonita.

O desejado efeito se produz
Na escuridão, ausente toda luz.

O cloro ao lado do hidrogênio fica
Num vaso, e isso por forma alguma implica

Uma veloz combinação dos dois,
Porquanto a mesma só virá depois.

Então, do vaso em se chegando à boca
Uma chama rebomba, estruge, espouca
O violento estampido que anuncia
Pronta a combinação. À luz do dia

Faz-se a combinação rapidamente
(Nesse caso o perigo é iminente.)

De uma notável propriedade goza:
Atravessa veloz qualquer porosa

Superfície e, por ser incomburente,
É queimado, não queima. A luz ardente

Que possui é de cor azul no tom,
E, na harmônica química, o seu som

É típico e assemelha a um longo ronco
De um urso velho dorminhoco e bronco.

I. CARLOS, O ITINERÁRIO

4

O privilégio da carreira universitária não apagara em Carlos as marcas de sua origem proletária e as ideias socialistas que recebera do pai. Sua sensibilidade trazia da infância as histórias de trabalhadores desempregados pelo rápido avanço tecnológico da industrialização europeia e dos escravos refugiados em quilombos nordestinos.

O gosto amargo da injustiça queima as entranhas, sangra o coração, exige o conduto político para não perder-se na revolta individual ou na abnegada fatalidade do destino. Ainda estudante, Marighella ingressou no PCB (Partido Comunista do Brasil). Destacou-se logo como um dos mais combativos militantes baianos, dotado de excepcional capacidade de trabalho e admirável coragem pessoal. Costumava dizer que não tinha tempo para ter medo. Poeta, aos 21 anos criticou, em versos, o interventor da Bahia, Juracy Magalhães. Em represália, foi conduzido pela primeira vez à prisão.

5

A cisão provocada pelo movimento trotskista internacional, em 1936, se refletiria no PCB, especialmente entre as células de São Paulo. Leon Trótski, um dos principais líderes da revolução russa, rompera o monolitismo soviético, impedindo Stálin de arvorar-se em único e verdadeiro intérprete de Marx e Lênin.

A divergência entre Trótski e Stálin era antiga e profunda. Após a revolução, Trótski foi nomeado Comissário dos Negócios Estrangeiros. Em março de 1918, representou o novo regime nas negociações de paz com a Alemanha, em Brest Litovsk. Pessoalmente, era contra a paz em separado com os alemães, como queria Lênin. Acreditava que os soldados germânicos não marchariam contra os trabalhadores russos. Rejeitou, pois, os termos do acordo proposto pelo adversário.

Os fatos, porém, demonstraram que Lênin estava certo. Trótski foi destituído do cargo, tornando-se Comissário da Guerra. Reorganizou o Exército Vermelho, combateu com êxito os grupos contrarrevolucionários, enviou seus soldados a trabalharem na reconstrução das estradas e das ferrovias do país, destruídas pela guerra. Sentia-se no direito de opinar sobre os rumos econômicos da revolução e de fazer duras críticas às medidas administrativas e políticas tomadas por seus companheiros de Partido, o que fez aumentar suas divergências com Lênin, e reforçou a oposição declarada que lhe faziam Stálin, Kamenev e Zinoviev, membros do Politburo – o comitê político do Partido Comunista da União Soviética.

Após a morte de Lênin, em 1924, o grupo liderado por Stálin deteve a hegemonia do Partido. Trótski foi deposto do Comissariado da Guerra e transferido para a direção do Desenvolvimento dos Recursos Elétricos. Renunciou em 1925 e, dois anos mais tarde, foi exilado no Turquestão. Banido da Rússia em 1929, Stálin cassou-lhe a cidadania soviética em 1932.

Assegurar, primeiro, a consolidação do socialismo na Rússia para, em seguida, ajudar os demais povos a se libertar do capitalismo – era a posição defendida por Stálin. Esse "socialismo em um só país" era, para Trótski, uma traição às ideias de Marx. Em sua obra *Permanentnaia Revolutsia* (*A Revolução Permanente*,

I. CARLOS, O ITINERÁRIO

1930), o antigo companheiro de Lênin defendeu a tese de uma permanente ação revolucionária em escala internacional. O socialismo russo só se consolidaria na medida em que realizasse a proposta política lançada pelo autor do *Manifesto comunista*: "Proletários de todo o mundo: uni-vos!" A revolução era internacionalista por natureza.

Não eram apenas as ideias de Trótski que ameaçavam Stálin. Era, sobretudo, sua atitude crítica que punha em xeque o centralismo soviético. Pela primeira vez, a crítica dentro do Partido não obedecia aos critérios e às normas estabelecidos pela própria direção partidária. Essa dissidência iria estruturar-se, como grupo, em agosto de 1933, quando Trótski fundou, em Paris, a Liga Comunista Internacional. Em 1938, a Liga passou a ser considerada, por seus adeptos, a IV Internacional Comunista.

Entre intelectuais do PCB, especialmente em São Paulo, a nova tendência angariou simpatias, ameaçando a unidade partidária. O Comitê Central decidiu entregar a solução da crise à habilidade política de Carlos Marighella. Acatando pedido de Luiz Carlos Prestes e de Astrojildo Pereira, o militante baiano transferiu-se para a capital paulista.

6

Coyoacán é um bairro de periferia elegante, que ainda preserva seus casarões coloniais entre ruas arborizadas. Fiquei com a impressão de que não era uma casa, mas uma fortaleza. Muros altos com guaritas nas pontas e o pesado portão de ferro dão um aspecto sinistro à casa em que Trótski viveu seus últimos dias, na Cidade do México.

Fui com Betinho (Herbert José de Souza), que, embora exilado no mesmo bairro, jamais visitara o local. Naquele ano de 1979, a manhã de fevereiro era fria, seca, iluminada por um sol opaco. Puxamos o cordão da campainha. Fomos recebidos por uma velha judia que, com sua família, residia na casa transformada em museu. O pequeno jardim da entrada abriga o túmulo de Leon Trótski e de Natacha, sua esposa. Da lápide sem inscrições ergue-se o mastro que ostenta a bandeira vermelha da Liga Comunista, sem a foice e o martelo. Em torno do gramado verde, sombreado por pequenos arbustos, a casa tem o formato de um L. Ao fundo, uma construção de dois pavimentos que servia à equipe responsável pela segurança do líder comunista.

A senhora informa que Richard Burton e Alain Delon passaram quase um mês como seus hóspedes, filmando a vida de Trótski. Na pequena sala de entrada, as coisas estão como foram deixadas por seu proprietário. A coleção de jornais da época, com notícias da guerra; os livros em russo, alemão e inglês; alguns objetos pessoais. Ao lado, o escritório em que foi assassinado. Sobre a mesa, papéis com a sua letra. A biblioteca variada esconde as paredes. Notamos que todas as janelas filtram a claridade: por medida de segurança, foram tapadas com tijolos, restando apenas uma pequena fresta de luz.

No quarto, em torno da cama do casal, veem-se ainda os buracos das balas do atentado que teria sido comandado por Siqueiros, famoso muralista mexicano, fiel às ideias de Stálin. Os cômodos são separados por pesadas portas de ferro fundido, como as que se usavam em cofres.

O velho dissidente, com seus óculos de pequenas e redondas lentes brancas, e um fino cavanhaque a esconder-lhe o queixo, sabia que queriam matá-lo. Talvez estivesse convencido de que Stálin teria posto a sua cabeça a prêmio.

I. CARLOS, O ITINERÁRIO

Voluntariamente encarcerado em sua própria casa, tomara todas as precauções para evitar a aproximação de estranhos e reforçara as medidas de segurança.

A morte não costuma mandar aviso prévio. A imaginação assassina ultrapassa os limites da lógica e do razoável. Ao passar pela Europa, rumo ao México – onde chegou em 1937 –, Trótski deixara, a meio caminho, sua jovem secretária, Sílvia, que ele e a mulher tratavam como filha. Pouco depois, ela se juntou a eles em Coyoacán, lamentando apenas a saudade do namorado que ficara na Europa – um jornalista belga que não se mostrava muito interessado em política.

Jacques Mornard aproveitou as férias para visitar a namorada na Cidade do México. Hospedou-se num pequeno hotel e, diariamente, buscava Sílvia à porta da casa para passearem, respeitando as normas de segurança que o impediam de ultrapassar o portão de ferro. A esposa do líder dissidente considerou que não era preciso tanto exagero: afinal, o namorado da filha adotiva merecia ser recebido na família. A recusa de Mornard ao convite levou à porta a própria dona da casa, que insistiu para que o tímido rapaz entrasse para tomar um café. Ele resistiu até o ponto de não parecer grosseiro. Conheceu Trótski, e, como se fossem sogro e genro, passaram a entreter-se em longas conversas. O revolucionário russo expunha com veemência suas ideias, e o jornalista parecia interessado em redigir uma série de artigos para divulgar as teses trotskistas na Europa.

Apenas um detalhe intrigava a esposa do velho líder: Mornard trazia sempre uma capa de gabardina dobrada sobre o braço esquerdo, embora o tempo não ameaçasse chuva. O marido explicou-lhe que era um costume de certos europeus usarem complementos ao vestuário – como capa, bengala ou guarda-chuva – por mera questão de elegância.

Foi em meio a uma dessas conversas, na qual o anfitrião comentava o rascunho de mais um texto de sua autoria, que Mornard puxou, de dentro de sua capa, uma picareta, enterrando-a na cabeça de Trótski. Este ainda conseguiu levantar-se e agarrar-se ao assassino, ordenando à sua guarda que não o matasse. Era preciso apurar o nome do verdadeiro mandante do crime.

Levado ao hospital, Trótski faleceu algumas horas depois, na terça-feira, 20 de agosto de 1940.

O suposto jornalista belga foi entregue à polícia mexicana, que não lhe arrancou nenhuma palavra. Descobriram em seu quarto de hotel uma cabeça de gesso, na qual ensaiara o golpe mortal. O silêncio acompanhou-o ao longo de vinte e sete anos de prisão. Apurou-se apenas que sua verdadeira nacionalidade era espanhola, e seu nome, Ramón Mercader.

Libertado em 1967, passou a viver em Cuba, alheio a toda a publicidade em torno de seu nome e indiferente às tentadoras ofertas que ricas editoras lhe fizeram para que contasse, afinal, quem mandou matar Leon Trótski. Aos poucos, o câncer consumiu Mercader.

Ao deixar a casa de Coyoacán, Betinho e eu tínhamos a sensação de sair de uma prisão. Assustava-nos ainda saber que a peleja entre Trótski e Stálin não cessara com a morte de ambos. De alguma forma, eles sobrevivem. O primeiro, nos grupos vanguardistas que alimentam o mito das massas irredutivelmente revolucionárias e espontaneamente democráticas. O segundo, nos partidos que fazem uma interpretação dogmática do marxismo e, em nome do centralismo democrático, legitimam a prepotência autocrática de seus dirigentes, únicos verdadeiros oráculos do passado, do presente e do futuro.

I. CARLOS, O ITINERÁRIO

7

A habilidade política de Marighella, reforçada por seu raciocínio arisco e palavra abundante, desanuviou a crise entre os comunistas de São Paulo. O proletariado mundial fora traído por Trótski, o visionário que pretendera fazer da revolução russa uma aventura fundada na utopia. Os argumentos do revolucionário baiano, que abandonara o curso de engenharia para dedicar-se exclusivamente ao Partido, convenceram a maioria dos camaradas que, com simpatia, acompanhavam o movimento trotskista. A dissidência paulista ficou restrita a um pequeno grupo.

Diante da necessidade de assegurar a ortodoxia stalinista, o Comitê Central incumbiu Marighella de editar a revista *Problemas*. A lógica militante, precisa, cartesiana, eivada de dogmatismo, como figuras geométricas talhadas em mármore, abriu lugar em sua sensibilidade poética tecida em humor, reverência e paixão.

8

1º de maio de 1936. Nas manifestações dos trabalhadores paulistas, a Polícia Especial de Filinto Müller detectou a presença do PCB, sob o comando de Carlos Marighella. Preso, o jovem comunista foi torturado durante vinte e três dias. Queriam os nomes de seus companheiros de Partido.

A dor fez-se companheira em seu silêncio. A vida e a liberdade de seus camaradas no PCB valiam mais do que a dele. Esse o preço da fidelidade a uma causa, salário de morte e amor que não se paga com o simples querer. A resistência humana tem limites nem sempre conhecidos. Ao encarnar em sua vida os ideais pelos quais lutava, Marighella conseguiu que o limite de sua resistência chegasse à fronteira em que a morte recebe o sacrifício como dom.

Após um ano de prisão, a anistia de 1937 veio libertá-lo. E a instauração do Estado Novo, que consolidou a ditadura de Getúlio Vargas, lançou-o à clandestinidade. Sem temer riscos, o militante comunista mobilizou os trabalhadores paulistas contra o avanço do nazifascismo. Explodiu a Segunda Guerra Mundial, no esforço de conter as investidas das tropas de Hitler sobre o território europeu. A Espanha de Franco, a Itália de Mussolini e o Japão de Hiroíto aliaram-se às pretensões expansionistas do governo alemão.

Na América Latina, o movimento fascista penetrou através dos "camisas-douradas" mexicanos, da Falange colombiana, dos "camisas-negras" peruanos, do Partido Nacional-Socialista argentino e da Ação Integralista Brasileira, de Plínio Salgado, que congregava os "camisas-verdes".

Quanto ao conflito mundial, a ditadura de Vargas mantinha-se em duvidosa neutralidade, pressionada, de um lado, pelos integralistas e, de outro, pelos comunistas. Inspirado no *Front Populaire,* organizado por Maurice Thorez como reforço à Resistência Francesa, Marighella dedicou-se a estruturar o CNOP (Conjunto Nacional de Operações Práticas), cujo objetivo era forçar o Brasil a entrar na guerra contra os nazistas e popularizar as bandeiras de luta defendidas pelo Partido.

I. CARLOS, O ITINERÁRIO

O êxito de seu trabalho custou-lhe a precária e arriscada liberdade. Novamente preso em 1939, os homens da polícia de Filinto Müller fizeram-no conhecer as agruras do inferno no Presídio Especial de São Paulo: queimaram-lhe as solas dos pés com maçarico, enfiaram estiletes sob as unhas, arrancaram alguns dentes. Mas não conseguiram fazê-lo falar. Seu mutismo foi o selo da fidelidade. Lograram apenas deixar, em sua testa larga, a pequena cicatriz que restou da coronhada recebida ao dar uma risada na cara de um policial, em plena tortura. Seu comportamento levaria um delegado a afirmar que "só existe um macho no Partido Comunista: é esse baiano Marighella".

Entregue à solidão do cárcere, aflorou o poeta que o habitava para compor os versos do poema "Liberdade":

Não ficarei tão só no campo da arte,
e, ânimo firme, sobranceiro e forte,
tudo farei por ti para exaltar-te,
serenamente, alheio à própria sorte.

Para que eu possa um dia contemplar-te
dominadora, em férvido transporte,
direi que és bela e pura em toda parte,
por maior risco em que essa audácia importe.

Queira-te eu tanto, e de tal modo em suma,
que não exista força humana alguma
que esta paixão embriagadora dome.

E que eu por ti, se torturado for,
possa feliz, indiferente à dor,
morrer sorrindo a murmurar teu nome.

Transferido para a ilha de Fernando de Noronha, presídio improvisado para acolher comunistas e integralistas, Marighella dividia o seu tempo entre a educação cultural e política de seus companheiros e o cuidado de uma horta que supria a alimentação deficiente com legumes e verduras frescos. Os últimos anos de cadeia passou-os na Colônia de Dois Rios, na Ilha Grande. Só a anistia conquistada pelo movimento social em 1945 o traria de volta à liberdade, após seis anos de encarceramento. O fim da guerra, com a vitória dos Aliados, acelerou a queda de Vargas. Marighella retornou à militância, agora como membro do Comitê Central do PCB. A CPI que investigaria as torturas do Estado Novo haveria de constatar que, "com referência ao deputado Carlos Marighella, apurou aquele médico (Dr. Nilo Rodrigues) que nunca viu tanta resistência a maus-tratos, e tanta bravura".

9

As circunstâncias de guerra, que aliaram Estados Unidos e União Soviética contra os inimigos comuns, e o advento da democracia burguesa em nosso país criaram as condições para a legalização do PCB. Seus militantes candidataram-se às eleições da Assembleia Constituinte. Marighella regressou à Bahia e, após rápida campanha, elegeu-se um dos deputados federais mais votados, tendo Jorge Amado como companheiro de bancada e de Partido.

Ao inaugurar-se a Constituinte, em 1946, o nome de Carlos Marighella figurava como o segundo orador inscrito. Discursou inflamado contra a indicação do presidente da Assembleia, "membro, nesta casa de eleitos, de um corpo estranho, o Tribunal de Justiça, para o qual foi nomeado pela ditadura de Getúlio Vargas".

Na elaboração da nova carta constitucional, destacou-se como um dos principais autores do capítulo sobre liberdade e garantias individuais. Eleito quarto secretário da mesa da Constituinte, em menos de dois anos pronunciou 195 discursos, o que levaria o general Euclydes Figueiredo – pai do general João Baptista Figueiredo – a elogiá-lo por sua atuação.

Havia uma divisão de tarefas: enquanto Marighella ocupava a tribuna do Palácio Tiradentes, Jorge Amado trabalhava nas comissões. Sua oratória prenunciou a volta da "caça às bruxas": protestou contra o fechamento da Juventude Comunista, o rompimento das relações diplomáticas do Brasil com a União Soviética, o decreto do general Dutra tornando ilegal o PCB – seus deputados passaram a ser considerados "sem partido".

Em novembro de 1947, no seu último discurso como parlamentar, Marighella manifestou-se contra a cassação de seu mandato e o de todos que foram eleitos pela legenda do Partido. Mas sua indignação não encontrou eco, assim como resultaram inúteis as 330 emendas – quase todas escritas por ele – que os comunistas apresentaram ao projeto de cassação remetido pelo presidente Dutra. Era o reflexo do início da Guerra Fria num país como o nosso, satélite da política e da economia norte-americanas. Despido de seu mandato parlamentar, o militante baiano trocou os atapetados salões do Palácio Tiradentes, no Rio, pelos sinuosos caminhos da clandestinidade, em São Paulo – palco principal de sua atribulada existência.

Ao se iniciarem os anos 50, o PCB engajou-se resolutamente na campanha presidencial pró-Vargas, na mobilização contra o envio de soldados brasileiros à guerra da Coreia, na denúncia de desnacionalização do ensino e da economia, na luta pelo monopólio estatal do petróleo. "Absolvido" de seus crimes pela imagem de "pai dos pobres", forjada pelo populismo petebista, o ex-ditador voltou ao poder pelas urnas e criou a Petrobras, vetando a exploração do petróleo brasileiro por companhias particulares nacionais ou estrangeiras. Os comunistas desempenharam importante papel em todas essas campanhas. Em São Paulo, Marighella atuava incógnito junto às bases, conhecido apenas pela alcunha de "O Preto". Pouco depois, o Comitê Central convidou-o a passar dois anos na China de Mao. Era preciso conhecer de perto a recente revolução chinesa, apoiada diretamente pela União Soviética. Marighella partiu e passou os anos de 1953 e 1954 no Oriente Vermelho.

10

O relatório Kruschev, como bomba em escola infantil, explodiu no XX Congresso do PCUS, realizado em fevereiro de 1956. Sob o olhar estarrecido das delegações comunistas, não querendo acreditar no que ouviam, o novo secretário-geral do PCUS denunciou os crimes e as atrocidades cometidos por Stálin, sepultado três anos antes.

Na verdade, Kruschev cuspia sobre o prato em que comera, pois fora um dos mais próximos colaboradores do "homem de aço". Durante trinta anos, o poder, na União Soviética, concentrara-se numa só pessoa. O Partido era Stálin, e ele não hesitou em lançar mão

I. CARLOS, O ITINERÁRIO

de uma sistemática política repressiva contra os opositores – muitos deles seus antigos camaradas que, ao lado de Lênin, ajudaram a fazer a revolução russa. Sem dúvida, na Rússia de Stálin desapareceram a miséria dos camponeses e a pobreza dos operários; o povo tornou-se proprietário dos meios de produção e alcançou um nível de vida muito superior ao da classe trabalhadora na maioria dos países capitalistas. A escola e a medicina deixaram de ser privilégio dos mais abastados e ficaram ao alcance de todos. Entretanto, o stalinismo suprimiu a liberdade de opinião, impôs o ateísmo como religião oficial, atrelou a seus interesses a Igreja Ortodoxa Russa, e tornou-se sinônimo de penitenciárias, campos de trabalhos forçados e confinamentos siberianos.

Agora, o sucessor de Lênin – não obstante este, em seu testamento, o qualificasse de "brutal" e "desleal" – era derrubado dos píncaros do culto da personalidade como o vento desfaz, na praia, um boneco de areia.

À semelhança de seus companheiros de Partido, Marighella ficou perplexo. Só em outubro de 1956 o Comitê Central decidiu abrir o debate sobre a questão. A forma de conduzir a discussão gerou uma luta interna no Partido: a discussão ampla e aberta foi defendida por jornalistas, como Osvaldo Peralva, e ex-militares, como Agildo Barata. Eram chamados de "abridistas". Os "fechadistas" insistiam em manter a questão restrita à cúpula do PCB, ocupada por homens como Prestes, João Amazonas, Maurício Grabois, Pedro Pomar, Luiz Teles, Diógenes Arruda Câmara e Carlos Marighella. Este último fazia parte do "grupo baiano" dentro do Partido, ao lado de Mário Alves, Giocondo Dias e Jacob Gorender.

Membro da Comissão Executiva do PCB a partir de 1957, Marighella também aprovou as teses defendidas pelo Partido Comunista da União Soviética de "transição pacífica" para o socialismo e de "coexistência pacífica" com as potências imperialistas. O Partido Comunista chinês, decidido a seguir rumo próprio, sem admitir mais a ingerência dos soviéticos em seus negócios internos, desaprovou-as. A ruptura entre os dois gigantes comunistas deveu-se ainda ao fato de, na Rússia, a Revolução de Outubro ter se cristalizado como um acontecimento do passado, comemorado a cada ano com suntuosos desfiles na Praça Vermelha, enquanto na China a revolução seguia desafiando o futuro, exigindo a mobilização permanente de milhares de chineses dispostos, sob o comando do Grande Timoneiro, a arrancar o país do secular subdesenvolvimento, sem contrair nenhuma dependência externa.

O conflito ideológico entre a União Soviética e a China semearia, no seio do PCB, a crise que se iniciou em seu V Congresso, em 1960, para consumar-se dois anos depois: João Amazonas, Pedro Pomar e Maurício Grabois – membros do Comitê Central – criticaram a linha de Prestes e Marighella, como "revisionista e direitista", e assumiram a defesa das posições do PC chinês. Nesse meio-tempo, em setembro de 1961, sob a alegação de facilitar um eventual pedido de registro eleitoral, obtiveram, da Conferência Nacional do Partido Comunista do Brasil, permissão para modificar o nome para Partido Comunista Brasileiro.

Aos olhos dos dissidentes maoistas, a mudança simbolizava o abandono das autênticas posições proletárias e revolucionárias. Convocaram a Conferência Nacional Extraordinária e, em fevereiro de 1962, romperam com o Partido Comunista Brasileiro e prosseguiram organizados no Partido Comunista do Brasil (PC do B).

I. CARLOS, O ITINERÁRIO

Tais circunstâncias permitem às duas siglas reivindicar o direito de serem reconhecidas como o Partido Comunista fundado por Astrojildo Pereira, em 1922.

11

Marighella manteve-se fiel à linha de inspiração soviética, enquanto o PC do B impregnou-se de forte conotação maoista. Todavia, a soma de vários acontecimentos importantes, capazes de alterar as conjunturas nacional e internacional, provocaria uma revolução copernicana na vida do comunista baiano.

A vitória dos guerrilheiros cubanos (contrariando as análises do PC daquele país, que atuava sob a sigla de PS – Partido Socialista), a heroica luta do povo vietnamita e o golpe militar de 1964 no Brasil (sem que o PCB conseguisse mobilizar parcela significativa de nosso povo, malgrado os esforços de Gregório Bezerra em Pernambuco) levaram Carlos Marighella a rever suas posições. Como uma das pessoas mais procuradas pelo aparelho policial-militar instalado no país após março de 1964, vivia na clandestinidade, atuando no eixo Rio – São Paulo.

Sábado, 9 de maio de 1964. O Cine Eskye-Tijuca, na Zona Norte carioca, exibia *Rififi no safári*, estrelado por Bob Hope. De repente, as luzes foram acesas, intrigando o público.

– Teje preso! – gritaram dois agentes do DOPS para Carlos Marighella, que estava na plateia.

Sem vacilar, ele se levantou e protestou com palavras de ordem:

— Abaixo a ditadura militar fascista! Viva a democracia! Viva o Partido Comunista!

Sua reação surpreendeu os policiais, que, nervosos, atiraram à queima-roupa. Mesmo ferido, ele resistiu à prisão e reagiu a seus captores. Arrastado, lutou até ser golpeado na cabeça. Os próximos dois meses ele passaria no cárcere.

Resistir à prisão é um ato político. A ordem da direção do PCB era "evitar provocações", como se tudo não passasse de uma efêmera quartelada que estaria com seus dias contados. A atitude de Marighella, enfrentando a repressão, de tal modo feriu as normas do Partido que o levou a defender-se no opúsculo *Por que resisti à prisão*. A direção do PCB demorou um ano para discutir o texto, dividido em dezoito capítulos, onde ele narra o fato e tece considerações políticas e ideológicas, aprofundando sua divergência com a orientação predominante no Partido.

"Os brasileiros estão diante de uma alternativa" — escreveu Marighella em *Por que resisti à prisão*. "Ou resistem à situação criada com o golpe de 1º de abril ou se conformam com ela (...) Antes tínhamos a chamada democracia representativa. Nela, a inflação prosseguia em sua marcha acelerada. Os trustes norte-americanos mandavam. O latifúndio predominava. Milhões de homens do povo não podiam votar. Analfabetos e praças não tinham o direito de voto. Os comunistas não podiam ser eleitos, ainda que pudessem votar. Era uma democracia racionada. E racionada por isso. Porque os direitos individuais pelo menos eram respeitados, mas as restrições à participação do povo nessa democracia eram flagrantes. E injustas. Tal democracia, pela sua própria estrutura, constituía por si mesma um empecilho à realização das reformas sociais – as chamadas reformas de base. E, por mais que oferecessem oportunidades – amparando os direitos individuais –, sentia-se emperrada. E não podia avançar pacificamente. Como de fato não avançou; e acabou golpeada. As forças de direita e o fascismo militar brasileiro deram-lhe o tiro de misericórdia."

"O que havia de errado nesse tipo de democracia vinha de longe. Era um vício de origem. Um pecado original. Não se tratava de uma democracia feita pelo povo. Quem a instituiu foram as classes dirigentes. Nesse arcabouço erigido pelas elites, as massas conquistaram alguns direitos, ali introduzidos graças às suas lutas. Historicamente o mal dessa democracia era, acima de tudo, o seu conteúdo de elite, com a ostensiva marginalização das grandes massas exploradas – o proletariado crescendo sem nunca chegar à integração de direitos exigida pelo seu papel na produção. E os camponeses inteiramente por fora – párias da democracia – sob a ultrajante justificativa de sua condição de atraso e suprema escravização aos interesses dos senhores da terra."

12

Em 1966, Marighella escreveu *A crise brasileira*, trabalho teórico no qual analisa a conjuntura nacional a partir da estrutura de classes em nosso país – baseado nas obras de Nelson Werneck Sodré – e critica o Partido por resguardar-se de qualquer atividade consequente, acomodado na ilusão de um processo eleitoral limpo e, ao mesmo tempo, refratário ao divórcio da burguesia.

"Quando a liderança do proletariado se subordina à liderança da burguesia ou com ela se identifica", escreveu, "a aplicação da linha revolucionária sofre inevitavelmente desvios para a esquerda e a direita." Após identificar os erros do Partido, como "o reboquismo" ao governo, "a perda do sentido de classe", defendia a organização do movimento de massas, a "frente única antiditadura", não para "visar, nas condições atuais, a pressão sobre o governo... O objetivo do movimento de massas é levar a ditadura à derrota, substituí-la por outro governo". Admitia que "o caminho pacífico está superado (...) Sem uma estratégia revolucionária, sem a ação revolucionária apoiada no trabalho pela base e não exclusivamente de cúpula, é impossível construir a frente única, movimentar as massas e dar-lhes a liderança exigida para a vitória sobre a ditadura".

Essa estratégia apoiava-se no proletariado, nas massas rurais, nos intelectuais e nos estudantes, "as forças básicas da revolução". Malgrado suas desilusões, não advogou o abandono de certas alianças com a burguesia, embora sublinhasse que "não pode ser o trabalho fundamental (...) O trabalho mais importante, aquele que tem caráter prioritário, é a ação no campo, o deslocamento das lutas para o interior do país, a conscientização do camponês. No esquema estratégico brasileiro, o pedestal da ação do proletariado é o trabalhador rural. A aliança dos proletários com os camponeses é a pedra de toque da revolução brasileira".

Ao retomar "o princípio da unidade e luta com a burguesia dentro da frente única", o autor referiu-se, numa frase, à questão que merecera menção passageira no texto anterior: "Um dado valioso para essa unidade

I. CARLOS, O ITINERÁRIO

– tendo em vista atrair o centro – é a aliança com os católicos e, em particular, com a esquerda católica."

A parte final do texto foi dedicada às "Guerrilhas como forma de luta". Acreditava Marighella que "a luta de guerrilhas é – no caso brasileiro – uma das formas de luta de resistência das massas. As guerrilhas são uma forma de luta complementar. Em si mesmas elas não decidem a vitória final".

Entendia, naquele momento, "que a luta de guerrilhas não é inerente às cidades, não é uma forma de luta apropriada às áreas urbanas. A luta de guerrilhas é típica do campo, das áreas rurais, onde há terreno para o movimento, e onde a guerrilha pode expandir-se". Sua utilização não dispensava "as mínimas possibilidades legais [de luta] nos vários terrenos, inclusive no eleitoral e no jurídico". Todavia, não pensava em focos guerrilheiros de extração pequeno-burguesa: "Nada parece aprovar a ideia de uma luta de guerrilhas que não surja das entranhas do movimento brasileiro. A mais perfeita identificação com os camponeses, em seus usos, costumes, trajes, psicologia, constitui fator de decisiva importância... A natureza peculiar da guerrilha, pelo seu cunho irregular e pelo desapego a todo e qualquer convencionalismo militar, é incompatível com princípios táticos que não encontrem por parte do povo amparo, cobertura, apoio e a mais extensa e profunda simpatia."

No parágrafo final, deixou clara a sua posição frente ao foquismo propalado a partir das interpretações que Régis Debray – filósofo francês que acompanhou Che Guevara nas matas da Bolívia – fizera da revolução cubana: "Ninguém espera que a guerrilha seja o sinal para o levante popular ou para a súbita proliferação de focos insurrecionais." A história, entretanto, não é como um trem que segue o seu percurso dentro dos trilhos de nossas intenções e nem obedece as horas marcadas de nossas esperanças.

13

A direção do PCB considerou que Marighella se excedera em *A crise brasileira*. Suas ideias soaram como heréticas a militantes que haviam abandonado completamente a hipótese de uma via armada para a libertação do Brasil.

Em dezembro de 1966, ele renunciou à Comissão Executiva Nacional do PCB, permanecendo, contudo, no Comitê Estadual de São Paulo. Em sua carta à Executiva, escrita no Rio, e datada de 1º de dezembro de 1966, foi direto ao assunto: "Prezados Camaradas: escrevo-lhes para pedir demissão da atual Executiva. O contraste de nossas posições políticas e ideológicas é demasiado grande, e existe entre nós uma situação insustentável."

Na crítica ao núcleo diretivo do Partido, o revolucionário baiano sublinhou a ineficácia da Executiva, devido à "sua falta de mobilidade" e, portanto, o não exercício de "comando efetivo e direto do Partido nas empresas fundamentais do país" e a ausência de "atuação direta entre os camponeses". Essa inércia constatava-se no fato de o trabalho executivo restringir-se a "fazer reuniões, redigir notas políticas, elaborar informes. Não há assim ação planejada, a atividade não gira em torno da luta. Nos momentos excepcionais, o Partido inevitavelmente estará sem condutos para mover-se, não ouvirá a voz do comando, como já aconteceu face à renúncia de Jânio e da deposição de Goulart".

I. CARLOS, O ITINERÁRIO

Marighella reagiu à maneira como a direção partidária pretendeu censurar o seu livro *Por que resisti à prisão*, "sustentando a tese de que um membro da liderança não pode escrever, publicamente, discordando. A tese é stalinista, mas aí a temos de volta". Essa "teoria da unanimidade" era, a seu ver, fruto de uma "concepção antimarxista e antidialética do 'núcleo dirigente' monolítico, superposto ao coletivo". Era uma "tentativa de intimidação ideológica", que se contrapunha à tese marxista – baseada na dialética grega praticada nas escolas medievais – de que "revelar as contradições é uma forma, e até mesmo um método, para superá-las, desde quando as ideias entram em confronto umas com as outras e a prática é tomada como critério para testar a verdade".

Após criticar os líderes do partido por confiarem em políticos burgueses, Marighella reafirmava que "a saída no Brasil – a experiência atual está mostrando – só pode ser a luta armada, o caminho revolucionário, a preparação da insurreição armada do povo, com todas as consequências e implicações que daí resultam".

Do seu ponto de vista, o PCB abandonara o caminho revolucionário e, por isso, perdera a confiança do proletariado e transformara-se em "auxiliar da burguesia". O trabalho no campo "jamais constitui atividade prioritária". Ora, "o camponês é o fiel da balança da revolução brasileira (expressão que lhe era frequente) e sem ele o proletariado terá que gravitar na órbita da burguesia, como acontece entre nós, na mais flagrante negação do marxismo".

Em suas divergências com a cúpula do PCB, Marighella não estava só. Tinha a seu lado os militantes de São Paulo, que acabavam de afastar da direção estadual todos aqueles que, designados pela Executiva, não cor respondiam à expectativa das bases. Em sua conferência estadual, o núcleo paulista rejeitara as teses "burguesas" e "oportunistas" da direção nacional. "Em vez de um partido revolucionário de massas", dizia a carta, "as teses preconizavam um partido pacífico, bom para entendimentos e acordos eleitorais." Segundo acreditava Marighella, "a causa principal dessas deformações está na fraqueza teórica e ideológica da Executiva (...) A verdade é que a Executiva está ausente do trato com o marxismo-leninismo, não escreve trabalhos teóricos, não generaliza a experiência da revolução, teme a publicação de livros e as ideias neles expostas, omite-se diante das questões fundamentais, preferindo a conciliação e o exercício do paternalismo".

Estava consolidada a ruptura.

Naquele mesmo ano de 1966, entre polêmicas e opções decisivas, Carlos Marighella encontrou tempo para reunir os poemas que escrevera desde 1929 e publicá-los sob os títulos *Uma prova em versos e outros versos* e *Os lírios já não crescem em nossos campos*.

14

É através das dissidências que a História acerta os seus passos. Há um momento em que as possibilidades de uma proposta – religiosa ou política – parecem esgotar-se sob o peso dos anos, da rigidez de seus princípios, da inflexibilidade de sua disciplina, da intransigência de seus dogmas, da prepotência de seus líderes. Como a fonte seca à beira da estrada, incapaz de saciar a sede dos peregrinos, a proposta vê-se rejeitada por seus discípulos dispostos a caminhar sem a tutela que lhes atrasa o passo.

I. CARLOS, O ITINERÁRIO

Foi o que ocorreu na Palestina do século I, onde o judaísmo, atravancado pelo fundamentalismo moralista dos fariseus e pelo elitismo exclusivista dos saduceus, cindiu-se numa nova, prodigiosa e revolucionária "seita", cujos membros anunciavam a ressurreição de um jovem judeu crucificado pelos romanos, Jesus de Nazaré. Toda a história da Igreja é como uma teia entrelaçada por experiências místicas e disputas ideológicas, influências culturais e manobras políticas, heresias doutrinárias e inovações pastorais. O centro dessa teia, a fé no Senhor, permanece intangível. Mas sua extensão em intrincados labirintos é, de um lado, sinal de diversidade dos dons do Espírito e, de outro, obra dessa incessante busca que faz do ser humano, em seus anelos de perfeição, o aprendiz de Deus.

A dissidência de Paulo, o Apóstolo, quebrou o caráter judaizante da primitiva Igreja de Pedro, estendendo-a, como boa-nova, aos pagãos, até os limites do Império Romano. Entretanto, operou-se entre os cristãos uma experiência que, embora carregada de exceções, constituiu a chave de sua unidade básica através dos séculos: a dissidência não significa, necessariamente, ruptura. E é justamente essa capacidade de uma instituição suportar a emergência do novo e assumir a gravidez que prenuncia, ao mesmo tempo, a sua transformação e o seu futuro, que dá a ela perenidade.

Se a Igreja dos papas revestidos de todo poder não suportasse o desafio evangélico da presença incômoda de um Francisco de Assis, teria sido tragada pelos séculos, como as águas do mar acobertam a embarcação que afunda sob o peso de sua excessiva carga. Lutero sabia disso e fez o que pôde para prosseguir na luta interna. Mas a formação dos Estados europeus, os interesses dos príncipes em uma fonte alternativa de sacralização do poder – para escaparem ao monolitismo romano –, o jogo econômico de um Renas-

cimento que via agonizar a Idade Média e expandir o mercantilismo que, em breve, daria ao trabalho meios industriais de produção, inaugurando o capitalismo, fizeram com que a divergência de Lutero adquirisse foro de ruptura e inovação. Desde então, a luta interna se enfraqueceu nas Igrejas protestantes, multiplicando as denominações segundo o número de dissidências.

Essa tensão entre a ortodoxia e a crítica que a desnuda, tornando-a vulnerável, existe da mesma forma na história dos partidos políticos, mormente entre as tendências de esquerda. Embora feita de dissidências e de discordâncias, a política, como a religião, não as suporta e, se não pode abatê-las pela mão de ferro do poder, recorre à difamação, à discriminação e às explicações pretensamente psicológicas que reduzem o adversário a um doente mental. Mesmo nas sociedades burguesas que ostentam o título de democráticas, a discordância não passa de um acordo de cavalheiros para encobrir reais antagonismos. A lei que protege o patrão oprime o empregado; o direito reconhecido do médico é desprezado no paciente; o aparelho jurídico que não confunde o réu de colarinho e gravata com seu gesto criminoso é o mesmo que reduz a existência do pobre ao momento infeliz de transgressão da lei. A discordância é admitida, sobretudo, enquanto não ameaça passar o capital às mãos de quem trabalha.

A árvore genealógica de partidos e movimentos de esquerda é rica em ramificações. De Lênin a Marighella, todos apostataram aos olhos de seus antigos camaradas. Quando chega ao poder, o "herege" é redimido pela vitória e absolvido pelos que o julgavam equivocado. Quando se é abatido em plena luta, como a ave em seu voo, a morte é o atestado de que necessitavam os "ortodoxos" à sua razão indelével, aferrada a conceitos e às normas que sacralizam um partido, fazendo-o transcender o real. Entretanto, as novas gerações *veem na dissidência a conquista da liberdade, ainda que, de fato, signifique recuo ou desvio.* Daí a facilidade com que os mais jovens aderem às propostas do momento, que parecem brotar, como por encanto, da própria conjuntura que lhes é contemporânea. Contudo, além da torrente de palavras que escorre dos estuários de cada posição, na disputa inútil de uma certeza que o raciocínio não comporta, resta a prática como critério da verdade. Ela e o tempo dirão quem está certo e quem está errado. Indiferentes ao nosso maniqueísmo, é possível que a prática e o tempo sejam menos intolerantes e apontem os erros e os acertos de ambos os pratos da balança. Artífices reais da História, as classes populares seguirão sempre como o fiel da balança, pendendo para um dos lados e confirmando as teorias que o inclinam na direção do futuro. Nesse movimento dialético – da árvore genealógica que muitas vezes se abre na infinidade de galhos e, por outras, se une em torno do tronco – é que a história das tendências políticas de esquerda tece as suas razões, que, contudo, só se fazem realidade quando deitam raízes na alma, na esperança e no anseio irreprimível de liberdade das camadas oprimidas.

15

A I Conferência da Olas (Organização Latino-Americana de Solidariedade) ocorreu em Havana, em agosto de 1967, e dela participaram revolucionários de todo o continente. O Brasil estava representado por uma pequena delegação, da qual fazia parte Vinícius Caldeira Brant, ex-militante da JUC, ex-presidente da UNE e um dos fundadores da Ação Popular. Convidado, o PCB se recusou a enviar representante. Marighella contrariou a decisão do partido e embarcou para a ilha de Fidel. O Comitê Central telegrafou ao PC cubano, a fim de desautorizar o comunista baiano como porta-voz do PCB, ameaçando-o de expulsão.

Na carta remetida ao Comitê Central, a resposta do líder dissidente ressoou como uma nova declaração de princípios. "É evidente que compareci (à conferência) sem pedir permissão ao Comitê Central, primeiro, porque não tenho que pedir licença para praticar atos revolucionários, segundo porque não reconheço nenhuma autoridade revolucionária nesse Comitê Central para determinar o que devo ou não fazer... As divergências que tenho com a Executiva, da qual já me demiti em data anterior, são as mesmas que tenho com o atual Comitê Central. Uma direção pesada como é, com pouca ou nenhuma mobilidade, corroída pela ideologia burguesa, nada pode fazer pela revolução. Eu não posso continuar pertencendo a esta espécie de Academia de Letras, cuja única função consiste em se reunir (...). Falta ao Comitê Central a condição mais importante para a liderança marxista-leninista, que é saber conduzir e enfrentar a luta ideológica. E como não pode fazê-lo, recorre a medidas administrativas constantes, suspendendo, afastando, expulsando militantes, apreendendo documentos e proibindo a leitura de materiais dos que discordam. É o Comitê Central da censura, das reprimendas, das desautorizações, do crê ou morre. (...) Em minha condição de comunista, à qual jamais renunciarei, que não pode ser dada nem retirada pelo Comitê Central, pois o Partido Comunista e o marxismo-leninismo não têm donos, e não são monopólios de ninguém, prosseguirei pelo caminho da luta armada, reafirmando minha atitude revolucionária e rompendo definitivamente com vocês."

1. CARLOS, O ITINERÁRIO

Foi a gota d'água. O Comitê Central expulsou Marighella das fileiras do PCB. Mas ele não estava só, não era o único a opor-se à linha do Partido e buscar um novo caminho para a situação brasileira. Campinas abrigara, em maio de 1967, a Conferência Estadual do Partido, na qual, dos 37 delegados indicados pelas células da base paulista, 33 haviam assumido as teses defendidas por Marighella. Alinharam-se também a ele quase todos os núcleos operários e estudantis.

No Rio, Mário Alves e Apolônio de Carvalho romperam igualmente com o Comitê Central, mas, por divergências teóricas, não se uniram a Marighella. Lideraram a dissidência que criaria o PCBR (Partido Comunista Brasileiro Revolucionário).

Por ocasião do encerramento da Olas, Marighella dirigiu carta a Fidel Castro, denunciando o PCB: "Os que se levantam contra o absurdo de uma direção ineficaz, imobilizada, imbecilizada pelo medo da revolução, são atacados virulentamente, acusados de fracionismo, aventureirismo e outro feios crimes (...). Ninguém vai deixar de ser comunista por ser este o panorama desalentador da direção do PCB. Ao contrário, o Partido é da classe operária e do povo, e não monopólio dos que se intitularam seus dirigentes (...) o importante é prosseguir na luta ideológica para mostrar que a ideologia da burguesia penetrou fundo na direção do PCB."

O clima em Havana era de euforia perante a iminente derrota das tropas norte-americanas no Vietnã e o ascenso dos movimentos guerrilheiros na América Latina (Che Guevara organizava guerrilhas em pleno coração da América do Sul, na Bolívia). *Criar um, dois, três Vietnãs!...* era a palavra de ordem mais repetida na Olas.

Marighella deixou-se empolgar pela ideia de iniciar imediatamente a revolução no Brasil. Escreveu a um ex-militar brasileiro exilado em Cuba: "É chegado o momento de fazer a coleta de fundos, comprar e capturar armas e munições, fabricá-las clandestinamente, selecionar e adestrar combatentes (...), estabelecer apoio logístico para a guerrilha."

Finda a Olas, Marighella permaneceu em Havana e, a 8 de outubro de 1967, comungou a profunda tristeza do povo cubano pela morte de Ernesto Che Guevara, em pleno combate, nas matas da Bolívia. Antes de retornar ao Brasil, no fim do ano, procurou dar consistência teórica e programática à sua nova proposta.

16

Marighella aproveitou a estada em Havana para redigir o documento *Algumas questões sobre a guerrilha no Brasil*, posteriormente divulgado entre a dissidência do PCB que aceitou a sua liderança e formou, em torno dele, o Agrupamento Comunista de São Paulo. Dedicado à memória do "Comandante Che Guevara" e tornado público pelo *Jornal do Brasil*, na quinta-feira, 5 de setembro de 1968, o documento iniciava com a afirmação de que a guerrilha é "*o caminho fundamental*, e mesmo único, para expulsar o imperialismo e destruir as oligarquias, levando as massas ao poder". À revolução cubana é atribuído o mérito de introduzir o "papel estratégico da guerrilha" no cenário da história, quando a inexistência de guerra mundial impedia que o imperialismo fosse derrotado pela guerra civil.

I. CARLOS, O ITINERÁRIO

O autor chegava a identificar como um dos objetivos da "estratégia global da guerrilha no Brasil a solidariedade à Cuba através da luta armada em nosso país". Afirmava ainda que "nossa guerrilha visa, fundamentalmente, a conflagração de toda a América Latina" contra o inimigo comum: "o imperialismo dos Estados Unidos".

Para ele, o método da guerrilha no Brasil seria a ofensiva estratégica. A guerrilha tem sido, historicamente, complemento à guerra regular, como ocorreu na União Soviética e na China durante a Segunda Guerra Mundial, e também entre os grupos de resistência do Oeste europeu. "Este não é o caso do Brasil atual, onde a guerra de guerrilhas não desempenha o papel de complemento de uma guerra regular, que não existe; não é para se desincumbir de uma missão tática, e sim para cumprir uma função estratégica." Na área continental do Brasil, a ofensiva estratégica dessa modalidade de luta dar-se-ia através de "operações móveis, desde as mais elementares até as mais complexas, pois uma guerra revolucionária prolongada no Brasil será uma guerra de movimento".

Segundo Marighella, a guerrilha brasileira teria uma "liberdade de movimentos que não é permitida ao inimigo, lançado aos azares de uma perseguição interminável em áreas rurais tremendamente hostis e desconhecidas. Além disso, a diversidade de territórios e a variedade de ocupações da numerosa população do país possibilitam à guerrilha dispor de reservas estratégicas tais como: recursos de potencial humano, amplamente reforçados pelos contingentes de operários e camponeses; recursos provindos das atividades dos trabalhadores rurais; e recursos oriundos do potencial econômico das áreas urbanas".

Embora o documento não cuidasse de analisar o recente fracasso da tentativa de guerrilha na Serra de Caparaó – salvo uma pequena menção, como veremos adiante – e não se referisse ao trabalho político, imprescindível para possibilitar "à guerrilha dispor de reservas estratégicas", Marighella insistia na importância de se deflagrar a guerrilha fora do "cerco estratégico do inimigo", situado "na extensa faixa à margem do Atlântico, a região mais bem povoada do Brasil, de maior penetração do capitalismo, servida por modernas ferrovias e rodovias". Aí "o inimigo tem suas tropas (...) facilidades para comunicações e transportes (...), recursos da técnica moderna (...), bem como domínio do relevo Norte–Sul" e do "mais importante sistema orográfico do país, projetado sobre o Atlântico e erguido, dentro da faixa litorânea, entre os maiores centros urbanos brasileiros".

A análise do autor antecipava-se aos fatos históricos, ressoando como um prognóstico: "A guerrilha brasileira deve evitar o confronto com a esmagadora superioridade do inimigo na faixa atlântica, onde este tem suas forças concentradas. Se optar por esta solução, a guerrilha, mesmo que disponha de meios para instalar-se no sistema orográfico existente dentro da área inimiga, estará por sua própria iniciativa dentro das condições de um cerco estratégico." Pensava que a guerrilha deflagrada na zona rural obrigaria o Exército "a deslocar-se da faixa litorânea", para persegui-la em terreno propício aos guerrilheiros e adverso às tropas regulares. Nas cidades, caberia às "forças revolucionárias urbanas (...) cortar vias de abastecimentos e comunicações, dificultar o transporte de tropas e intensificar o apoio logístico à guerrilha".

Marighella não acreditava que a luta armada se desenvolvesse "de um só jato, isto é, desde quando se inicia

I. CARLOS, O ITINERÁRIO

até quando termina, com a vitória ou o fracasso (...) É obrigatoriamente necessário passar por um certo número de fases para atingir os objetivos previstos". O princípio básico seria "preservar nossas próprias forças e aniquilar as do inimigo", e haveria três fases fundamentais: "a do planejamento e preparação da guerrilha, a do lançamento e sobrevivência da guerrilha, a do crescimento da guerrilha e a sua transformação em guerra de manobras". Quanto tempo seria necessário para cada uma dessas fases? "Não importa", respondia o autor, "pois os povos que lutam pela libertação jamais se preocupam com o tempo de duração de sua luta."

Ao descartar a concepção maoista do fuzil subordinado ao Partido, Marighella beirou a concepção foquista, ao formular que a primeira fase da guerrilha dependia da "existência de um pequeno núcleo de combatentes (...) imune ao convencionalismo dos partidos políticos de esquerda tradicional" e em "condições de enfrentar e conduzir a luta ideológica e política contra o grupo de direita oposto ao caminho armado". Caberia ao núcleo de combatentes complementar sua ação militar, levando a luta ideológica ao conhecimento do povo, expondo "às massas, com muita clareza, o objetivo político da guerrilha", tendo em vista "assegurar o apoio político e revolucionário das massas". Obedecer a um plano estratégico e tático global, "com base na realidade objetiva", seria a condição para garantir "que a guerrilha não venha a ser uma iniciativa isolada, desligada dos grandes objetivos patrióticos perseguidos por nosso povo".

Como seria formado o núcleo de combatentes? De que extração social sairiam eles? Deveriam advir "particularmente do setor de operários e camponeses" e passar por "uma boa preparação", que implicaria "o tiro e a marcha a pé, algumas armas e munições, a exploração do terreno, noções de sobrevivência e orientação, e a organização inicial de apoio logístico, incluindo a coleta de recursos de todos os tipos". Tudo isso seria feito sob "o segredo, a vigilância e a segurança mais absoluta, a proibição rigorosa do uso de papéis e cadernetas com nomes e endereços escritos, planos e apontamentos, que podem vir a cair nas mãos do inimigo. Sem esses cuidados, a primeira fase da guerrilha não tem condições de ir adiante".

Faltava aos cuidados o acento na formação política e ideológica dos combatentes, sem o que todas as normas de segurança, por mais perfeitas tecnicamente, ficariam vulneráveis.

A segunda fase da guerrilha, do seu lançamento e sobrevivência, destinar-se-ia "a converter uma situação política em situação militar". Do ponto de vista político, previa Marighella que, nessa etapa, "as tarefas políticas convencionais propostas pelos direitistas, como eleições, *frente ampla*, luta pacífica etc., caem no descrédito público". Inicia-se a guerra propriamente dita. De um lado, "os métodos convencionais do militarismo profissional"; de outro, "os métodos não convencionais da guerrilha".

Não percebera que a experiência do Vietnã já dera ao militarismo profissional condições de ultrapassar os métodos convencionais. Na zona do Canal do Panamá, oficiais norte-americanos treinavam, naquela época, militares brasileiros na luta antiguerrilha, entre eles um jovem tenente chamado Carlos Lamarca. Os militares franceses, adestrados na guerra de libertação da Argélia, também davam instruções ao Exército brasileiro. Todavia, no abandono dos métodos convencionais, as Forças

I. CARLOS, O ITINERÁRIO

Armadas de nosso país foram bem mais longe do que admite a ética militar e adotaram a tortura como meio de obter informações.

Algumas questões sobre a guerrilha no Brasil propunha que o lançamento dessa forma de luta fosse "obrigatoriamente uma surpresa para o inimigo" e enumerava os possíveis erros que provocariam "a derrota da guerrilha no ato de seu lançamento": a) não utilizar a surpresa contra o inimigo; b) deixar-se surpreender pelo inimigo ou cair no seu cerco tático; c) travar combates decisivos em pontos onde o inimigo, mesmo eventualmente, tenha superioridade; d) começar a luta nas condições do cerco estratégico do inimigo, e não ter planos estratégico e tático globais, não conhecer o terreno e violar grosseiramente as leis da guerra. Na maioria desses casos, concluía Marighella, "estão incursas as tentativas de guerrilhas fracassadas no Brasil, inclusive Caparaó".

A guerrilha comandada pelo autor do documento não viria, mais tarde, a constituir uma exceção. Sua luta teria início no triângulo Rio-São Paulo-Belo Horizonte, "o cerco estratégico do inimigo", e combates decisivos foram travados nesses pontos em que as Forças Armadas têm superioridade. Não faltava a Marighella clareza política quanto ao rumo a tomar e os passos a dar. Nem sempre, porém, as coisas se passam como descritas em documentos. A conjuntura real é bem mais complexa – e surpreendente – do que a capacidade de analisá-la com antecedência, ainda que dotada de todos os recursos metodológicos conhecidos. A boa aplicação do método depende de informação que nem sempre possuímos. No entanto, ele sabia que "a sobrevivência da guerrilha depende: a) dos seus objetivos políticos; b) do método de condução da luta armada; c) da estreita relação entre a guerrilha e o povo".

De modo pragmático – o que caracterizaria os textos de Marighella, desde que retornara de Cuba –, ele resumia os objetivos políticos em dois pontos: "a) procurar despertar o povo, particularmente os camponeses, com a contínua presença dos combatentes guerrilheiros e a repercussão de sua ação política e revolucionária; b) tornar conhecido do povo o objetivo político da guerrilha (a expulsão do imperialismo dos Estados Unidos, e a destruição total da ditadura e suas forças *gorilas*). A guerrilha deve contar para isso com aparelhamento e organizações revolucionárias clandestinas, além de pontos de apoio em todo o país."

Na parte referente aos métodos de condução do processo, o autor advertia que o decisivo não eram "só as armas (...) O fator decisivo mesmo é o homem que maneja as armas e a captura ao inimigo". Propunha a ofensiva como "melhor meio de aniquilar o inimigo", sem deixar de combiná-la com "a retirada". Essa mobilidade era reforçada pela ideia de um combate permanentemente itinerante, sem bases fixas, ocupação ou defesa de territórios. "Devemos deixar ao inimigo a tarefa de defender suas bases fixas e territórios ameaçados de incursão (...) Isto põe o inimigo na defensiva, enquanto a guerrilha goza de liberdade de ação e iniciativa, desde que não se deixe aniquilar e preserve suas forças."

Como manter a ofensiva, a liberdade de movimento, e preservar-se sem o apoio popular? Marighella insistia nos "princípios da sobrevivência": ter a guerrilha "conduta honesta e leal, não fazer injustiças e dizer a verdade. Estimar, respeitar, ajudar o povo e jamais violentar os seus interesses; nutrir-se no meio dos camponeses,

I. CARLOS, O ITINERÁRIO

identificando-se com eles e respeitando seus costumes e religião; explicar-lhes a natureza de classe do inimigo, o papel da guerrilha e o seu objetivo político; organizar entre eles o trabalho de informação e o apoio logístico da guerrilha; abster-se de aplicar qualquer método de banditismo, de levar a efeito qualquer ato próprio de bandido ou juntar-se a eles".

A última fase da guerrilha seria a "sua transformação em guerra de manobras". As condições para atingi-la estariam asseguradas pelo "crescimento político da guerrilha, o crescimento de sua potência de fogo, o aparecimento da retaguarda, a criação do exército revolucionário e a mudança da forma principal das ações de combate". Só nessa terceira fase da luta – praticamente a sua etapa final –, "o objetivo político da guerrilha passa a ser conhecido pelo povo, terminando a situação em que era conhecido apenas de um círculo limitado de pessoas". Além de não explicar como seria possível manter as duas fases anteriores da guerrilha restritas ao conhecimento "de um círculo limitado de pessoas", Marighella tendia a inverter a proposta contida em *Por que resisti à prisão*, onde afirmara a importância dos trabalhos de base e de massa. Tomado pelo entusiasmo de desencadear o quanto antes a luta armada, parecia acreditar "na eficácia da ação de pequenos grupos de homens", o que condenara em 1965.

17

Ao retornar de Cuba, Carlos Marighella reuniu os dissidentes do PCB para formarem o Agrupamento Comunista de São Paulo, cujas linhas de ação foram defendidas no *Pronunciamento*, divulgado em fevereiro de 1968. Nesse texto, perdurava a preocupação de denunciar o PCB, que, segundo ele, realizara seu VI Congresso sem sequer convocar os delegados paulistas.

A *Declaração Geral* da Olas foi assumida pelo Agrupamento "como a linha que adotamos". Aos que criticavam o novo grupo político por aceitar a teoria do foco guerrilheiro, era dito que "não se trata (...) de desencadear a guerrilha como um foco, como querem insinuar nossos inimigos (...) O foco seria lançar um grupo de homens armados em qualquer parte do Brasil e esperar que, em consequência disso, surgissem outros focos em pontos diferentes do país. Se assim fizéssemos, estaríamos adotando uma posição tipicamente espontaneísta e o erro seria fatal".

Criar o apoio logístico nas cidades e iniciar o trabalho político junto aos camponeses eram tarefas que, segundo o documento, se impunham à construção da estrutura global da guerrilha: "merece uma importância decisiva o trabalho na área urbana, dado que é impossível a vitória da guerrilha brasileira sem o apoio da cidade (...) A guerrilha não conseguirá implantar-se se não houver trabalho entre os camponeses ou se não estiver estreitamente vinculada a eles e não contar com o seu apoio."

I. CARLOS, O ITINERÁRIO

O modelo de estrutura de organização do PCB já não servia, pois alimentava a burocracia, entravava a ação revolucionária e impedia a iniciativa dos militantes de base. O documento rejeitava o burocratismo, sem escapar do voluntarismo: "Precisamos agora de uma organização clandestina, pequena, bem estruturada, flexível, móvel. Uma organização de vanguarda para agir, para praticar a ação revolucionária constante e diária, e não para permanecer em discussões e reuniões intermináveis." Nessa "Organização" – termo pelo qual ficaria conhecido o grupo de Marighella –, o que valia era a ação, inspirada por três princípios básicos: "O primeiro é que o dever de todo revolucionário é fazer a revolução; o segundo é que não pedimos licença para praticar atos revolucionários; e o terceiro é que só temos compromissos com a revolução."

O Agrupamento – ou a Organização – seria um movimento revolucionário sob o comando geral da guerrilha. Entre as tarefas exigidas à preparação dessa forma de luta estariam a "aprendizagem do tiro, a seleção e o adestramento do combatente (...) o treinamento andando a pé, acampando no mato, praticando a defesa pessoal. É preciso capturar e fabricar armas ou comprá-las, bem como munições e cartucheiras. O material clandestino deve ser impresso e distribuído pelos grupos revolucionários. É preciso organizar imediatamente grupos de apoio financeiro para obtenção de fundos para a caixa da guerrilha". As sugestões técnicas, prescindindo de fundamentação política, prosseguiam no texto: "Devem ser criados grupos de sabotagem nas cidades, bem como grupos armados. Inclusive os que são compostos por operários e por camponeses devem treinar por sua própria conta e dirigir-se para a guerrilha tão logo seja esta desencadeada." O espontaneísmo camuflava-se de uma urgência revolucionária que – supunha-se – encontraria amplo apoio popular. "Grupos de guerrilha urbana devem ser organizados. Comitês volantes, que não têm sede fixa, e franco-atiradores, são indispensáveis para manter as cidades num clima de rebelião, enquanto a guerrilha se desenvolve na área rural."

A parte final do *Pronunciamento* identificava a concepção de partido com a experiência de imobilidade política tida por seu autor no PCB: "O agrupamento comunista de São Paulo é contrário à organização de outro partido comunista. Não desejamos fazer outro partido, o que seria a volta às antigas discussões e até mesmo a repetição da velha estrutura partidária, em prejuízo da atividade revolucionária imediata." O primado da ação foi reafirmado enfaticamente: "Nossa estratégia é partir diretamente para a ação, para a luta armada. O conceito teórico pelo qual nos guiamos é o de que a ação faz a vanguarda. Seria para nós imperdoável perder tempo organizando uma nova cúpula, lançando os chamados documentos programáticos e táticos, e fazendo novas conferências, de onde surgiria outro Comitê Central com os vícios e deformações já por demais conhecidos. A mesa das discussões hoje em dia já não une os revolucionários. O que une os revolucionários brasileiros é desencadear a ação, e a ação é a guerrilha."

Para defender suas propostas, o Agrupamento lançou o jornal clandestino *O Guerrilheiro*.

I. CARLOS, O ITINERÁRIO

18

A partir de 1968, o Agrupamento passou a constituir uma organização revolucionária, a Ação Libertadora Nacional (ALN). O programa básico do movimento dirigido por Carlos Marighella propunha "derrubar a ditadura militar" e "formar um governo revolucionário do povo"; "expulsar do país os norte-americanos"; "expropriar os latifundiários" e "melhorar as condições de vida dos operários, dos camponeses e das classes médias"; "acabar com a censura, instituir a liberdade de imprensa, de crítica e de organização"; "retirar o Brasil da posição de satélite da política externa dos Estados Unidos e colocá-lo, no plano mundial, como uma nação independente".

Conhecida por suas sucessivas ações armadas, e por ser comandada pelo mais notório revolucionário brasileiro, a ALN reuniu sobretudo jovens oriundos da pequena burguesia, despertados politicamente pelo movimento estudantil.

Seria fácil – e leviano – dizer, hoje, que aqueles militantes foram envolvidos numa aventura guerrilheira incapaz de avaliar corretamente a conjuntura do país. É cômodo julgar, do alto de nossas ideias tão arrumadas, impecavelmente imaculadas, a prática de quem ousou sujar as mãos quando o regime militar já não admitia nenhuma forma de luta legal. Essa coragem, que sacrificou prematuramente vidas heroicas, não a exime, entretanto, da crítica e da autocrítica – faces de uma mesma moeda, muito valorizada nos meus anos de cadeia, entre 1969 e 1973. Assisti a infindáveis discussões de presos políticos que pegaram em armas no esforço de compreenderem melhor o que lhes havia sucedido. Embora fizessem profundas avaliações, que não excluíam a apuração de responsabilidades pessoais nas quedas, não se pode afirmar que chegassem facilmente ao consenso. No entanto, do que ouvi dos antigos militantes da ALN, ficou-me a impressão de que, da estrutura burocratizada e inoperante do PCB, Marighella passara a um movimento de forma indefinida, no qual predominava o ativismo militarista. Muitos ingressavam na Organização sem nenhum preparo político, movidos pela mística revolucionária, acreditando que a luta obedeceria a um desenvolvimento linear, até a vitória final. O primado da ação respaldava-se no princípio da autonomia tática, que permitia a grupos armados interpretarem, a seu modo, o que fazer, sem que nenhum comando ou coordenação pudesse impedi-los de agir. A prática revolucionária restringia-se quase que exclusivamente às ações armadas que, sem apoio popular, tornavam-se cada vez mais vulneráveis à ofensiva da repressão. Não se fazia trabalho político de massa, nem se sabia exatamente como incorporar os trabalhadores à luta política. A guerrilha, praticamente restrita às cidades, colocava-se como alternativa ao trabalho de base, à organização popular, como se ela fosse capaz de, por si só, deflagrar o descontentamento latente no povo, materializando-o no efetivo apoio ou participação na luta.

Carlos Eduardo Pires Fleury, militante da ALN – hoje desaparecido, certamente assassinado pela ditadura –, meu companheiro no Presídio Tiradentes, disse-me um dia, num banho de sol, quando conversávamos sobre a proposta de Marighella:

– Veja, Betto, ele teve o mérito de desatrelar a esquerda brasileira da burguesia e de passar da teoria à prática revolucionária. Mas a gente quis ir depressa

I. CARLOS, O ITINERÁRIO

demais, superestimou a própria capacidade e subestimou as forças do sistema. Sobretudo, não acreditamos que "o segredo da vitória é o povo", como dizia o comandante Marighella.

II. SUL, A TRAVESSIA

1

Em meados de 1967, Frei Oswaldo Rezende – meu colega na Ordem Dominicana desde o noviciado, em 1965, e aluno da Faculdade de Filosofia da Universidade de São Paulo – acertou recebermos, no parlatório do convento do bairro de Perdizes, em São Paulo, um professor interessado em conhecer melhor a renovação da Igreja Católica. Magro, braços alongados, Oswaldo tinha a pele muito branca, deixando transparecer a cor rosa das faces, e cabelos lisos prenunciando a futura calvície. Apesar dos olhos tristes, quase severos, possuía um jeito alegre de debater os temas mais profundos, e disfarçava a timidez em aparente superioridade. Tínhamos em comum a militância na JEC (através da qual despertou nossa vocação religiosa), o interesse pela teologia e a impossibilidade de separar a fé cristã do compromisso social.

O encontro com o professor fora marcado a pedido de João Antônio Abi-Eçab, colega de Oswaldo na faculdade. O professor, alto, corpulento, pele morena escura, boca larga e faces alongadas, rosto firme, musculoso, cabelos pretos e ralos, recuando na testa grande, dizia-se marxista e fazia-se chamar pelo nome de "Menezes". A conversa girou em torno da história da Igreja, a importância do Concílio Vaticano II, e da visão social e política dos cristãos. Ao despedir-se, o professor entregou-nos um embrulho em papel cor-de-rosa:

— São uns livrinhos que andei escrevendo — disse num tom de inusitada modéstia.

Vimos, tão logo ele deixou o convento, tratar-se de obras de Carlos Marighella — nome que, aos nossos ouvidos, não tinha, à época, qualquer ressonância especial. Eram dois livros de poesias e um opúsculo, *Críticas às teses do comitê central.*

João Antônio forneceu-nos textos políticos elaborados por Marighella e, através dele, soubemos que o Agrupamento Comunista de São Paulo passara a constituir uma organização revolucionária denominada Ala Marighella, posteriormente chamada de ALN — Ação Libertadora Nacional.

Dias após o primeiro encontro, Oswaldo e eu estivemos de novo com Marighella, nos fundos da sapataria da família de João Antônio, na Liberdade. Conversamos, então, sobre o apoio logístico que um grupo de frades dominicanos poderia oferecer à ALN.

Na época, eu trabalhava no Teatro Oficina, como assistente de direção de José Celso Martinez Corrêa, na montagem do espetáculo tropicalista *O rei da vela*, de Oswald de Andrade. Os longos ensaios e, em seguida, as apresentações diárias não me deixavam tempo senão para prosseguir nos estudos de filosofia. O teatro era, naquele momento, a minha revolução. Entrara nele por acaso, através de uma amiga, Dulce Maia, a quem acompanhei, uma noite, à casa de Zé Celso. Foram duas horas de papo sobre a "revolução" burguesa no Brasil, na década de 30. Impressionou-me a genialidade de Zé Celso, sua inteligência transbordando pelos gestos largos e precisos, impregnado de criatividade, entregue às obras de Oswald de Andrade com paixão incontida. Em seu apartamento na Bela Vista, amontoavam-se

II. SUL, A TRAVESSIA

livros sobre o início da industrialização no país, discos de antigas marchas carnavalescas, exemplares raros da revista *O Cruzeiro*, na qual o diretor do Oficina buscava os detalhes de ambientação do espetáculo.

Meu interesse pelo valor histórico da peça levou Zé Celso a convidar-me para assessorá-lo. De teatro eu nada entendia, mas aprendi com *O rei da vela* que a falência da aristocracia rural brasileira fora marcada pelo processo de industrialização apoiado, sobretudo, no capital estrangeiro. A burguesia ascendente, tutelada em sua fase mais próspera pela ditadura de Vargas, excluíra a classe trabalhadora dos benefícios oriundos das riquezas por elas produzidas. No pós-guerra, a tensão social esteve sob relativo controle, porque os setores mais politizados da nação ainda acreditavam na latente vocação anti-imperialista de nossa burguesia. As camadas populares, porém, não se mobilizam por teses, mas sim por sua consciência e necessidades. A insatisfação popular fez as classes dominantes articularem o golpe de 1964, uma ação armada, inconstitucional, visando a assegurar a livre expansão do capitalismo monopolista no país. Vã seria a esperança de que a burguesia, apoiada no poder militar e vinculada ao capital internacional, voltasse a admitir regras legais definidas num jogo político democrático – a menos que aceitasse o risco de um xeque-mate. A supressão da legalidade pelo governo militar apontava, a muitos, o caminho revolucionário como a única alternativa para aquele momento histórico.

Mas o teatro parecia atingir – e esgotar – seus recursos contestatórios com *O rei da vela*. A repressão e a censura apagaram a chama da última vela. Restou-nos o sonho de um teatro capaz de propor uma ação concreta e eficaz. Mas a loucura de Zé Celso não chegava ao ponto de subverter os próprios limites da arte, encher o Oficina de bananas de dinamite e reduzir o espetáculo a um único e definitivo gesto: acionar, no palco, o detonador. Todos nós sabíamos que, no teatro, o último ato é o mais importante e o único no qual os espectadores são, além da peça, os verdadeiros atores – o momento da saída, quando o reencontro com a realidade, lá fora, dá-se na visão crítica proporcionada pela arte.

Nossos contatos com Marighella se amiudaram, mas as pessoas que me serviram de ponte às revoluções nas esferas do teatro e da política encontraram uma pedra em seus caminhos. João Antônio Abi-Eçab morreu num acidente de trânsito, em companhia de sua mulher, Catarina Helena Xavier Ferreira, após participar, no Rio, do assalto – comandado pelo próprio Marighella, a 13 de novembro de 1968 – ao carro pagador do Instituto de Previdência do Estado da Guanabara. No retorno a São Paulo, o carro de João Antônio colidiu com um caminhão, próximo a Vassouras. No Fusca, a polícia encontrou uma metralhadora e pentes de balas.

Presa no início de 1969, Dulce Maia, militante da VPR, sofreu inomináveis torturas, sem jamais trair seus companheiros. Fomos vizinhos no Presídio Tiradentes, ela na ala feminina, eu na masculina.

Oswaldo Rezende exilou-se em Paris, em julho de 1969. Mais tarde, abandonou a vida religiosa e casou. Em 1999, já descasado, retornou ao Brasil e foi readmitido na Ordem Dominicana.

II. SUL, A TRAVESSIA

2

Como os frades dominicanos assumiram, no Brasil, posições de esquerda? Abandonaram a fé e abraçaram o marxismo? Lobos travestidos de cordeiros revestidos de hábitos brancos?

O papa João XXIII varreu, como ele mesmo disse, a poeira acumulada no trono de Pedro. Seu breve pontificado (1958-1962) abalou os alicerces da Igreja Católica. Não se pense, entretanto, que o *aggiornamento* brotou da cabeça do pontífice. O Concílio Ecumênico Vaticano II, convocado por ele, foi o desaguadouro do movimento de renovação fermentado no interior da Igreja ao longo da primeira metade do século XX.

Na Bélgica, o padre Joseph Cardijn fundara a JOC em 1925 e, em consequência, a Ação Católica. O apostolado perdia o ranço devotivo da Congregação Mariana e adquiria uma dimensão social que levaria militantes cristãos a atuarem dentro do mundo operário, cuja perda para a Igreja fora lamentada por Pio XI (1922-1939). Os padres-operários trocavam a batina pelo macacão da fábrica, o borrifador de água benta pela ferramenta, as lições formais do catecismo pelos valores do Evangelho.

As novas vocações dominicanas brasileiras eram enviadas à França para cursar filosofia e teologia. À semelhança dos jovens de Vila Rica remetidos, no século XVIII, à Universidade de Coimbra, retornavam com a cabeça prenhe de ideias progressistas. Imbuíam-se da filosofia de Maritain e da teologia do padre Congar; do pensamento militante de Emmanuel Mounier e dos exemplos de ação conjunta de marxistas e cristãos na Resistência francesa.

Esse influxo renovador encontrou, no Brasil, a terra fértil arada pela atuação pioneira de dom Hélder Câmara, fundador da CNBB e incentivador da Ação Católica, respaldada pelas ideias arejadas de Alceu Amoroso Lima. Os jovens dominicanos retornados da França do pós-guerra já não se destinavam ao mundo indígena, prioridade dos primeiros frades aqui aportados em fins do século XIX, leitores de Chateaubriand e Lacordaire. Agora se envolviam com o mundo operário e o movimento estudantil, interessados em formar lideranças leigas impregnadas de valores evangélicos.

Nossos conventos tornaram-se oficinas de novas ideias e propostas. Em São Paulo, Frei Carlos Josaphat, sob as bênçãos do cardeal Motta, atraía grande público a seus cursos sobre justiça e doutrina social da Igreja. Reunira uma equipe de conceituados jornalistas e fundara o tabloide *Brasil Urgente,* que seria fechado pela ditadura e levaria o seu fundador a pagar o pesado tributo de trinta anos de exílio na Europa.

Esse o caldo de cultura encontrado pela geração de dominicanos que, na segunda metade do século XX, se envolveu com a luta armada.

O ano de 1967 marca a virada no modo de viver dos dominicanos de São Paulo. A Igreja Católica mergulhara na "secularização" (Harvey Cox, *The Secular City,* 1965), a volta ao mundo, a desclericalização de seus agentes de pastoral. A moda consistia em dependurar a batina, usada apenas em ofícios religiosos, trocar o seminário pela universidade e o convento por pequenas comunidades residindo em apartamentos, e viver do próprio trabalho. A maioria dos frades obtinha renda dando aulas. Frei Fernando de Brito e Frei Maurício Caldas foram levados por Frei Benevenuto de Santa Cruz a

II. SUL, A TRAVESSIA

trabalhar na Livraria Duas Cidades. Eu me empreguei como repórter na *Folha da Tarde* e assistente de direção do Teatro Oficina.

Tínhamos a chancela da renovação eclesiástica suscitada pelo Concílio; o exemplo na Colômbia do padre-guerrilheiro Camilo Torres; a vitória vietnamita sobre as tropas dos EUA; a *Populorum Progressio* reconhecendo a legitimidade da luta armada em seu número 31, onde Paulo VI, ao referir-se aos danos engendrados por insurreições e revoluções, ressalva serem lícitas "em caso de tirania evidente e prolongada que ameace gravemente os direitos fundamentais da pessoa e prejudique perigosamente o bem comum do país".

Junto à Capela do Vergueiro, vicariada pelos dominicanos, funcionava a Unilabor, fábrica de móveis fundada por Frei João Batista dos Santos. Pretendia-se provar aos capitalistas ser possível uma empresa lucrativa e justa, segundo os parâmetros da doutrina social da Igreja. O lucro era repartido entre os trabalhadores, reservada a parcela destinada a novos investimentos. A reunião da diretoria da empresa implicava paralisar a produção; os empregados eram também o empregador. O sistema, entretanto, encarregou-se de reiterar que não se criam ilhas de socialismo dentro da engrenagem capitalista. Isso era um sonho utópico. Ao pagar o "salário justo" a seus operários, a Unilabor se descapitalizou e não suportou a concorrência. A pressão dos bancos acabou por dar-lhe o tiro de misericórdia. Frei João Batista chamou-os, num livro contundente, de "os chifres do diabo".

Ali no Vergueiro, a meio caminho entre o centro da capital paulista e a região do ABC, aglutinou-se a militância operária que fundou o MPL (Movimento Popular de Libertação), que logo recebeu a adesão de profissionais liberais. Essa foi a primeira aproximação dos frades com uma incipiente organização de esquerda, que soçobrou frente à reação implacável da ditadura.

A presença de frades na USP levou-nos a participar da política estudantil. Devido à repressão da ditadura, os estudantes passaram da denúncia à contestação, do debate ao enfrentamento, dos grêmios e diretórios às organizações de esquerda. No bojo desse movimento é que nos vimos atraídos pela ALN de Carlos Marighella. Quiçá houvesse ali boa dose de romantismo para uma geração despontada politicamente pelas barbas de Fidel Castro e pela vitória vietnamita sobre os EUA. O futuro parecia estar logo ali, à mão. Contudo, predominava o idealismo, a convicção ideológica de que o Brasil só poderia libertar-se da ditadura e da exploração capitalista mediante a única forma de luta possível frente à supressão dos espaços democráticos: o recurso às armas.

3

O ano de 1968 foi um período de aguda crise política no país. Rompeu-se o pacto dominante, fortalecendo a oposição burguesa, e os militares marginalizaram lideranças civis que patrocinaram o golpe de 64. Acentuou-se a luta interna entre as facções interessadas em deter o controle do Estado. A classe média, que apoiara a quartelada, viu-se ameaçada pela política econômica do governo. Multiplicaram-se as falências de pequenas e médias empresas, aumentou a concentração de terras em mãos de poucos proprietários, mantiveram-se os trabalhadores

II. SUL, A TRAVESSIA

sob o arrocho salarial, enquanto se consolidava a aliança entre o empresariado brasileiro e as multinacionais. A intromissão estrangeira atingiu inclusive o sistema educacional, através do acordo MEC-Usaid.

Às restrições legais impostas sempre mais pelo governo, em nome da segurança nacional, contrapunha-se, nas ruas, o movimento de massas, oriundo principalmente da classe média. Estudantes, artistas e intelectuais promoviam passeatas e atos públicos, divulgavam manifestos, enfrentavam a polícia, improvisando barricadas e incendiando viaturas.

O tiro mortal que atingiu o estudante Edson Luiz de Lima Souto, nas ruas do Rio, a 28 de março de 1968, feriu o coração de toda a sociedade civil. Na frente da igreja da Candelária, no Centro carioca, sacerdotes paramentados e intelectuais marxistas deram-se as mãos para erguer uma barreira humana entre o povo e os batalhões de choque da Polícia Militar. Em Osasco (SP) e Contagem (MG), as greves operárias, seguidas de ocupações de fábricas, foram duramente reprimidas. Aprendia-se que, sob a tirania, quem ergue a voz não deve mostrar o rosto.

Dentro daquele contexto, o nome de Marighella emergia como sinal de esperança para muitos. Seus escritos eram multiplicados entre estudantes universitários, e à sua autoria atribuíam-se ações armadas que, cada vez mais frequentes, ocorriam nas grandes cidades: assaltos a bancos, explosões de bombas, distribuição de boletins à porta de fábricas, sob proteção de grupos armados. Para os setores dominantes, Marighella era o líder do terrorismo e surpreendia o próprio aparelho repressivo.

4

Estudante de filosofia no convento dominicano, não acompanhei *O rei da vela* em sua excursão pelo Brasil. Voltei ao jornalismo, cujo aprendizado, na Faculdade Nacional de Filosofia, no Rio, eu largara em fins de 1964, para ingressar na Ordem religiosa que abrigou Tomás de Aquino e Fra Angelico, Tomás Campanella e Bartolomeu de las Casas, Giordano Bruno e Savonarola, padre Lebret e Frei Mateus Rocha.

Antes da experiência teatral – quando convivi com atores como Renato Borghi e Fernando Peixoto, e atrizes do talento de Ittala Nandi, Etty Frazer, Liana Duval e Dirce Migliaccio – tive o privilégio de participar, como *freelancer*, da primeira fase da revista *Realidade*, da Editora Abril.

Nunca terminei meu curso de jornalismo, mas considero um excepcional aprendizado teórico ter sido aluno, no Rio, de Alceu Amoroso Lima, Danton Jobim e Hermes Lima. A prática me foi ensinada por meus mestres e colegas na *Realidade*: Sérgio de Souza, Paulo Patarra, Roberto Freire, Narciso Kalili, José Hamilton Ribeiro, Woile Guimarães e tantos outros que me incutiram o amor à veracidade dos fatos.

Em 1967, fui procurado no convento pelos jornalistas Jorge de Miranda Jordão e Thereza Cesário Alvim. Vindos do Rio, tinham o projeto de fundar um jornal ao estilo do *Brasil Urgente,* o pioneiro da chamada "imprensa nanica", fundado e dirigido por Frei Carlos Josaphat Pinto de Oliveira. Um dos jornais mais progressistas do país, o *Brasil Urgente* abraçou a tese das "reformas de base" até que o golpe militar o retirasse das bancas.

II. SUL, A TRAVESSIA

Frei Carlos já se encontrava exilado na Suíça, expliquei ao casal, e os dominicanos não tinham interesse em retomar o jornal. Jornalista de reconhecida competência, Jorge trabalhara na *Última Hora* com Samuel Wainer.

A viagem a São Paulo, se não serviu para concretizar o projeto do novo tabloide, teve a vantagem de abrir uma nova porta para a carreira de Jorge: Otavio Frias convidou-o para refundar a *Folha da Tarde*. Ao assumir a direção do vespertino, Miranda Jordão convidou-me para integrar o corpo de repórteres.

Ali, ao lado de jornalistas que se iniciavam na carreira – como os irmãos Chico e Paulo Caruso, José Maria dos Santos, Rose Nogueira, Luiz Roberto Clauset, Luiz Eduardo Merlino, Paulo Sandroni e Antônio Carlos Ferreira –, eu dividia o trabalho entre a crítica teatral e a cobertura às manifestações estudantis.

Sem que a redação se desse conta, nasceu uma forte amizade entre mim e Jorge, talvez facilitada pela nossa condição de celibatários, pois a mulher dele residia no Rio, para onde ele viajava quase todos os fins de semana. Homem de hábitos refinados, e em cujo rosto se destacavam os olhos azuis, Jorge convidava-me a restaurantes onde fazia as refeições diárias. Aos poucos, descobri que se tratava de uma pessoa sensível aos que se empenhavam no combate à ditadura. Através dele conheci Flávio Tavares, que fora seu colega na *Última Hora* e, desde 1964, se encontrava vinculado aos primeiros grupos que empunharam armas, dispostos a derrubar os militares do poder. Flávio e eu atraímos Jorge para a militância clandestina.

Formávamos um curioso trio: o diretor do jornal, com a fachada de *playboy,* carro esporte e intensa vida noturna, dando cobertura a Marighella, Joaquim Câmara

Ferreira e outros dirigentes revolucionários; o jornalista gaúcho de gestos afáveis, fala mansa e doçura de espírito, metido na luta armada desde as guerrilhas do Brasil Central e de Caparaó, em 1966, a ponto de comandar expropriações bancárias; e o frade que morava num convento e trabalhava em jornal, preocupado em ampliar a rede de apoio logístico à guerrilha urbana.

Residente no Rio, Flávio aparecia com mais frequência em São Paulo após se apaixonar por Cecília Galli, amiga de Lola (Maria Helena) Berlinck, de quem sou amigo desde os tempos de JEC. Filhas de tradicionais e ricas famílias paulistas, as duas eram insuspeitas militantes no apoio ao trio guerrilheiro.

Através de Jorge, eu conseguia ser o repórter pautado pela chefia de reportagem para cobrir as manifestações estudantis. Assim, a *Folha da Tarde* tornou-se o único jornal a enfocar os fatos pela ótica dos manifestantes, reservando pouco espaço à versão das autoridades. Ninguém na redação dava-se conta da cumplicidade entre o repórter e o diretor.

Promovido a chefe de reportagem, mantive um setorista no DEOPS que me passava informações de operações repressivas, de modo a prevenir os alvos visados. Militantes de organizações armadas transmitiam-me com antecedência planos de expropriações bancárias e de roubos de explosivos e armas, para que o jornal estivesse preparado para furar o bloqueio da censura e noticiar as ações revolucionárias.

Levei dois amigos para a *Folha da Tarde*: Ricardo Gontijo, para quem obtive, junto a Miranda Jordão, o cobiçado cargo de secretário do jornal, e Conrad Detrez, para a editoria internacional. Gontijo é meu amigo de infância e, em São Paulo, naqueles idos, era peça fundamental em minha logística pessoal. O belga Conrad Detrez, que já havia sido preso por participação na Ação Popular, tornara-se meu amigo desde o início dos anos 60, no Rio, quando ele atuava na JOC e eu, na JEC. Juntos, escrevemos nosso primeiro livro, editado na forma de apostilas mimeografadas, vendidas em faculdades: um ensaio sobre Teilhard de Chardin – que mais tarde retrabalhei para a edição do livro *Sinfonia universal – a cosmovisão de Teilhard de Chardin* (São Paulo, Ática, 1997).

Detrez foi o último jornalista a entrevistar Marighella, em setembro de 1969, para a revista francesa *Front*. Ele retornara clandestinamente ao Brasil, via Uruguai, tendo sido recebido por mim no Rio Grande do Sul e, dali, encaminhado a São Paulo. Mais tarde, tornou-se romancista de sucesso na França. Após ocupar o cargo de adido cultural na embaixada da França na Nicarágua, morreu em Paris, em meados dos anos 80.

5

A partir de 13 de dezembro de 1968, não foi mais preciso a direita apelar aos grupos paramilitares para que tentassem parar a *Roda viva* de Chico Buarque de Hollanda no Teatro Ruth Escobar ou fornecer fuzis automáticos para os grupos sectários da Universidade Mackenzie atirarem nos estudantes da Faculdade de Filosofia da USP, transformando a rua Maria Antônia, no Centro de São Paulo, numa praça de guerra. Foi decretado o Ato Institucional nº 5, o golpe no golpe. O Congresso entrou em recesso por tempo indeterminado, e ao presidente da República foram facultadas sanções políticas independentemente do controle judiciário.

A repressão, violenta, caçava e cassava os setores mais combativos do país. Muitos escaparam do cerco policial, passando à clandestinidade, sobretudo estudantes. Enquanto alguns hibernavam no trabalho de massa, acreditando no primado político da ideia, outros aderiram às armas, fazendo do primado da ação o único caminho que lhes parecia eficaz.

O grupo de estudantes dominicanos comungava os impasses e as opções de uma expressiva parcela de nossa geração universitária. Meus confrades Oswaldo Rezende, Luiz Felipe Ratton Mascarenhas, Ivo Lesbaupin, Roberto Romano, Magno Vilela e Tito de Alencar Lima eram alunos da USP (Universidade de São Paulo), cujas aulas de antropologia eu costumava frequentar. Os três primeiros vinham da turma dos doze noviços de 1965, da qual fiz parte.

Embora filho de uma das mais ricas famílias de Minas, Ratton demonstrava uma simplicidade sertaneja. Muito inteligente, os óculos caídos à ponta do nariz, a barriga estufada sobre a fivela do cinto, um modo engraçado de falar das coisas mais sérias, ninguém podia imaginar naquele momento que a conjuntura política do país o levaria ao exílio na França e, em seguida, por muitos anos, na Suécia. Fomos companheiros na JEC de Belo Horizonte, onde conhecemos Henriquinho, que, como cartunista, ficaria famoso com o nome de Henfil, inspirando-se na figura de Ratton para criar o mais apreciado dos fradinhos, o Baixinho.

Ivo eu conheci na JEC do Rio, entre os anos de 1962-64, enquanto lá estive como dirigente nacional do movimento. Cabelos lisos caídos à testa, óculos

II. SUL, A TRAVESSIA

maiores do que parecia convir à sua estatura média, nariz afilado, guardava de seus ascendentes franceses, por linha paterna, a fina ironia. Antigo aluno do Colégio São Bento, era disciplinado nos hábitos e aplicado nos estudos. Divertia-nos com a facilidade para a mímica, embora sua emotividade raramente escapasse ao controle da razão.

Magno Vilela era erudito e tinha cabelos anelados castanho-claros e o rosto fino. Ex-militante da Ação Católica, como todos nós, nasceu em Formiga, em Minas, onde existia uma "fábrica de bebidas nacionais e estrangeiras", dizia ele brincando. Dava a impressão de falar mais depressa do que conseguia raciocinar.

Em minhas viagens pelo Nordeste, a serviço da JEC, conheci Tito, quando ele se transferiu de Fortaleza para Recife, a fim de assumir a direção regional do movimento. Na capital pernambucana, diversas vezes me hospedei na "casa dos permanentes", onde ele morava, na rua dos Coelhos. Baixo, forte, ombros largos, cabelos pretos anelados, tinha o rosto redondo e os olhos miúdos, sempre atentos, sob as lentes brancas dos óculos. Trazia da adolescência a espiritualidade cristã, acentuadamente mística, e a racionalidade política embasada na ciência. Nele, essa síntese não resultava de uma postura teórica, fora formado assim. Afetuoso, ficava amigo de infância em cinco minutos, e mantinha-se sempre fiel às suas amizades. Gostava de música popular brasileira e aprendera a dedilhar o violão, seu companheiro nas horas de lazer.

Aos frades dominicanos que seriam atingidos posteriormente pela repressão policial, devido ao envolvimento com Marighella, somavam-se ainda Fernando de Brito, Giorgio Callegari, Roberto Romano e João Antônio Caldas Valença (Frei Maurício).

Fernando era padre e fora um dos primeiros militantes da JEC de Belo Horizonte – quando ainda assessorada por Frei Mateus Rocha – a ingressar na Ordem de São Domingos. Pele tostada, cabelos precocemente prateados, optara pela prática pastoral quando ainda persistia, entre os dominicanos, a predominância da atividade intelectual. Possuía timbre de voz agradável de se ouvir, fumava três maços de cigarros por dia e devorava, na biblioteca do convento, tratados de teologia clássica. Leitor inveterado, conhecia quase toda a literatura de ficção produzida no Brasil no século 20, com acentuada preferência pelo mineiro Guimarães Rosa e pelos nordestinos José Lins do Rego e Graciliano Ramos. Preservava a simplicidade de sua origem mineira, e, nele, o coração sobrepujava a razão. Era sempre o amigo disposto a ouvir e animado a ajudar. Conseguia assumir o sacerdócio sem clericalismo, e fazia das celebrações os momentos mais expressivos de sua própria comunhão com os que delas participavam. Frei Giorgio, italiano de Veneza, fora militante da democracia cristã antes de optar pela vida religiosa. Gordo, tipo bonachão, engraçado, sabia conciliar sua formação clericalista com um interesse político que o levava a uma incansável atividade jornalística. Nele, o afeto transbordava por todos os poros. Falava com as mãos como quem tecia no ar, com seus dedos pequenos e gordos, as ideias que expressavam compaixão. Dotado de uma coragem excepcional, que beirava a ousadia, dava a impressão de preocupar-se simultaneamente com a libertação dos povos oprimidos em todas as partes do mundo. Não há família ou região por onde Giorgio tenha passado sem deixar saudades, apreensões e alegrias. Mas era, sobretudo, um lutador solitário.

II. SUL, A TRAVESSIA

Roberto Romano, paulista, era um rapaz tímido, dotado de uma aguda inteligência e rara capacidade de análise. Aplicado aluno de filosofia, esquecia das horas quando se tratava de debater uma questão polêmica, na qual opinava com perspicácia e ironia.

João Antônio Caldas Valença, chamado de Frei Maurício antes de retornar ao estado leigo, era da geração de Fernando. Pernambucano, pele morena, tinha a testa larga, prenunciando a queda dos cabelos pretos e lisos. Sorriso aberto, deixava entrever a dentadura alva, perfeita. Discípulo do padre Lebret, era homem de vocação mais pastoral.

O auxílio que prestávamos, no convento de Perdizes, aos antigos colegas de faculdade ou profissão não chegava a ser um trabalho sistemático, e muito menos organizado como célula de uma facção política. Acolhíamos pessoas filiadas a tendências políticas diversas que, por se colocarem em oposição ao regime, eram perseguidas. Por ali passaram José Dirceu, Luís Travassos, Wladimir Palmeira e sua mulher, Ana Maria; e militantes da ALN, da VPR, da Ação Popular, do MR-8, do PCB e do PCdoB.

Esse apoio caracterizava-se, sobretudo, por guardá-los em locais seguros, transportá-los de uma cidade a outra e tranquilizar suas famílias. Dentro de nossas possibilidades e condição de religiosos, ajudávamos pessoas sob o risco de prisão, tortura e morte. Fazíamos exatamente o mesmo que uma parcela da Igreja fizera, nos anos 30 e 40, nos países europeus dominados pelo fascismo.

Na medida em que se estreitaram os nossos contatos com Marighella, ele vislumbrou nos dominicanos uma importante ponta de lança para implantar as bases da guerrilha rural, já que possuíamos comunidades religiosas em Marabá e Conceição do Araguaia, no Pará. A seu pedido, em julho de 1968 viajaram para o interior de Goiás e do Pará os frades Fernando, Oswaldo, Ivo e Ratton, empenhados num minucioso levantamento da área.

De fato, a presença dos religiosos na região não levantava suspeitas, já que os dominicanos eram conhecidos por ali desde o fim do século 19. Porém, o despreparo para a missão da qual foram incumbidos só não era percebido por quem confundia sonho com realidade.

6

Chefe de reportagem da *Folha da Tarde*, em 1969, eu morava próximo ao jornal, numa pequena comunidade dominicana, na rua Rego Freitas 530, no Centro de São Paulo. No início do ano, dois supostos vendedores de produtos farmacêuticos estiveram no prédio à minha procura. O porteiro desconfiou, disse que eu não me encontrava em casa e avisou:

– Eram policiais.

Um ano depois, no DEOPS paulista, um investigador confirmaria o fato, sem explicar, contudo, que interesse poderia ter eu em produtos farmacêuticos...

Ao longo dos primeiros meses de 1968 era cada vez maior o número de conhecidos nossos presos e torturados. O terreno falseava a meus pés. Pressentia que o cerco repressivo não tardaria a alcançar-me. Numa reunião do grupo dominicano vinculado a Marighella, no Colégio Santa Rosa, das irmãs dominicanas, cheguei a propor um refluxo em nossas atividades, mas fui voto vencido.

II. SUL, A TRAVESSIA

A decisão veio quando Izaías Almada, repórter da *Folha de S. Paulo,* foi encarcerado sob a acusação de fazer parte do "esquema de imprensa" da VPR: larguei o jornal, afastei-me da comunidade dominicana e passei a viver clandestinamente em São Paulo, abrigado pela família do professor Samuel Pessoa, um dos mais renomados parasitologistas do Brasil, cuja esposa, dona Jovina, aos 90 anos de idade demonstrava um entusiasmo de 20. Escondi-me também na casa de um pastor protestante considerado acima de qualquer suspeita por ser norte-americano.

7

Nem sei bem, Heleni, por que foi através de você. Tínhamos nos encontrado poucas vezes, Quem sabe foi o acaso? É possível. A vida não é feita só de decisões e certezas prévias. Muitas vezes um gesto, uma palavra, um olhar ou uma revelação muito íntima modificam o nosso rumo.

Se bem me lembro, nosso encontro foi no Redondo, aquele bar que ficava defronte ao Teatro de Arena. Você trabalhava com Augusto Boal, com quem eu gostava de conversar. Sempre eu chegava no fim dos ensaios, ficava sentado na plateia escura, vendo vocês repetirem mais uma vez a cena. Depois, íamos tomar cerveja no Redondo.

Um dia você contou, com seu jeito alegre, cativante, que fizera um curso de teatro na França e, na volta, organizara um grupo popular no ABC. Pequena, arisca, você sempre me pareceu uma pessoa muito bonita. Não dessa espécie de beleza que a publicidade promove, aparente, epidérmica. Mas uma beleza que a gente descobre e percebe que vem de dentro pra fora, enraizada no espírito ágil que lhe conservava, no corpo, o jeito de menina. Você pressentiu a minha situação, cuidou das coisas e indicou o local no qual eu encontraria a pessoa que iria me esconder.

Depois daquele dia, Heleni, só voltei a encontrá-la no fim do ano seguinte, no pátio do Presídio Tiradentes. E, pelo fato de seu companheiro, Zé Olavo, encontrar-se também preso, você tinha permissão para, aos sábados, no horário de visita, passar da ala feminina para a masculina. Mesmo na prisão, a sua alegria contagiava. Guardo de você o retrato da última vez que nos vimos: era seu aniversário, e seus filhos levaram um bolo com velinhas e um presente. Ao desfazer a fita de cetim rosa e o papel colorido, você viu o que era e começou a achar muita graça, a mostrar pra todo mundo, a beijar as crianças que, como você, riam das calcinhas em suas mãos.

Logo você foi solta, pois, apesar das torturas que sofrera, nada conseguiram provar. Em julho de 1971 correu a notícia de seu desaparecimento. Sabe-se que foi presa pelos órgãos de segurança e consta que morreu sob torturas. Ouvi dizer que jogaram seu corpo no mar. Não sei, não posso afirmar. Só sei que, agora, Iemanjá tem, para mim, um rosto conhecido e um jeito alegre de menina prestativa.

8

No local marcado por Heleni Guariba, tive a primeira surpresa: o contato era Flávio Império, cenógrafo, artista plástico, que eu conhecera no Teatro Oficina, e por cuja obra eu nutria admiração. A segunda surpresa foi conhecer o lugar em que eu ficaria escondido até sair de São

II. SUL, A TRAVESSIA

Paulo: a casa de uma família evangélica norte-americana, em Interlagos. Ali estive por três meses, até maio, quando me transferi para São Leopoldo, no Rio Grande do Sul. Não guardei o nome do pastor. Por razões óbvias, nos falávamos pouco. Ocupei um cômodo construído sobre a garagem. Em 2013, o pastor Anivaldo Padilha me aclarou que o nome do pastor metodista estadunidense é William Bigham.

Viver na clandestinidade é como tornar-se invisível para os outros. As pessoas nos veem, mas não conhecem, e os que conhecem não podem nos encontrar senão por acaso. Como toda situação de completo despojamento, faz-nos sentir mais livres. Trocar de nome dá sensação de vida nova – só então compreendo por que os institutos religiosos adotavam esse costume ao receber seus noviços. O meu era "Vitor" e exigia-me estar sempre atento, para não pensar que chamavam outra pessoa. "Vídor, você querr mas arroz?", perguntava Mrs. A., e, meio perplexo, eu constatava que era comigo mesmo.

Todo tempo de espera é longo, muito longo. Não há muito a fazer quando só resta aguardar uma saída. É como estar dentro de um imenso cilindro, no qual há centenas de portas desenhadas e semelhantes à única verdadeira. Não é nada fácil encontrá-la, e abri-la depende mais de quem está do lado de fora.

Não obstante, na cabeça dos amigos, estamos mergulhados em plena ação, e eles são capazes de nos identificar por trás de cada notícia de jornal que brilha, rápida, como um palito de fósforo aceso em meio à escuridão. De fato, os dias custam a passar, o relógio parece tomado por uma preguiça crônica, que se arrasta ao ritmo aritmético do calendário. Somos obrigados a violentar nossos hábitos e costumes. O corpo deve adaptar-se à mobilidade restrita, controlada, temerária, enquanto a mente vagueia pelo medo, povoa-se de recordações e multiplica perguntas que não têm respostas imediatas. No quarto de empregada em que eu dormia ainda era possível ocupar-me o dia todo com leituras e ouvir rádio. Pior situação viviam outros companheiros que, morando em pensões, eram forçados a fingir um ritmo normal de vida: levantavam cedo e perambulavam o dia todo pela cidade, à espera da hora de regressar ao quarto, como se retornassem do trabalho.

    Por vezes eu saía de casa para encontrar pessoas que não deveriam conhecer meu refúgio, e através das quais eu mantinha contato com meu próprio universo. A imensidão de São Paulo oferece muitas alternativas para quem vive na clandestinidade. O diabo é que a cabeça da gente é pequena, e a imaginação, medrosa Achava todo lugar suspeito. Mal conseguia dialogar. Trocava as informações necessárias e, dominado pelo nervosismo, acreditava que a viatura policial vislumbrada no horizonte vinha exatamente em minha direção. Não seria um policial do DEOPS aquele pipoqueiro da esquina? Esses homens que descarregam bujões de gás, exatamente nesta casa ao lado, não são militares da Oban?

    Ora, os heróis nunca morrem hoje. Chegam a acreditar que são sempre mais espertos que a repressão. Habituados ao risco, julgam-se invisíveis. Vão a lugares onde jamais admitiriam encontrar um companheiro, como certos cinemas e restaurantes. Creem que, se forem presos, não será nunca hoje, talvez amanhã. Por isso, naqueles idos, várias vezes cruzei com Marighella e outros dirigentes revolucionários na churrascaria A Toca, que ficava na esquina das ruas Turiassu e Cardoso de Almeida, em Perdizes. O proprietário, Jacinto Pasqua-

II. SUL, A TRAVESSIA

lini, suava frio, ao calor das brasas que assavam as carnes, quando coincidiam, no mesmo espaço, guerrilheiros e policiais. Tratava de separá-los em mesas distantes e de avisar-nos. É possível que aqueles investigadores e delegados jamais imaginassem que naquela roda alegre de chope, em torno de saborosas picanhas, estavam alguns dos mais procurados "terroristas" do país, como Aloísio Nunes Ferreira, Antônio Carlos Madeira, Rolando Fratti, Agonaldo Pacheco e Carlos Marighella, cuja peruca improvisada parecia chamar mais atenção do que ele próprio.

Foi naquele período que conheci melhor meus *anjos da guarda*, os amigos capazes de todo e qualquer sacrifício em meu favor. Só então a vida mostrou-me o que significa esta palavra de Jesus no capítulo 10 de Marcos, versículos 28 a 30: *"Em verdade vos digo que não há quem tenha deixado casa, irmãos, irmãs, mãe, pai, filhos ou terras por minha causa ou por causa do Evangelho, sem que receba cem vezes mais, agora, neste tempo, casas, irmãos e irmãs, mãe e filhos e terras, com perseguições."* Entre perseguições, seria a tradução preferível.

Quantas pessoas dispostas a me abrigar em suas casas por simples indicação de um amigo, sem conhecimento prévio! Quantos arriscavam empregos, e a própria pele, na vontade de ajudar e apoiar! (Note-se que Jesus não promete "pais". Para ele, só há um Pai em quem confiar.) A cada vez que encontrava esses "irmãos e irmãs", uma intensa alegria se apossava de mim. Entre olhares que diziam mais que palavras, trocávamos notícias, impressões, esperanças. A separação era sofrida, embora camuflada sob o sentimento do dever. Mas quem de nós não sonha com um futuro no qual desfrutaremos incessantemente das amizades que amamos?

Meus anfitriões tudo faziam para que eu me sentisse à vontade. Só estranhei no dia em que o dono da casa indagou se eu não me importaria de dialogar com um pastor protestante seu amigo, de passagem pelo Brasil. Não me senti em condições de recusar, mas confesso que as questões colocadas pela visita deixaram-me a impressão de falar com um agente da CIA. Salvo engano, nenhum dos dois sabia quem eu era exatamente; apenas que se tratava de um cristão perseguido pela polícia política. Não obstante, sempre achei que os norte-americanos têm, pelas coisas políticas, uma curiosidade inquisitorial. Não querem saber o quê ou por quê, querem saber quem, quando e quantos.

De certas situações observam-se melhor algumas coisas. Para quem vive escravizado pelo trabalho, São Paulo é uma cidade cinza, poluída, feita de asfalto, cimento e ferro. Respira-se fumaça e os olhos ardem impregnados da fuligem que o raio de sol, espada luminosa obliquamente estendida da janela ao chão, torna visível na forma de finíssima poeira flutuante. Contudo, a capital paulista transforma-se sob o olhar de quem vagueia por suas ruas. Naqueles meses de clandestinidade, descobri a beleza do outono: o céu azul anil brilhante, as manhãs ensolaradas, a tarde fresca oferecendo, à chegada da noite, o crepúsculo de variados tons. A cidade tem mais verde do que se imagina. Se são raros seus parques e praças, há muitas árvores pelas ruas, jardins à porta das casas e dos prédios, plantas derramadas sobre muros e varandas. Era bom caminhar solitário pelas ruas, redescobrindo os perfis de São Paulo, deixando o Espírito orar em meu espírito ou rezando mentalmente o terço quando meu afeto espiritual adormecia frívolo.

II. SUL, A TRAVESSIA

Todavia, a calma companheira era passageira. Tropas militares fechavam as avenidas em operações pente-fino, carros e transeuntes eram revistados, viaturas policiais circulavam com sirenes abertas. A imprensa, sob censura, fazia eco ao alerta do governo militar: "O terror está nas ruas e seu vizinho pode ser um terrorista!" Muitos síndicos viam-se obrigados a comunicar ao DEOPS os nomes dos moradores dos prédios.

Não havia em mim a intenção de permanecer acuado. Terminara o curso de filosofia e ganhara uma bolsa para cursar teologia na Alemanha, a partir de novembro. Enquanto aguardava a data da viagem, decidi transferir-me para o Seminário Cristo Rei, dos padres jesuítas, em São Leopoldo (RS). Meu primo, João Batista Libânio, era ali professor de teologia fundamental, o que facilitou as coisas. Além de funcionar em regime de internato, numa região em que eu não era conhecido, o seminário oferecia-me um primeiro contato com o ambiente germânico.

Naquela ocasião, meu pai, Antônio Carlos Vieira Christo, encontrou-se com o escritor Augusto de Lima Júnior, na Livraria Itatiaia, em Belo Horizonte. O velho historiador mineiro era ardoroso defensor do golpe militar de 1964, e muito amigo do general Lyra Tavares, então ministro do Exército. Lima Júnior chamou meu pai a um canto e sussurrou-lhe:

– Onde está o seu filho? Continua nos dominicanos?

Diante da confirmação, advertiu:

– Diga a ele para mudar de Ordem, passar para os salesianos, pois os dominicanos vão sofrer muito no Brasil.

Meu pai creditou o aviso à caduquice do historiador.

Já em 1965, o governo do marechal Castelo Branco pensara em expulsar a Ordem Dominicana do país.

O convento de Belo Horizonte chegou a ser invadido duas vezes pela polícia, e os frades responderam a inquérito presidido pelo coronel Euclydes Figueiredo. Em agosto de 1967, Frei Chico, prior do convento de São Paulo, foi preso pela Polícia Federal por liderar o movimento que propunha greve de vinte e quatro horas pela paz mundial. Todos os frades, com seus hábitos brancos, fizeram passeata silenciosa em frente ao DEOPS e, em seguida, junto ao quartel da 7ª Companhia de Guardas da Polícia Militar, do qual Frei Chico foi solto poucas horas mais tarde.

9

José Roberto Arantes de Almeida, ex-presidente do diretório da Faculdade de Filosofia da USP e vice-presidente da UNE, liderou, ao lado de José Dirceu e Luís Travassos, as manifestações estudantis que, em 1968, transformaram a rua Maria Antônia numa praça de guerra. O prédio da escola fora ocupado vários dias pelos estudantes. No acampamento improvisado, o rosto de Che Guevara nas paredes mantinha os olhos fixos acima dos jovens que liam Lênin ao som dos Beatles. Chegaram a manter como refém uma agente policial descoberta entre eles, e que adotava a burlesca alcunha de "Maçã Dourada".

O cerco de repressão, no ano seguinte, levou José Arantes à clandestinidade. Frei Oswaldo e Frei Ivo o guardaram por alguns dias – quando então ele disse que precisaria encontrar-se "com um tal de Vitor", que eles certamente conheciam. O local foi marcado, no

II. SUL, A TRAVESSIA

bairro de Santa Cecília, na rua Martinico Prado – um reduto da TFP (Tradição, Família e Propriedade), o mais conservador movimento católico brasileiro. Talvez ninguém suspeitasse que ali ocorressem encontros de "subversivos"...

Cheguei primeiro, sem saber com quem me encontraria. Recebera a indicação de aguardar ali o contato, que me identificaria pela revista que eu trazia à mão. Vi quando Arantes se aproximou. Notei-o um pouco nervoso, como se temesse abordar-me. Fingiu não me ver e rodeou o local por alguns momentos. Conhecíamo-nos apenas de vista; como repórter da *Folha da Tarde* eu o entrevistara algumas vezes. Justamente isto o assustou: não imaginara que "Vitor" fosse eu. Sabia apenas que Marighella queria falar com um certo Vitor, amigo de Frei Oswaldo. A tarefa de Arantes era acertar o meu encontro com o comandante da ALN.

10

Encontrei Marighella em pleno Jardim Europa, nos primeiros dias de maio de 1969. Esperei-o à noite, num ponto de ônibus da rua Colômbia. O bairro de mansões, guardado por seguranças particulares, dispensava a vigilância das viaturas policiais. Não foi difícil adivinhar que Marighella era o homem corpulento a caminhar lentamente pela calçada, como quem dá um passeio após o jantar. A troca de olhares bastou para que eu abandonasse o ponto de ônibus e o acompanhasse. Ninguém parecia atento a nós, o que, se de um lado me tranquilizou, de outro deixou-me a dúvida se, de fato,

Marighella possuía um esquema de segurança. Aliás, achei precaríssima a peruca preta que ele usava. Temi que mais chamasse a atenção do que disfarçasse. Era uma peruca de mulher, cortada rente às orelhas. Os fios lisos pareciam sintéticos. Como ainda não se generalizara o livre penteado para homens, dir-se-ia que ele adotara um corte à moda indígena...

Enveredamos pelas ruas escuras e arborizadas do elegante bairro, caminhando entre residências bem protegidas por guaritas junto aos muros altos. "Lugar bem escolhido", pensei. Como os moradores tinham carros, quase ninguém andava pelas calçadas, o que nos permitia dialogar sem o receio de ser escutado por quem passava. E certamente não seria ali, com tantos vigias armados, que a polícia se preocuparia em fazer ronda.

Ele soubera que eu estava de mudança para o Rio Grande do Sul. Queria que eu aceitasse acompanhar, em Porto Alegre, a passagem de refugiados políticos que se destinavam ao Uruguai ou à Argentina para, em seguida, viajar à Europa. Seria uma ajuda a todos que precisassem deixar o país, independentemente de siglas políticas, e não um serviço exclusivo à ALN. Aceitei o encargo, ciente de que se adequava à tradição da Igreja de auxílio a refugiados políticos.

– No momento oportuno – acrescentou Marighella – passarei a você nossos contatos nas áreas de fronteira. Agora, preciso que você assuma uma missão de urgência.

Marighella pediu que fosse a Belo Horizonte levar uma mala. Deu-me dinheiro para alugar um táxi aéreo. No dia seguinte, a encomenda me foi entregue. Pesava. Não a abri, mas fiquei com a impressão de que era dinheiro. Tomei um táxi, fui para o aeroporto de Congonhas,

II. SUL, A TRAVESSIA

fretei o avião, viajei à capital mineira e fui cobrir o *ponto* na rua Carangola, no bairro Santo Antônio, próxima à região em que morava minha família. Estava à espera do contato quando vi descer a rua o carro Alfa Romeo, tipo JK, dirigido por minha tia Lígia. Abriguei-me numa loja, como se estivesse interessado nas mercadorias. Ela passou desacelerada, como se me buscasse com os olhos. Voltei à calçada aliviado, ansioso para que o contato aparecesse logo. A posse da mala me deixava inquieto. Ao virar o rosto para o alto da ladeira, vi o carro de minha tia quebrando a esquina. Refugiei-me novamente na loja.

Anos depois, indaguei a ela se havia me visto. Disse que não, fora mera coincidência.

A mala foi repassada a uma pessoa que se apagou completamente da minha memória. Retornei a São Paulo com a sensação curiosa de, por um dia, ter visitado clandestinamente a cidade em que nasci e onde moravam meus pais.

11

Em julho de 1969, Frei Oswaldo trocou o convento das Perdizes pela escola dominicana em Friburgo, na Suíça, onde faria o curso de teologia. Ao embarcar, não imaginava que, naquele momento, tinha início o longo exílio que duraria quase trinta anos e o faria encontrar, em Paris, o amor militante de Florence.

De férias em São Leopoldo, passei por São Paulo. A guerrilha urbana prosseguia, e a repressão fazia-se onipresente nas ruas da cidade. Preocupado com a minha segurança, Joaquim Câmara Ferreira, o "Toledo", segundo homem na estrutura da ALN, ofereceu-me um documento frio. O uso de nomes falsos não é comum apenas em missões diplomáticas sigilosas. Justifica-se também em situações arriscadas, quando se trata de preservar o bem maior, a vida.

Por temer o risco de prisão, aceitei o documento, na esperança de que ele facilitasse a minha fuga em caso de necessidade. Mas a carteira de identidade, com a minha foto e o nome de "Ronaldo Mattos", só me veio às mãos em outubro de 1969, pelas mãos de Magno Vilela.

Não cheguei a usá-la, mesmo quando escapei do cerco policial em São Leopoldo, no mês seguinte. Ao ser preso, estava de posse de todos os meus documentos legais. Embora a nova carteira estivesse com nome trocado, a foto era a mesma que jornais e telejornais estamparam enquanto durou a caçada policial, entre os dias 4 e 9 de novembro de 1969.

12

O seminário Cristo Rei, em São Leopoldo, era um imenso prédio amarelo, situado sobre a pequena colina no Vale do Rio dos Sinos. A seus pés, estendia-se um cenário que lembrava cartões-postais: o tapete verde da vegetação viçosa e as hortas alinhadas à beira da serpente prateada que escorregava límpida entre as casas rudes dos colonos. Cerca de quinhentas pessoas habitavam o seminário quando ali cheguei: padres, seminaristas, irmãos e centenas de meninos oriundos da colônia alemã. Louros, olhos claros, pele dourada como gema de ovo, aqueles filhos de pequenos agricultores eram tidos como

II. SUL, A TRAVESSIA

candidatos em potencial à vida religiosa. Falavam entre si em dialeto germânico e esforçavam-se, à noite, para não dormir nas aulas, após o dia cansativo de trabalho.

O Cristo Rei tinha a estrutura de um feudo medieval, e o reitor, poderes de abade. Produzia quase tudo necessário ao consumo alimentar. Irmãos e crianças cuidavam do pomar, da horta, do pasto e do fabrico de pão, queijo e vinho. O lago fornecia peixe, além de refrescar os olhos e servir à natação. O excedente era vendido fora. Possuía ainda oficinas para toda espécie de serviços: marcenaria, alfaiataria, encadernação... Com razão, os jesuítas orgulhavam-se de sua biblioteca de cinquenta mil volumes, assinante de mais de trinta revistas especializadas.

Na raiz teológica da Igreja gaúcha está o seminário Cristo Rei. Entre seus ex-alunos figurava o cardeal Vicente Scherer, arcebispo de Porto Alegre entre 1947 e 1981. Ainda em 1969, certas tradições se conservavam: vivíamos em regime de internato, embora com direito a saídas aos domingos. A missa diária já não era obrigatória, mas as refeições, sempre em comunidade, obedeciam a horários fixos. Cada estudante de teologia ocupava seu próprio quarto: cama, armário e pia. Na sala de estar do dormitório, um pequeno fogareiro a álcool permitia-nos comer pipoca à noite, enquanto conversávamos em torno do chimarrão. Graças às atividades manuais dos irmãos e dos guris, os padres e seminaristas dedicavam-se exclusivamente ao trabalho intelectual.

Eu não era o único estranho no ninho dos filhos de santo Inácio de Loyola. Havia estudantes de outras congregações religiosas. Apenas trazia uma experiência de vida diferente da maioria, educada desde cedo na estufa eclesiástica. Com certa perplexidade, descobriram que eu via no compromisso político um meio evangélico da vivência da fé cristã, e compreendia teologicamente a opção revolucionária do padre Camilo Torres, assassinado em combate nas selvas colombianas, em fevereiro de 1966. Aliás, isso poderia ser creditado "à mera festividade de um dominicano esquerdista", não fosse eu um aluno aplicado, que passava horas na biblioteca, desenterrando os escritos dos místicos da Igreja. Só lamentava não ler no original a patrologia, por ignorar o latim e o grego.

Meu primo, João Batista Libânio, era quem me orientava dentro daquele universo jesuíta, tão diferente da vida dominicana. Ele informara à comunidade que eu era visado pela polícia, e um dos meus colegas, Camilo García, de origem espanhola, consentiu em que a correspondência a mim dirigida chegasse em seu nome.

Funcionava em São Leopoldo o curso "Christus Sacerdos", para formadores de seminaristas. Entre os alunos estava monsenhor Marcelo Carvalheira, reitor do seminário maior do Nordeste, no Recife, e assessor de dom Hélder Câmara. (Em 1999, Marcelo Carvalheira era arcebispo de João Pessoa, após anos como bispo de Guarabira [PB].)

Meus amigos em Porto Alegre eram poucos: o irmão marista Antônio Cechin, ex-assistente da JEC gaúcha, e sua irmã Matilde, especialista, como ele, em catequese; Bernardo Catão, ex-dominicano, que apesar de residir em São Paulo passava a semana de trabalho no Sul; o padre Manoel Valiente, que aos fins de semana acolhia em sua casa paroquial o padre Carvalheira; e, em Caxias do Sul, o padre Orestes Stragliotto, amigo desde meus anos de adolescência e com quem sempre partilhei o fel e o mel.

II. SUL, A TRAVESSIA

13

O primeiro a passar pelo Sul, a caminho do Uruguai, foi Jorge de Miranda Jordão, no início de agosto de 1969. O jornalista tornara-se uma peça importante no esquema de apoio a Marighella e "Toledo". Coringa, jamais se vinculou ao organograma da ALN, nem participou de reuniões ou deteve-se na leitura de documentos.

Aquele mesmo homem que varava as noites em boates da moda, onde ouvia de empresários e políticos notícias sobre os novos projetos da ditadura, abrigava em seus apartamentos – em Laranjeiras, no Rio, e em Santa Cecília, em São Paulo –, entre as coleções de revistas pornográficas e uísques raros, os dirigentes da ALN. Só Flávio Tavares e eu fazíamos a ligação de Miranda Jordão com o esquema subversivo. Numa ocasião, Jorge levou Flávio até São Leopoldo em seu VW Karmann-Ghia, para uma reunião comigo.

Marighella propôs a Jorge uma viagem a França e Cuba, para especializar-se em imprensa clandestina. Entregou a ele uma mensagem para Fidel Castro, que Jorge teve o cuidado de costurar no lado avesso da gravata. Pouco depois, Jorge chegou ao Sul, acompanhado de Dulce K., sua namorada. A moça permaneceu em Porto Alegre, onde tinha familiares, enquanto Miranda Jordão rumava, de carro, para a fronteira do Brasil com o Uruguai, levado pelo padre Manuel Valiente, a meu pedido. De Montevidéu, o jornalista deveria seguir para Praga e, de lá, para Havana. Dei-lhe um telefone de contato na capital uruguaia: o do ex-deputado Neiva Moreira, braço direito de Leonel Brizola.

Padre Manuel deixou Miranda Jordão na rodoviária de Rivera e retornou a Porto Alegre. Num ônibus da empresa Onda, Miranda Jordão chegou à capital uruguaia. No percurso, o motorista alertara-o de que deveria mostrar o passaporte ao desembarcar. A advertência caiu no olvido. Jorge buscou um hotel e, de lá, ligou para Neiva Moreira. Depois, cansado, foi dormir, sem tirar a camisa e a gravata.

Acordou, de madrugada, com a polícia uruguaia em seu apartamento. Enquanto bagagens e móveis eram revistados, o jornalista pediu para ir ao banheiro. Enquanto urinava, deixou cair a mensagem de Marighella para Fidel e deu descarga. Súbito, um policial, desconfiado, entrou no banheiro e mirou o vaso. Para sorte do prisioneiro, a pressão da água era boa e o papel não voltou.

Talvez a displicência de não ter exibido o passaporte tenha levantado suspeitas. Ou quem sabe os telefones dos "homens de Brizola" estivessem grampeados. O certo é que Neiva Moreira não teve, como se comprovou depois, nenhuma responsabilidade no caso.

Miranda Jordão foi preso pelo delegado Alejandro Otero, que, assim como Fleury, ficou famoso no Uruguai como assassino de guerrilheiros tupamaros. Permaneceu três dias em Montevidéu. Levado de trem à fronteira com o Rio Grande do Sul, foi oficialmente solto, atravessou a ponte para Jaguarão e, imediatamente, preso do lado de cá. Conduzido ao DOPS de Porto Alegre e, em seguida, ao quartel da rua Barão de Mesquita, no Rio, onde funcionava o DOI/CODI, jamais revelou o que fazia ou sabia, durante os seus quarenta dias de prisão.

II. SUL, A TRAVESSIA

Má sorte teve o jornalista Luiz Edgard de Andrade, da TV Globo. Transferido do Rio para São Paulo, foi ocupar o apartamento em que Jorge morava em São Paulo, um quarto e sala em Santa Cecília, próximo à redação da Rede Globo. Ao instalar-se, uma orientação doméstica o fez ligar para o apartamento de Jorge no Rio. Um policial atendeu e, como se fosse amigo, disse que o jornalista saíra para comprar cigarro. Pouco depois, Luiz Edgard de Andrade era preso e levado para a Oban, onde o torturaram na "cadeira do dragão". Recambiado para o DOI/CODI do Rio, passou alguns dias preso em companhia de Miranda Jordão e Flávio Tavares.

Como sublinha Flávio Tavares, em *Memórias do esquecimento* (São Paulo, Globo, 1999), "Jorge teve um comportamento exemplar na prisão. (...) A verdade, porém, é que o mínimo deslize de Jorge, até mesmo involuntário, teria revelado ao Exército a profundidade das relações entre Marighella e um grupo de frades dominicanos do convento das Perdizes, em São Paulo, e que constituíam um dos principais sustentáculos da ALN" (p. 113). De fato, a prisão de Jorge deixou-me em pânico no Sul. Se não mergulhei de novo na clandestinidade foi por confiar no silêncio dele. Hoje, sei que assumi uma decisão temerária. Felizmente, ele correspondeu à minha expectativa, evitando que eu precipitasse o desmantelamento do esquema de fronteira. Por isso, com justa razão, e profunda gratidão, este livro é dedicado a ele.

Jorge ficou preso no Rio, durante o sequestro do embaixador americano, enquanto, no Sul, eu preparava o esquema para retirar do país alguns dos sequestradores. Sua namorada, Dulce K., foi presa em Brasília. Pouco depois, tive ocasião de retribuir a fidelidade de Jorge: ele já havia sido libertado quando fui preso, em novembro de 1969. Pressionado em Porto Alegre e São Paulo para revelar vínculos com ele, além dos profissionais, nunca cedi. Mantive a versão de que nossas relações haviam sido estritamente profissionais. Dos que passei na fronteira, Miranda Jordão foi o único que não figurou em meu inquérito policial.

As tensões do cárcere esgarçaram a relação entre Jorge e Dulce. Ao ver-se livre, ele casou com Germana de Lamare, cujos primeiros meses de gravidez coincidiram com o período em que fui submetido a intensos interrogatórios. Por isso Patrícia é chamada, na intimidade familiar, de "filha do silêncio".

14

"Jarbas" é nordestino, e seu rosto me pareceu tão triste quanto seus olhos. Talvez assustado com os caminhos imprevisíveis que a vida lhe armara. Frei Ivo o conhecera na USP, como ouvinte da cadeira de história da filosofia. Os dominicanos eram vistos, no meio estudantil, como uma espécie de guarda-chuva ao qual se recorre na hora da tempestade. "Jarbas" passou alguns dias numa de nossas comunidades, no bairro do Vergueiro, em São Paulo, e depois sumiu.

Em agosto de 1969, Ivo foi novamente procurado por "Jarbas". Queria que o religioso o acompanhasse até o Rio Grande do Sul, pois pretendia refugiar-se no Uruguai. Estava sendo procurado pelos órgãos de segurança e temia viajar sozinho. Muito tenso, ele dava mostras de não estar bem emocionalmente.

II. SUL, A TRAVESSIA

Logo após o almoço, fui chamado à portaria do Cristo Rei. Em agosto, ainda é frio o clima em São Leopoldo, e, pela manhã, a geada cobre pedras e plantas com uma fina camada de gelo, que se derrete aos primeiros raios de sol. O minuano, vento que corta como afiada lâmina, sopra menos impetuoso.

Ivo viera de São Paulo em ônibus e, a seu lado, estava um rapaz embrulhado em agasalhos puídos e multicores, com a mala aos pés. Alto, forte, cabeça chata, "Jarbas" tinha os cabelos escuros ondulados e olhos castanhos. Aparentava pouco menos de trinta anos, e, por seu jeito rude e sofrido, dir-se-ia tratar-se antes de um lavrador que de um universitário.

Já de posse dos contatos na fronteira, fornecidos por Marighella, não os retive mais de uma hora. Apenas o suficiente para explicar como chegar ao Uruguai: bastava tomar o ônibus na rodoviária de Porto Alegre, com destino a Livramento – cidade fronteiriça geminada com Rivera, município uruguaio. Para atravessar a fronteira, era só cruzar a rua que divide os dois países e, do outro lado, tomar o ônibus para Montevidéu. Isso eu aprendera por informações obtidas de pessoas que conheciam bem a região. Nunca cheguei à fronteira, embora meus interrogadores jamais se convencessem disso.

Levei-os à porta do seminário e acompanhei-os com os olhos, enquanto desciam pelos jardins, entre a névoa que se estendia como uma cortina de algodão na tarde, cobrindo de pudor o encontro do sol com a relva fria e úmida. Ivo retornou a São Paulo.

Durante trinta anos ignorei o verdadeiro nome e a sorte de "Jarbas". Na noite de 5 de agosto de 1999, ao encerrar minha palestra na II Semana Teológica do Recife, promovida pelo grupo Igreja Nova, fui procurado por ele. À primeira vista, não o reconheci. Ele se identificou – João Zeferino da Silva, Joca na intimidade. Contou que fora hóspede dos dominicanos em Montevidéu e, depois, rumara para Cuba. Mais tarde, transferiu-se para a Suécia, onde viveu muitos anos. Hoje, mora no Recife.

15

Frei Fernando avisou-me, em agosto de 1969, de que um tal "Gustavo" passaria pelo Sul. Fui esperá-lo em Porto Alegre, pois era preferível que os passageiros da liberdade não dessem as caras no Cristo Rei. O sistema de identificação era simples e habitual: ele me encontraria em frente ao Cine São João, na avenida Salgado Filho, e me reconheceria pela revista *Veja*, que eu traria à mão.

Dessa vez ele não rodeou o local, veio direto. Reconheci José Roberto Arantes, que em maio acertara meu encontro com Marighella. Estatura mediana, cabelos pretos, Arantes era moreno. Os olhos avançados sob as pálpebras davam-lhe a impressão de estar sempre atento às coisas. Muito calmo, falava baixo, pontuado. Embora não fosse triste, sorria pouco, discreto na expansão dos sentimentos.

A bagagem restringia-se a uma pequena valise de mão. Fomos deixá-la no guarda-volumes da rodoviária, caminhando sob a noite que chegava, acendendo as primeiras estrelas.

Contou-me que viajara num jato da Cruzeiro do Sul, com o nome de "José Carlos Pires de Andrade". Durante o voo, repleto de executivos bem-vestidos e perfumados, uma bonita loura mudara de lugar para sentar-se ao seu

II. SUL, A TRAVESSIA

lado. Estranhou a preferência, pois, comparado a seus companheiros de viagem, estava malvestido e sentia-se sem nenhum atrativo. A moça puxou conversa e fez insinuações, indagando onde ele ficaria hospedado em Porto Alegre. Arantes tentou desconversar:

– Não sei, vou procurar um hotel qualquer.
– Também vou ficar em hotel. Podemos ficar juntos – propôs ela.

Convencido de que se tratava de uma agente policial, o líder estudantil ponderou:

– De acordo. Mas, como tenho de ver um amigo antes que se encerre o expediente de trabalho, diga-me em que hotel você prefere ficar e, mais tarde, a gente se encontra lá.

Ela topou.

O episódio deixara-o perturbado. Suspeitava estar sendo seguido. Teria transpirado da ALN alguma informação de sua viagem?

Fomos comer churrasco na rua da Praia. Seu temperamento calmo traía-se nos olhos dilatados. Perguntou-me como era possível conciliar a fé cristã com a opção política. Expliquei-lhe que o cristianismo é essencialmente transformador e essa revolução não se limita à história, culmina na transcendência. Jesus anunciou o Reino de Deus, a transformação radical deste mundo, segundo o projeto libertador do Pai. Onde há justiça, liberdade e amor, aí estão as sementes do Reino. O cristão, como discípulo de Cristo, não tem outro compromisso senão com o Espírito que nos anima na direção dessa esperança. A fé desmascara, à luz da palavra de Deus, o discurso ideológico dos dominadores. Jesus assume a identidade dos oprimidos, e neles quer ser amado e servido: "Tive fome e me destes de comer. Tive sede e me destes de beber.

Era forasteiro e me recolhestes. Estive nu e me vestistes, doente e me visitastes, preso e viestes ver-me"(*Mateus* 25, 35-36). Servir à causa de libertação dos pobres é servir a Cristo. Mas uma parte da Igreja afastou-se historicamente da proposta evangélica. Trocou a aliança com o povo pela aliança com o poder. E o capital simbólico de nossa fé foi apropriado pelos opressores. O cristianismo passou a ser o espírito religioso do liberalismo. Deus, porém, não abandonou o seu povo. O Concílio Vaticano II e a Conferência Episcopal de Medellín eram prenúncios de uma Igreja convertida às suas origens. Na América Latina, a religião cristã não seria mais o ópio do povo e o ócio da burguesia. Seria, sim, sinal de contradição, pedra de escândalo, fogo que queima e alumia, espada que divide. Já não se poderia servir a Deus e ao dinheiro.

Falei-lhe dos místicos, esses homens e mulheres capazes de se deixar subverter pela graça do Espírito. Essa revolução interior é tão importante – e difícil – como a que se busca no âmbito social e político. Ela faz surgir o homem e a mulher novos, livres dos demônios opressores que nos habitam. Nesse aspecto, o marxismo parecia-me insuficiente, não chegara a elaborar uma proposta de revolução de subjetividade humana. Acentuava demasiadamente a objetividade, quase identificando o homem com sua atividade produtiva.

Arantes trincava a carne macia e suculenta e, entre goles do vinho tinto, mostrava-se muito interessado na conversa, especialmente quando lhe falei de são João da Cruz, místico espanhol do século XVI, que libertou Deus dos céus ideológicos e centrou-o na existência humana, fazendo da experiência do conteúdo da fé uma apaixonante aventura de amor. Narrei-lhe as torturas de

II. SUL, A TRAVESSIA

João da Cruz em Toledo, encarcerado por seus próprios confrades, que temiam esse Cristo descido da cruz, ressuscitado, que interpela constantemente a nossa vida.

O bate-papo e a boa refeição recobraram o ânimo do companheiro. Após o cafezinho, fui levá-lo à rodoviária, onde o apresentei a Francisco Castro, estudante jesuíta que conhecia Livramento e, a meu pedido, dispusera-se a acompanhá-lo até a fronteira. Solicitei de Castro aproveitar a viagem para trazer-me um croqui das cidades. Não disse, porém, que pretendia utilizar o desenho para orientar melhor os próximos refugiados.

Ao regressar, o seminarista trouxe o que eu pedira e confirmou que Arantes atravessara sem dificuldades para o Uruguai.

16

7 de fevereiro de 1945 é a data de seu nascimento, em Pirajuí (SP), não é mesmo, Zé? Tempo de ditadura e de esperança de liberdade. Sua família mudou-se para Araraquara, em 1956. Nome difícil de estrangeiro pronunciar, não? "Arrarraguarra", ouvi um americano dizer. Terra de gente criativa, de amigos queridos como Zé Celso Martinez Corrêa e Ignacio de Loyola Brandão.

Também fui escoteiro na infância, Zé. Só que não deixei a tropa pelo piano, como você fez. Quis prosseguir fardado, e, não fosse a minha bendita confusão geográfica (como um brasileiro de dez anos pode estar interessado no nome da capital da Síria?), eu teria sido aprovado no exame de admissão ao Colégio Militar de Belo Horizonte. Levei pau em geografia e passei antecipadamente à reserva.

Gostava de nadar, como você. Mergulhei minha infância nas piscinas do Minas Tênis Clube. Mas não cheguei a participar de competições e nunca recebi as medalhas que orgulhosamente você exibia aos amigos. Dizem que você era muito bom no pólo aquático...

É o que chamo de coincidência antecipada: você desfilar com a bandeira de Cuba, em 1958, na festa promovida pelo Clube Pan-Americano de Araraquara! Cuba ainda não passara ao socialismo, mas você já se iniciava na Juventude Comunista. Lia, emocionado, O cavaleiro da esperança, de Jorge Amado. A mãe, de Gorki, fez você jurar que combateria pela justiça até o fim da vida.

Sua aprovação no vestibular do Instituto Tecnológico da Aeronáutica, de São José dos Campos, em 1961, foi comemorada com muita alegria. Você tinha apenas dezesseis anos. Entrar no ITA, àquela época, era prova de superior capacidade intelectual, mormente em idade precoce. Muitos tentavam, poucos conseguiam.

Vocês, da Juventude Comunista, eram muito ousados, não? Fundar uma célula sob as asas da Aeronáutica! Por isso, Zé, eles o expulsaram do ITA após o golpe de 1964, e o levaram preso para a Base Aérea de Santos, no Guarujá. Acusaram-no de ser militante do PCB e de organizar um jornal estudantil.

Na filosofia da USP, elegeram-no presidente do grêmio estudantil e, depois, vice-presidente da UNE. Já não lhe agradavam os métodos adotados pelo PCB. Você tinha pressa, e acreditava que a vitória dos guerrilheiros cubanos tinha algo de novo a ensinar. Ao romper com o PCB, a dissidência liderada por Marighella pareceu-lhe o caminho mais indicado.

Em setembro de 1968, realizou-se o 30º Congresso da UNE, num sítio em Ibiúna. Imagine, Zé: uma reunião

II. SUL, A TRAVESSIA

clandestina de setecentos participantes! Conta-se que duas mil pessoas sabiam da invasão da Normandia, ao fim da Segunda Guerra Mundial, e nada transpirou para os alemães. Mas eles estavam em guerra, não em congresso. Nunca a revista Veja *vendeu tanto – era estudante por tudo quanto é rua de São Paulo aguardando, nos pontos, os contatos que os conduziriam a Ibiúna. Todos de revista na mão, para serem identificados pelos organizadores. Frei Tito e Frei Ratton também foram.*

Enquanto vocês se esforçavam por discutir teses e propostas entre a lama da chuva, os acidentes do terreno e a fome, o setorista de polícia da Folha da Tarde *informava-me que vocês seriam presos. Como avisá-los? Não havia nenhum canal, eu ignorava a geografia do sítio, e, àquela altura, as estradas já estavam sob controle da polícia.*

Uma tarde, o setorista disse lá na redação que escutara, no DEOPS, a ordem de prisão contra o Paulo Patarra, com quem eu trabalhara na revista Realidade. *Larguei a chefia de reportagem como se fosse ao banheiro, tomei um táxi e fui parar na rua São Vicente de Paulo. Arranquei Patarra de casa, antes que a polícia chegasse. Ele queria ainda "pegar umas coisinhas"... Não deixei, não. Foi do jeito que estava. Bastou a gente sair pela garagem do prédio para a viatura do DEOPS encostar à porta. Infelizmente não deu para fazer o mesmo com os setecentos congressistas de Ibiúna.*

Foi quase todo mundo preso, toda a liderança estudantil: você, Wladimir Palmeira, Luís Travassos, Zé Dirceu. Os ônibus descarregavam estudantes no Presídio Tiradentes. No DEOPS era feita a "triagem das lideranças": após interrogar e fichar os estudantes, os delegados liberavam os que não eram dirigentes do movimento estudantil. Você se esgueirou pelas paredes, fingiu já ter passado pela triagem, conseguiu misturar-se aos liberados e, ostentando a cara mais inocente do mundo, desceu as escadas do casarão do largo General Osório, sem que guardas e investigadores o reconhecessem. Todavia, o pior momento veio em seguida: onde começava a liberdade encontrava-se, também, o maior risco. À porta do DEOPS, a multidão de jornalistas e parentes de presos poderia inadvertidamente levá-lo de volta ao cárcere. Bastava um deles querer comemorar sua liberdade ao avistá-lo. Felizmente, os primeiros a reconhecê-lo tiveram a presença de espírito de enfiá-lo o mais rápido possível num táxi. Desde então, você passou à clandestinidade e adotou o nome de "José Carlos Pires de Andrade", embora fosse tratado também por "Gustavo".

"Lola" foi o grande amor de sua vida. Vocês se conheceram na faculdade e, juntos, enfrentaram lutas, saborearam esperanças, reinventaram o amor. Dela tenho lembrança muito vaga: miúda, rosto atraente, cabelos fartos, olhar forte, desafiador. As últimas férias de vocês, Zé, devem ter sido aquele acampamento em Bertioga, na Semana Santa de 1969. Eduardo, seu irmão mais moço, acompanhou-os. Não foi preciso manter à mão a arma que lhe dava segurança. O local era quase deserto, e você e "Lola" passavam horas brincando no mar, o sol aquecendo seus braços, as ondas embalando seus sonhos, a areia fina impregnada na pele banhada de suor, saciada de amor. Foram dias de muita descontração e alegria. De noite, à luz do fogo aceso próximo à barraca, a brisa marinha fazia dançar as chamas e espalhava, pelo silêncio, a música suave de sua flauta doce. Você carregava sempre duas, alternando-as, de modo a deixar secar a umidade produzida pela saliva.

Clandestino em São Paulo, você dizia que "o melhor esconderijo é a multidão". Seus passos não conheciam o medo. Mas grande foi o aperto naquela noite em que você e "Lola" foram jantar no Restaurante Paulino, na avenida

II. SUL, A TRAVESSIA

Rebouças. Olhares vigilantes e ameaçadores destacavam-se no ambiente tenso pela presença de homens de terno escuro e gravata, com jeito de policiais. Depois de quase enfiarem a cabeça debaixo da toalha da mesa, quando já preparavam a retirada, vocês viram entrar o governador Abreu Sodré. Foi um alívio. A presença da segurança palaciana ficou explicada, e, irreconhecíveis, vocês puderam comer a pizza tranquilos.

Seu irmão, Eduardo, esteve com você, pela última vez, em meados de 1969, numa rua do Jardim Paulistano. Soube de sua próxima viagem ao exterior, mas não o país de destino. Difícil, porém, foi despedir-se de "Lola". Só mesmo um amor maior para suportarem tão longa ausência. Que profunda saudade você já sentia ainda em Porto Alegre! Ao abrir o coração comigo, seus olhos ficaram pequenos, embora realçados pelo brilho úmido que espelhava a beleza da companheira de nome tão significativo: Aurora.

No exílio, você via por toda parte aquela bandeira que carregara no desfile de infância, em Araraquara. Em 1971, você retornou ao Brasil. Seu passaporte, Zé, era hondurenho, e trazia o nome de "Juan Antonio Lagos Guilhén". Os carimbos denunciavam sua entrada na Guiana Inglesa, a 6 de abril do mesmo ano, e, no dia em que comemoramos a memória de Tiradentes, sua chegada à Guatemala. Só não explicavam esse estranho trajeto para retornar à pátria.

Nos primeiros dias de novembro de 1971, a polícia paulista estava atenta a possíveis comemorações do segundo aniversário da morte de Carlos Marighella. Interceptou o Volks placa AC 1953, expropriado e dirigido por um guerrilheiro urbano. Houve tiroteio, o motorista foi morto e, dentro do carro, uma conta de água trazia o endereço da rua Cervantes 7, Vila Prudente. A casa foi cercada.

Tento imaginar, Zé, o que você passou ali dentro, em companhia de Aylton Adalberto Mortatti. Os olhos dilatados, o rosto tenso, o corpo ágil firmando, nas mãos crispadas, a metralhadora cuspindo balas. Você sabia que o inimigo aumentava a potência de fogo a cada viatura que cantava os pneus, engrossando o cerco. Mas queria resistir. Não se entregar. Morrer lutando. Após gastar toda a munição da primeira metralhadora, você apanhou a segunda. O suor banhava-lhe o rosto, ensopava-lhe a roupa, o medo ameaçava-lhe a resistência, mas ainda havia balas no pente e a esperança de encontrar uma saída. Logo já não lhe servia mais a metralhadora desdentada. Foi a vez de entrarem em ação as duas Winchester 44. Dispararam até que a munição se esgotasse. Até que, de dentro da casa, não saísse mais nenhum tiro.

No atestado de óbito de "José Carlos Pires de Andrade" – nome que encobria a sua verdadeira identidade –, consta que morreu em tiroteio, a 4 de novembro de 1971. No dia seguinte foi sepultado, como indigente, no cemitério de Perus. O laudo de necropsia contradiz a versão oficial ao informar que seu corpo fora encontrado "no pátio da 36ª DP", e que só deu entrada no necrotério do IML às 18h de 5 de novembro. Tudo indica que, ferido, o levaram para a Oban e, lá, o mataram sob torturas.

Seu corpo foi exumado dia 12 e levado para Araraquara. A proibição de velório e enterro público, por parte dos órgãos de segurança, não impediu que muitos chorassem a sua morte, e que um padre amigo da família assumisse o risco de rezar missa de corpo presente.

"Lola" prosseguiu apaixonada na luta que vocês iniciaram. Um ano depois, em novembro de 1972, Aurora Maria Nascimento Furtado foi presa pelo Esquadrão da

II. SUL, A TRAVESSIA

Morte, no Rio. Entre infindáveis torturas na Invernada de Olaria, puseram-lhe esta "obra-prima" da tecnologia da segurança nacional: a "coroa de Cristo" – seu crânio foi esmagado pelo capacete de aço feito para apertar aos poucos.

Não sei, Zé, se na eternidade tem sol e mar e areia fina. Mas sei que, na terra, a flauta doce entoa músicas que prenunciam a aurora de nossas esperanças asseguradas pelas promessas do Pai.

17

— *F*oi *a melhor coisa que os terroristas já fizeram* – disse-me o irmão jesuíta ao comentar o sequestro do embaixador norte-americano, no Rio, em plena Semana da Pátria, em 1969.

Todo o Cristo Rei empolgou-se com a notícia. Um comando guerrilheiro arrancara o embaixador Charles Elbrick de seu automóvel, na rua Desembargador Burle, no largo do Humaitá, levando-o para local ignorado. Na pequena travessa do largo ficara a limusine preta, de luxo, com a fiação do painel cortada e o motorista atônito, incapaz de esclarecer aos órgãos de segurança e aos homens da CIA mais do que vira ocorrer em menos de cinco minutos: carros obstruindo a rua, jovens empunhando armas, invadindo a carruagem diplomática, o embaixador não querendo sair, a coronhada abrindo em sua testa o filete de sangue, a Kombi partindo com a preciosa carga.

O irmão costurava a minha calça; agulha e linha bailavam entre seus dedos grossos, ouvidos atentos ao radinho de pilha da alfaiataria do seminário. Como a maioria dos *habitantes daquele feudo escolar, não se interessava por política, respeitava as autoridades, fossem elas quem fossem – desde que os interesses da Igreja não sofressem arranhões. O fato inusitado, porém, às vésperas do 7 de setembro, fora como o vento que reacende o fogo sufocado sob o monturo, trazendo à tona sentimentos antiamericanos represados entre as camadas inferiores do inconsciente de um povo. Povo que ajuda a prosperidade da grande nação do Norte cada vez que consome energia, telefone, cigarros, refrigerantes, eletrodomésticos, remédios, transportes e sonhos coloridos fabricados em Hollywood. O embaixador era refém do anseio brasileiro de viver numa nação soberana, livre e independente.*

Mergulhei o olhar na foto dos quinze prisioneiros políticos libertados em troca do embaixador, banidos do país e embarcados para o México. O Correio do Povo *não era exceção à grande imprensa, que noticiava como feito heroico o que condenava como banditismo em seus editoriais.*

– Conhece alguém? – perguntou-me Castro, quando me viu absorto, decifrando os rostos cadavéricos, descorados, sofridos, dos prisioneiros em pose que lembrava um time de várzea derrotado na bola e no braço. Não pareciam combatentes políticos a caminho da liberdade. A tortura os desfigurara. Eram mortos saídos da tumba, retomando amedrontados o contato com a vida.

– Não, não conheço. Só de nome, como Wladimir Palmeira – menti para resguardar minha cumplicidade com a resistência travada à sombra do regime.

Na verdade, o repórter que me habita não se conteve quando, em 1968, encontrei, no pequeno refeitório do convento de São Paulo, curvado sobre o prato, despenteado, agasalhado por um casaco surrado, o rapaz que liderara, no Rio, as manifestações de massa contra o regime. A polícia o procurava e os subterrâneos da clandestinidade, corrente

II. SUL, A TRAVESSIA

anônima e solidária, tinham um de seus elos em nossa acolhida. Alagoano, filho de senador da República favorável ao governo militar, Wladimir Palmeira camuflava, sob o aspecto simples, desalinhado, a origem abastada e a agressividade política que o tornara o mais conhecido líder estudantil do país. Nossa conversa, registrada em fita, foi reproduzida, na forma de longa entrevista de página dupla, na Folha da Tarde, *graças à cumplicidade tácita do diretor do jornal, Jorge de Miranda Jordão. A euforia do furo de reportagem mesclava-se ao medo de que a polícia viesse buscar-me para saber o paradeiro de Wladimir. Apreensivo, aguardei a intimação que nunca chegou.*

Na foto, Flávio Tavares era o mais magro e abatido de todos. Preso poucos dias antes do sequestro, acusado de pertencer a um pequeno grupo guerrilheiro integrado por ex-marinheiros, seu semblante denunciava as atrozes torturas que sofrera no quartel da rua Barão de Mesquita, na Tijuca. Cabelos lisos caídos sobre a testa larga, olhar doce, gestos suaves, eu o conhecera no Rio, através de Jorge de Miranda Jordão, quando ainda sua dedicação profissional à Última Hora *era dividida com as atividades políticas. Alto, esguio, guardei-lhe a silhueta de monge, reforçada pela ponderação no falar e a economia de emoções manifestas.*

Ao seu lado estavam outros conhecidos meus: José Ibrahim, Onofre Pinto, José Dirceu e Agonaldo Pacheco. O primeiro fora presidente do Sindicato dos Metalúrgicos de Osasco e liderava a greve e as ocupações de fábricas, em 1968. Sua posse me levou pela primeira vez a Osasco. Fixei-lhe a voz estridente, a oratória pausada, os gestos firmes encobrindo a timidez, o sorriso largo meio triste. Conhecíamo-nos de relance, sem amizade. Admirava-o como dirigente sindical, resignado à distância que me parecia intransponível entre meu mundo pequeno-burguês, feito de ideias e citações, Cinema Novo *e* Beatles, *Fernando Pessoa e teologia europeia, e seu universo concreto, real, de forjas e tornos, macacões e marmitas, salários minguados e barrigas ocas como os sonhos de uma vida melhor.*

Levado por uma amiga comum, encontrei o ex-sargento Onofre Pinto no Restaurante Gigetto. A famosa casa de massas ficava ainda na rua Nestor Pestana, e seus pratos e preços eram menos sofisticados. Artistas, jornalistas e estudantes abrigavam-se entre suas mesas, dividindo lasanhas fumegantes e opiniões de como derrubar a ditadura, cervejas geladas e impressões da última peça do Guarnieri, filés tostados e planos de lançamento de um novo jornal. Suas toalhas puídas, remendadas, mas sempre imaculadas, eram-me familiares desde os tempos em que me agregara à turma da revista Realidade, *capitaneada pelo psicanalista e jornalista Roberto Freire.*

Levemente gago, os óculos folgados em seu rosto negro, Onofre falava em baixo tom, emprestando muita seriedade a cada questão colocada. Despido de carisma, nada me induzia a crer que, por trás de sua simplicidade interiorana, de suas observações meticulosas e de sua condescendente atenção às minhas explicações sobre a posição social da Igreja, se escondesse o comandante da organização revolucionária mais odiada pelos órgãos de segurança: a VPR (Vanguarda Popular Revolucionária). Era uma das poucas a terem penetração entre as fileiras militares. Muitos de seus militantes haviam saído dos quartéis, tinham sido presos e cassados por ocasião do golpe de 1964. A maior conquista da VPR, contudo, seria o capitão Carlos Lamarca, que, em princípios de 1969, abandonou o quartel de Quitaúna, carregando armas modernas para a guerrilha urbana. Em setembro de 1971, às vésperas do julgamento dos dominica-

II. SUL, A TRAVESSIA

nos em São Paulo, Lamarca morreu no interior da Bahia, fuzilado pelo Exército.

Repórter da Folha da Tarde, *incumbido de cobrir as atividades estudantis de 1968, conheci Zé Dirceu na rua Maria Antônia, quando ele assumiu a presidência da UEE (União Estadual dos Estudantes). Alto, magro, rosto anguloso, sorriso largo e límpido, cabelos finos e fartos caídos sobre os ombros, emoldurando os olhos, falava rápido quando aflito, atropelando sílabas ou, como bom mineiro, engolindo as pontuações. Protegia-o um bem montado esquema de segurança, o que lhe facilitava a presença rápida e a palavra corajosa nos comícios-relâmpago. Para ele, como confessou certa ocasião, eu não passava de um estranho repórter que fazia perguntas indiscretas e, por vezes, diretamente políticas, deixando-lhe a impressão de, quem sabe, ser um agente dos órgãos de informação disfarçado de jornalista... Qual não foi sua surpresa quando, um dia, Frei Oswaldo o levou para almoçar em Perdizes e, ao entrar no refeitório do convento, ele me viu comendo entre os frades! Superada a desconfiança, passamos à condição de parceiros no mesmo jogo.*

Agonaldo Pacheco eu conhecera na casa do professor José Martins Costa, médico eminente, que com ele largara o PCB para aderir a Marighella.

O sequestro do embaixador norte-americano foi o início do fim. Assinado pela ALN e o MR-8, marcara o ápice da curva ascendente da guerrilha urbana. Com carta branca das autoridades públicas para invadir domicílios, prender, torturar, matar, os homens da repressão passaram à ofensiva tão logo Charles Elbrick apareceu numa rua da Zona Norte carioca.

A foto dos prisioneiros embarcados para a liberdade no México não me saiu da retina. O futuro reservaria a eles caminhos diferentes. Mais velhos, experientes e cautelosos, anos depois a anistia parcial de 1979 traria de volta ao país Wladimir Palmeira, Flávio Tavares, José Ibrahim e José Dirceu. Onofre Pinto retornou mais cedo, desaparecendo na névoa de mistérios que só o tempo haverá de desfazer. A última notícia que se tem a seu respeito dá conta de que, em Santiago do Chile, denunciava o cabo Anselmo (José Anselmo dos Santos) como traidor e agente da repressão, e preparava seu retorno clandestino ao Brasil.

Wladimir Palmeira formou-se em economia e ingressou no PT (Partido dos Trabalhadores), pelo qual foi eleito deputado federal. Chegou a ser indicado para disputar o governo do estado fluminense.

José Ibrahim tornou-se, em São Paulo, dirigente do partido de Leonel Brizola, o PDT (Partido Democrático Trabalhista).

José Dirceu retornou clandestinamente ao país antes de aprovada a anistia e, com identidade falsa, viveu entre o Paraná, Minas e São Paulo. Formado em Direito, tornou-se deputado federal pelo PT e, na segunda metade dos anos 90, seu presidente. Com a eleição de Lula, em 2002, a presidente da República, Dirceu foi nomeado ministro-chefe da Casa Civil. Em 2005 teve seus direitos políticos cassados por dez anos pela Câmara dos Deputados.

18

Os primeiros a passarem pelo Sul, após o sequestro do embaixador norte-americano, foram "Romualdo" e "Tiago". As flores abriam-se ao sol da primavera, o verde-abacate dos campos contrastava com as águas prateadas,

II. SUL, A TRAVESSIA

sinuosas, correndo mansas nas dobras do Vale do Rio dos Sinos. Em outubro, os parreirais gaúchos cobrem de folhas verdes e tenras a nudez rústica dos galhos entrelaçados; despontam os brotos dos primeiros cachos de uva.

Algo fazia-me pressentir que as coisas não iam bem para os que engajaram a vida na resistência à ditadura. Por via das dúvidas, coloquei, numa pequena sacola, uma muda de roupa e algum dinheiro, pronto para possível emergência... A intuição fareja a política e é sensível às suas contrações repentinas, agudas. Mas o crivo severo da racionalidade tende a subestimá-la, sobretudo quando suspeitamos do nosso bom senso e preferimos acreditar que o nosso tempo histórico e o nosso tempo individual se fundem na perfeita coincidência que faz da libertação do povo a nossa própria vitória pessoal.

Revista na mão, jeito de quem aguarda companhia para o cinema, a apreensão nervosa mal disfarçada pelo olhar que, aberto a todos os ângulos, fingia-se fixo num ponto – lá estava eu à porta do Cine São João. Foram pontuais, chegaram às três da tarde, quando a sessão estava no meio, reduzindo o movimento à porta. Forte, atarracado, "Romualdo" possuía temperamento alegre, brincalhão. Empolgado com sua condição de revolucionário, mostrava-se ousado, capaz de qualquer risco em prol da causa que o inebriava.

"Tiago" era mais contido, um pouco tímido, ponderado ao falar. Magro, saudável, sua postura de intelectual tornava-o aparentemente distinto da ativa objetividade de "Romualdo". Deixaram as malas no guarda-volumes da rodoviária e compraram passagens para Livramento, horário noturno. O resto da tarde passamos na igreja da Piedade, acolhidos pelo padre Manuel Valiente.

O vigário ficara meu amigo através do padre Marcelo Carvalheira, aluno do curso de formadores de seminaristas, no Cristo Rei. Nos fins de semana, padre Marcelo era hóspede da Piedade, na qual assumia algumas missas dominicais. Cabelos brancos realçando as costeletas sobre as faces longas, queixo saliente, padre Manuel era um homem de meia-idade, esforçado em adaptar-se à renovação da Igreja iniciada no Concílio Vaticano II. A formação teológica adquirida em Roma e o tradicionalismo do cardeal Scherer, seu bispo, impediam-no de pôr em prática as novas ideias litúrgicas e pastorais que pululavam em sua cabeça, pastor de paróquia burguesa, onde residiam generais e políticos de destaque. Padre Manuel desconhecia as minhas atividades, mas pressentiu que os dois refugiados não eram simples estudantes em viagem de recreio. Tal cumplicidade certamente o absolvia das concessões feitas a seus paroquianos governistas.

– Está havendo muitas prisões em São Paulo – disse "Tiago", enfiando a ponta da toalha entre os dedos dos pés, sentado à beira da cama, os cabelos lavados em desalinho, a pele recendendo a sabonete.

A polícia encontrara, na casa usada pelos sequestradores para guardar o embaixador, um paletó feito à mão. Pela etiqueta, descobriu o alfaiate, que, ao consultar seu livro de medidas, levantou o endereço de um dos guerrilheiros. Outras quedas se sucederam, estourando *aparelhos* (casas ou apartamentos alugados pelos guerrilheiros), descobrindo listas de nomes e endereços, levantando o organograma das organizações revolucionárias.

Sem suficiente apoio popular, os perseguidos valiam-se da infraestrutura artificialmente montada. A falta de recursos financeiros multiplicava as ações armadas para buscar o dinheiro nos bancos, em detrimen-

II. SUL, A TRAVESSIA

to do trabalho político, da inserção na massa, da implantação de bases sólidas. Num mesmo *aparelho* reuniam-se diversos militantes, facilitando o conhecimento recíproco e a posterior identificação policial. A urgência de atividades de manutenção e sobrevivência impedia que, nos refúgios, houvesse uma fachada de vida regular, metódica, incapaz de despertar nos vizinhos a curiosidade pelos hábitos estranhos daqueles jovens de rostos tensos, sem filhos e empregadas, flores e pássaros, habitando casas vazias de móveis, dormindo sobre colchões espalhados pelo chão. As investidas da repressão muitas vezes cortavam o contato entre os membros de uma mesma organização, deixando-os inseguros, perdidos. Bastava o atraso ao cobrir um *ponto* para se ficar sem contatos e informações. Sucessivas quedas em *pontos* tornavam-nos sempre mais vulneráveis: nunca se sabia se aqueles homens eram de fato varredores da Prefeitura e se o casal de namorados estava ali por acaso ou tratava-se de policiais disfarçados...

Nesses momentos de inquietação e desamparo é que militantes clandestinos recorriam também aos dominicanos como a uma tábua de salvação. Os nomes dos freis Fernando, Ivo e Tito eram conhecidos, bastava bater à porta e chamá-los. Vinham ao nosso convento em busca de socorro, notícias, comida. Tratava-se de salvar vidas, ainda que isso acarretasse riscos e o peso de, quem sabe, sermos levados às barras dos tribunais, acusados de "cumplicidade com os terroristas".

O frango com amendoim e cebola foi apetitosamente devorado por "Romualdo". Queixara-se do reduzido tamanho dos pratos do restaurante chinês, mas elogiara a fartura servida nas travessas de porcelana decoradas com singelas casas de bambu, rodeadas de flores. "Tiago" preferiu a cerveja ao vinho, já que não mais encontraria Antarctica além das fronteiras do Brasil.

Livramento acordava quando eles atravessaram para o Uruguai.

19

Retornaram ao país em 1971, protegidos por nova identidade, dispostos a reanimar uma luta que, por falta de sangue popular, agonizava, pressionada por um sistema repressivo sofisticado, cruel, dotado de um volume de informações que facilitava as ciladas ao inimigo.

Após retornar de Cuba e ingressar clandestinamente no Brasil, Aylton Adalberto Mortatti, o "Romualdo", foi preso, junto com José Arantes, a 4 de novembro de 1971, na rua Cervantes 7, Vila Prudente, São Paulo, por agentes do DOI-CODI/SP. Baleado, foi conduzido preso para a Oban, na rua Tutoia, onde morreu sob torturas. Tinha 25 anos. Era pianista, faixa-preta em caratê, e chegou a fazer vestibular para o curso de Direito da Universidade Mackenzie.

Márcio Beck Machado, o "Tiago", abandonara o curso de economia da Universidade Mackenzie para aderir à luta armada. Em Cuba, integrou o "Grupo dos 28", que fundou o Molipo. Após retornar ao Brasil, foi assassinado em Goiás pela repressão, junto com sua companheira, Maria Augusta Thomaz.

Consta que o casal encontrava-se em um sítio, próximo às cidades de Rio Verde e Jataí. A 17 de maio de

II. SUL, A TRAVESSIA

1973, localizados na Fazenda Rio Doce, teriam sido mortos em combate. Os agentes policiais exigiram que o proprietário, Sebastião Cabral, enterrasse os corpos em suas terras.

Em 1980, o Comitê Brasileiro de Anistia foi à fazenda recuperar os restos mortais de Márcio Beck e Maria Augusta. Antes de lá chegarem, três homens, que se identificaram como agentes da Polícia Federal, retiraram os restos mortais, deixando nas covas apenas alguns dentes e pequenos ossos. O casal figura, ainda hoje, na lista de desaparecidos políticos.

20

Frei Fernando avisou-me que mais refugiados passariam pelo Sul. Quase sempre suas comunicações eram feitas através de telefonema da Livraria Duas Cidades, no Centro de São Paulo. Ele ganhava o seu sustento como funcionário que cuidava das edições da casa. Os dominicanos brasileiros nunca tiveram fontes de renda estáveis. Os poucos imóveis doados por benfeitores da Ordem foram, sempre, imediatamente consumidos por dívidas infindáveis. A crise financeira, crônica, insolúvel, fez-nos conhecer a vida modesta, apertada. As tentativas para resolvê-la resultaram, muitas vezes, em fracassos e conflitos dirimidos em processos judiciais.

A Unilabor – uma fábrica de móveis fundada pelos dominicanos – falira, deixando o saldo de uma dívida que se alongou pelos anos, e a certeza de que é uma ilusão a atividade empresarial justa dentro de um sistema iníquo.

Fundada por Frei João Batista dos Santos, a fábrica era dirigida, na aplicação do capital e na partilha dos lucros, por seus próprios empregados. Discípulo do padre Lebret e do Economia e Humanismo – movimento francês que pretendia reformar o capitalismo pela aplicação da doutrina social da Igreja –, Frei João Batista trabalhara como padre-operário na França. Ao regressar ao Brasil, sacrificou-se pela Unilabor durante vinte anos. Restaram-lhe os cabelos brancos, as dívidas, a desilusão, o firme convencimento de que não basta cortar o chifre do diabo, é necessário suprimir o mal pela raiz. Desiludido, Frei João Batista terminou seus dias como pároco de uma colônia de pessoas contaminadas pela hanseníase.

Os dominicanos trabalhavam para se sustentar. A maioria dava aulas. Frei Fernando utilizava o telefone da livraria, que, por ser menos visado que o do convento, servia às comunicações cifradas através de códigos improvisados em nossos contatos pessoais.

– É bem espaçosa a casa paroquial da igreja de Santa Cecília – disse-me, certa feita, Hermano, franciscano holandês, aluno do curso *Christus Sacerdos*, de São Leopoldo. Nos fins de semana, seus colegas distribuíam-se pelas paróquias de Porto Alegre. Padre Marcelo Carvalheira hospedava-se na Piedade; Hermano, em Santa Cecília. Vinculado à Igreja da Paraíba, Hermano possuía porte atlético, rosto saudável, lábios rubros, salientes, modos suaves e firmes no relacionamento com as pessoas. Falava pouco, o suficiente para se perceber que tinha clareza em suas opções pastorais e teológicas.

Disse-lhe que, talvez, precisasse de um local para acolher, por uma noite, alguns refugiados. Ele me levou ao padre Edgard Jost, vigário de Santa Cecília, a quem me apresentei com o nome de "Renato", e solicitei hospedagem para "estudantes com problemas políticos".

II. SUL, A TRAVESSIA

Padre Edgard, ministro cioso de seus deveres paroquiais, usava óculos de lentes e aros brancos. Face rosada, cabelos puxados para trás, mostrava-se um homem prestativo, generoso, sem que eu pudesse dizer que estava de acordo com as ideias de seus hóspedes.

Entretanto, desde 1964, o clero de Porto Alegre, sem excluir o seu arcebispo, via-se frequentemente às voltas com o problema dos refugiados. Facilitar a fuga de perseguidos políticos tornara-se, mesmo naquela região fronteiriça, uma espécie de atividade pastoral extraordinária.

21

Ela aproximou-se sorrindo, dentes alvos realçados na face magra, brilho alegre nos olhos castanhos e miúdos, fios de ouro caídos sobre os ombros do corpo delgado. A sessão das quatro terminara, havia movimento à porta do Cine São João.

Eu a conhecera em São Paulo, quando Wladimir Palmeira, seu primeiro marido, ficara aos cuidados dos dominicanos. "Por quem chora Ana Maria?", indagara a *Veja* em matéria de capa com a foto da moça linda, o rosto triste mergulhado entre os braços, sentada à porta do tribunal que condenou seu companheiro por atividades estudantis. Agora ela partia ao seu encontro no exílio.

Acompanhei-a a uma rua próxima. Esperava-nos um Volks azul, placa de São Paulo, ocupado por três rapazes. Baixo, magro, olhos vivos, Sebastião Mendes era mineiro de Montes Claros. Seu companheiro de viagem, Joseph Bartholo Calvert, deixara transparecer que era carioca ao falar assobiando o *s*, pronunciando abertamente as vogais. Tímido, rosto vermelho, mantinha-se calado. "Ivo" era o motorista. A repressão nunca soube dessa sua viagem ao Sul. Moreno, cabelos pretos penteados de lado, boca larga exibindo uma perfeita dentadura, tinha um jeito de quem faz amigos à primeira vista, exalando simpatia.

Padre Edgard ofereceu banho aos rapazes, enquanto fui à rodoviária com Ana Maria comprar as passagens. Sebastião e Calvert viajariam via Livramento, Ana, direto para Montevidéu, com bilhete tirado em seu verdadeiro nome. Nada indicava que ela estivesse sendo procurada pelos órgãos de segurança ou acusada de qualquer atividade política. Todavia, seu nome era nacionalmente conhecido e a repressão certamente não ignorava sua combatividade ao lado do marido. Mesmo assim, ela preferiu arriscar-se e viajar com documentos legais.

Padre Edgard estava de saída quando regressamos à casa paroquial. Avisei-lhe que os hóspedes embarcariam naquela mesma noite, dispensando as camas que ele havia oferecido. Durante o jantar passei-lhes uma cópia do croqui da fronteira com as indicações de como deveriam proceder. Confirmaram-me as notícias anteriores: naquele mês de outubro, ocorriam muitas prisões no Rio e em São Paulo. Sentia-se neles o alívio de poderem sair antes que a borrasca os apanhasse.

Levei Ana Maria à agência da TTL, na avenida Protásio Alves, e fiquei olhando até não distinguir mais, por trás da janela do confortável ônibus internacional, sua silhueta de fada a bordo de imponderável futuro. Pouco depois, Sebastião e Calvert embarcaram.

Pernoitei com "Ivo" na casa paroquial. A manhã estava clara, radiosa, quando ele me deixou em São

II. SUL, A TRAVESSIA

Leopoldo e seguiu viagem para São Paulo. O asfalto riscado pela faixa amarela engoliu seu Volks na linha do horizonte.

No ano seguinte, eu o encontraria nas celas do Presídio Tiradentes e conheceria, então, seu verdadeiro nome: Fernando Casadei Salles.

22

Segunda-feira, 20 de outubro de 1969. O Volks vermelho, placa de São Paulo, subiu a rampa dos jardins do Cristo Rei quando soava a sineta para as primeiras aulas. Frei Ivo dirigira toda a noite, valendo-se da escuridão para resguardar melhor o mais procurado militante político que ajudamos a deixar o país. Olhos ariscos, cabelos lisos soltando uma mecha por cima dos óculos, o que o tornava mais jovial, Ivo não demonstrava cansaço. É possível que certas missões, como transportar um dirigente revolucionário através do país cuja polícia o procura como agulha num palheiro, despertem em nós estímulos que desconhecemos em circunstâncias normais. Líderes sindicais em greve são capazes de passar dois ou três dias acordados, sem tempo para sequer sentir sono; políticos em vésperas de eleições experimentam um ânimo redobrado, a cabeça girando como piorra, acesa como uma tela de TV que não se apaga; guerrilheiros em combate sabem que a fadiga ou o sono é a cilada que carregam em si, e recebem o coice do fuzil disparado contra as posições do inimigo como a energia que os mantém alertas.

Naquele momento, os órgãos de segurança já sabiam que o sequestro do diplomata norte-americano fora diretamente comandado pelo "Velho" – Joaquim Câmara Ferreira, conhecido também pelo nome de "Toledo". Ele havia ficado na mesma casa que servira de esconderijo ao embaixador. Considerado o braço direito de Carlos Marighella, trabalhara como jornalista, atuara como líder sindical e dedicara quase toda a sua vida ao PCB. A ditadura de Vargas recolheu-o à Ilha Grande durante quatro anos. Fundara, com Marighella, o Agrupamento Comunista de São Paulo e, posteriormente, a ALN.

De *clergyman* cinza-escuro, colarinho eclesiástico, pequena cruz na lapela, Câmara Ferreira, à porta do Cristo Rei, assemelhava-se a um idoso monsenhor. Cabelos brancos à escovinha, rosto quadrado, benévolo, seu jeito atencioso, capaz de ouvir com entusiasmo o fato mais banal, contradizia a imagem estereotipada do revolucionário radical, carrancudo, obcecado, centrado na onipotência de suas ideias, a boca repleta de frases de efeito. "Toledo" era desprovido dessa emotiva ansiedade que torna certos esquerdistas apocalípticos, convencidos de que suas ideias são definitivas, absolutas, frutos de uma espécie de revelação divina.

Levei-os para almoçar no refeitório comunitário. Sem o colarinho, que poderia provocar alguma indagação inconveniente, embaraçando-o sob o disfarce clerical, Câmara Ferreira apresentou-se como "professor Cavalcanti". A discrição dos jesuítas, o desinteresse por visitas de outrem, a pressa de cada um por ver-se livre daquele tráfego doméstico de meio milhar de pessoas salvaram-no de maiores atenções. Poucos lembrar-se-iam de sua passagem pelo seminário.

II. SUL, A TRAVESSIA

Depois que Ivo retornou à capital paulista, fomos para Porto Alegre. Na paróquia da Piedade, o "professor Cavalcanti" teve oportunidade de conhecer o padre Marcelo Carvalheira e o padre Manuel Valiente. A conversa foi breve, devido à insistência de "Toledo" em ver o filme que lhe recordaria sonhos da mocidade: a vida da dançarina Isadora Duncan. Por coincidência, em cartaz no Cine São João.

Tostadas na brasa, fatiadas à mesa, o garçom da churrascaria estendia sobre nossos pratos as maminhas finas, sangrentas, avermelhadas, quase cruas no miolo, banhadas pelo caldo que suava de suas entranhas, apetecíveis ao odor, saborosas à vista, salivantes ao paladar. "Toledo" disse que as coisas não iam bem, e demonstrou preocupação com a prisão, no início de outubro, de Paulo de Tarso Venceslau, que conhecia o apoio logístico dado à ALN pelos dominicanos.

— A repressão aprendeu a lidar com a guerrilha urbana — disse ele. — É necessário, o quanto antes, deslocar os militantes da cidade para o campo, e implantar as bases de um trabalho político a longo prazo, enraizado nas aspirações populares. Apesar do êxito, o sequestro do embaixador incorreu em muitas falhas técnicas e políticas, a ponto de a casa ter sido localizada e cercada pela polícia quando ainda o diplomata se encontrava em seu interior. Só não foi invadida porque o governo Nixon exigia o seu representante são e salvo.

Perguntei-lhe sobre os bastidores do sequestro. Revelou-me que o embaixador mentira ao declarar não ter visto o rosto dos sequestradores. O próprio "Toledo" conversara com ele sem nenhum disfarce. (Essa "cumplicidade" poria fim à carreira diplomática de Elbrick.)

Na hora de embarcar, Câmara Ferreira segredou-me:
— Tão logo eu chegue a Montevidéu, enviarei uma carta a Marighella por seu intermédio.

Orientei-o até a fronteira. Do Uruguai, Câmara Ferreira seguiu para Cuba. Dias depois, recebi a carta prometida. Dentro, outro envelope destinado a "Maluf", um dos nomes de guerra de Marighella. Remeti-o para São Paulo, para ser entregue através de meus confrades.

Após a morte de Marighella, Câmara Ferreira assumiu a direção da ALN, e esforçou-se pela unidade das organizações político-militares, propondo a formação de uma Frente Revolucionária, capaz de aglutinar a ALN, o PCBR, o MR-8, a VPR, a Rede (Resistência Democrática) e o reduzido mas combativo MRT (Movimento Revolucionário Tiradentes), comandado pelo padre Alípio de Freitas, Vinícius Caldeira Brant e Altino Dantas, os dois últimos ex-presidentes da UNE.

Entretanto, o desaparecimento de Marighella haveria de suscitar uma revisão crítica das esquerdas engajadas na luta armada, provocando dissidências inclusive na ALN. O Molipo (Movimento de Libertação Popular) surgiria como alternativa aos militantes da ALN dispostos a iniciar a conscientização e a organização política das bases populares, mormente no campo, tendo em vista a guerra de guerrilhas. Herdeiro de falhas que apontara em seus similares, o Molipo teria, contudo, existência tão efêmera como a luta de seus abnegados combatentes vindos clandestinamente do exílio, entre os anos de 1970 e 71, quase todos mortos pela repressão.

A 24 de outubro de 1970, um ano após a passagem de "Toledo" pelo Sul, os órgãos de segurança informaram à imprensa que Joaquim Câmara Ferreira fora

II. SUL, A TRAVESSIA

vítima de ataque cardíaco, decorrente de sua resistência à prisão, numa rua de Indianópolis, bairro de São Paulo. De fato "Toledo", apanhado com vida pelo delegado Sérgio Paranhos Fleury e sua equipe do DEOPS, foi impiedosamente espancado até chegarem ao sítio "31 de Março", *aparelho* clandestino do Esquadrão da Morte, a duas horas da capital. Seu coração não resistiu às cargas elétricas incapazes de romper-lhe o silêncio.

23

— A barra está muito pesada – respondeu-me "Carlos Alberto", quando indaguei como corriam as coisas por São Paulo e Rio.

Os jornais, sob censura, davam raras notícias, quase sempre truncadas, falseadas, fornecidas diretamente pelos órgãos de segurança, interessados em atribuir a tiroteios nas ruas a morte de militantes e simpatizantes nas salas de tortura. Apesar de estar nu, o rei decretara que todos apreciassem suas vestes. Alguns jornais atenuavam sua cumplicidade com a mentira oficial publicando, nos espaços censurados, receitas de bolo ou poemas de Camões. Os acólitos do regime adaptavam-se, substituíam o noticiário cortado, antecipavam-se à tesoura do censor, exercendo, sem escrúpulos, um aprendizado que faria escola no jornalismo brasileiro: a autocensura. A insólita lição ensinava que o bom profissional deve alienar-se de suas ideias e convicções para escrever como o patrão escreveria e editar como o governo editaria. Não era apenas a força de trabalho alugada sob o imperativo da sobrevivência, como a prostituta que se oferece na esquina. Era a própria consciência adulterada, associando autoridade e verdade, como o torturador de dentes cariados e salário-mínimo afoga a sua vítima numa banheira, em defesa de uma liberdade de que ele não usufrui.

Muito alto e magro, cabelos pretos, olhos castanhos, "Carlos Alberto" mal disfarçava seu rosto marcado de espinhas com o bigode ralo que deixara crescer. Ele e "Piter" chegaram a São Leopoldo às dez da manhã do dia 3 de novembro de 1969, segunda-feira, trazidos num Fusca dirigido por Fernando Casadei.

Saí da aula do padre Eduardo Hoornaert, professor de história da Igreja, para atendê-los. Baixo, robusto, cabelos pretos crescidos sobre as orelhas, espessos bigodes, óculos escuros, "Piter" contrastava com seu companheiro. Nenhum de nós sabia que, naquele momento, a barra estava realmente muito mais pesada do que pensávamos: no dia anterior, Frei Fernando e Frei Ivo haviam sido presos no Rio.

— Eu te conheço de algum lugar — falei a "Carlos Alberto" no ônibus para Porto Alegre, fixando a memória em seu rosto. A cumplicidade, aliada à proximidade física, nem sempre respeita normas de segurança. Temos curiosidade em saber a identidade real das pessoas, mesmo evitando a indiscrição manifesta. Ele facilitou meu esforço e recordamos nossos tempos de política estudantil secundarista no Rio, antes de 1964, quando conseguimos eleger Paulinho Vieira presidente da Associação Metropolitana dos Estudantes Secundaristas (AMES), em congresso realizado no Sindicato dos Metalúrgicos.

Franklin Martins atuaria com destaque nas manifestações estudantis de 1968 para, em seguida, mergulhar na clandestinidade como militante do MR-8. A polícia

II. SUL, A TRAVESSIA

o acusava de participação no sequestro do embaixador norte-americano. Com razão, pois segundo Daniel Aarão Reis a ideia de sequestrar o diplomata saíra da cabeça de Franklin Martins.

Em 26 de agosto de 1999 – dia da Marcha dos 100 mil, em Brasília, em oposição ao governo Fernando Henrique Cardoso – perguntei a Franklin, no Salão Negro da Câmara dos Deputados, se de fato havia sido ele o autor intelectual do sequestro. Ele sorriu e preferiu dividir a responsabilidade com Cid Queirós Benjamin.

– Vocês têm duas vias de acesso ao Uruguai – expliquei a eles em Porto Alegre. – Se possuem documentação insuspeita, podem viajar direto a Montevidéu pela empresa TTI. Se os documentos são precários, é melhor atravessarem de Livramento a Rivera. Mas estou interessado em inaugurar uma nova saída do país, rumo à Argentina, através de Uruguaiana. Nunca estive lá, não sei como é a travessia da Ponte da Amizade. Pode ser arriscado.

"Piter" e Franklin aceitaram o risco. Combinamos que, do outro lado da liberdade, eles me telegrafariam nestes termos: PARENTES NECESSITANDO ALOJAMENTO PROCURES ANDRES a) RONALDO. Seria o sinal verde da nova rota.

Com roupas novas, compradas naquele dia no comércio de Porto Alegre, eles embarcaram à noite para Uruguaiana. Foram os últimos passageiros da esperança. Fiquei sozinho na plataforma da rodoviária, vendo o ônibus perder-se nas curvas do trânsito, entre luzes e ruídos, sem sequer imaginar que, no dia seguinte, minha vida é que tomaria novo rumo.

Franklin Martins reapareceria em São Paulo, em 1979, beneficiado pela anistia parcial do governo Figueiredo, para dedicar-se ao jornal *Hora do Povo*. Posteriormente, tornou-se comentarista político das empresas de comunicação pertencentes ao Sistema Globo, jornal *O Globo*, rádio CBN, revista *Época,* e, recentemente, comentarista da TV Bandeirantes.

O médico Boanerges Massa, o "Piter", ficaria envolto numa fumaça de controvérsias sobre o seu destino. Há quem afirme tê-lo visto, anos depois, numa cela isolada do quartel do 2º Batalhão da Polícia do Exército, em São Paulo, quando teria pedido aos outros presos que não revelassem que o haviam visto ali.

Elio Gaspari contou-me que, em sua pesquisa sobre os bastidores da repressão, descobriu que, no Molipo, havia um informante conhecido por "Jota", que talvez fosse Boanerges de Souza Massa. No domingo, 11/7/93, o *Jornal do Brasil* divulgou que recentemente havia sido descoberto, nos arquivos do DOPS do Rio, um documento (o relatório nº 674, de 1972) comprovando que o Centro de Informações do Exército dispunha de um espião entre os brasileiros do Molipo que fizeram treinamento de guerrilha em Cuba.

Quase todos os 28 militantes do Molipo treinados em Cuba foram assassinados pela repressão ao retornarem ao Brasil. Os indícios são de que, desde Havana, a polícia brasileira já conhecia a rota e a data de entrada no país de cada um deles. As suspeitas recaem sobre Boanerges de Souza Massa e Otávio Angelo, até hoje com paradeiros ignorados.

III. PRISÃO, O LABIRINTO

1

Terça-feira, 4 de novembro de 1969. Em São Leopoldo, a tarde linda, agradável, o céu mergulhado em azul profundo e a paz difusa convidavam à supressão do tempo na dilatação amorosa do espírito. Secreta paixão acalentada há anos: como o enamorado abre a velha gaveta, cuidadosamente trancada a chave, e retira o maço de cartas amarelecidas da amada que sobrevive na memória e nos sentimentos, tirei da estante o tomo I do *Livro da vida* de santa Teresa de Ávila e desci em direção ao lago.

O espelho d'água rodeado por pequenas alamedas arborizadas, o silêncio monacal, a natureza acariciada pelo sol da tarde, os patos deslizando pela superfície bronze do lago – aquele recanto ao fundo do Cristo Rei era o meu refúgio predileto. Teresa salvara minha fé quando noviço em Belo Horizonte, no Convento da Serra, em 1965.

2

Tudo se apagou dois meses depois da minha tomada de hábito como frade dominicano, a 10 de fevereiro de 1965. As orações soavam-me ridículas, inócuas, litanias mecanizadas pela tradição; a eucaristia despiu-se de seu mistério frente à minha inteligência em crise, dominada pela razão inquiridora, solerte; a existência do Espírito Santo esvaiu-se na escuridão da minha fé. Pensei em arrumar as malas, devolver o hábito branco, descer a serra, retomar minhas atividades como militante leigo. Frei Henrique Marques da Silva, o padre-mestre, ouviu-me com bondade cândida e sorriso confiante, de uma alegria evangelicamente infantil. Perplexo, enredado num cipoal de dúvidas, fiquei sem saber se o silêncio do mestre era indiferença à cegueira em que eu me encontrava ou naturalidade de quem se acostumou a escutar problemas de noviços. Ao ingressar na vida religiosa, quase todo neófito passa por um período de adaptação, terrível como a metamorfose de certos animais. Não se suporta facilmente a queda das máscaras mundanas, e o odor fétido das peles apodrecidas incita à revolta, à pretensão de reformar o claustro segundo ideias e conveniências de quem apenas se inicia em suas exigências. Poucos são os novatos que estoicamente tudo aceitam como prova de renúncia ao mundo, em penitencial resignação.

Enquanto a lagarta permaneceu fechada no casulo de minhas racionalizações, cética à promessa de tornar-se borboleta, praguejei contra minha absurda decisão de abandonar a vida leiga, o fascínio de uma juventude seduzida pelos encantos do Rio de Janeiro, a militância política, a faculdade de jornalismo, a graciosa namorada de beijos aveludados, pele de pêssego e sorriso inebriante.

Fui a Frei Martinho Penido Burnier, exegeta, jornalista, irmão do jesuíta João Bosco Penido Burnier, que, anos mais tarde, morreria na região de São Félix do Araguaia, vítima da bala assassina destinada a dom Pedro Casaldáliga. Expus a ele a minha crise de fé. Só não duvidava de que, outrora, eu acreditara na revelação cristã. Fizera dela o eixo central de minha existência. Frei Martinho olhou-me

III. PRISÃO, O LABIRINTO

tranquilo, paternal, a face muito branca cercada por uma auréola de profundo equilíbrio religioso. Irritei-me. Afinal, a perda de fé não é um gravíssimo acidente espiritual? Um noviço descrente não é uma vocação perdida? Minhas dúvidas e desafios não ameaçariam o entusiasmo primitivo dos freis Oswaldo, Ivo, Ratton, Magno e de outros colegas de iniciação à vida dominicana?

Ninguém parecia sequer entender a minha angústia. Nem com ela se preocupar. No entanto, havia um oco dentro de mim. O eixo partira-se. Em vez de padres escandalizados com meu ateísmo repentino, encontrei-os cúmplices de minha descrença.

Frei Henrique dispensou-me do coro e da missa, entregue às atribulações interiores que me tumultuavam a alma. Não me encostou na parede nem me mandou para casa. Abriu-me o espaço necessário para que o nó se desfizesse.

– Como é? – indagou Frei Martinho.

– Sensação de cegueira – respondi. – Sei que antes eu via, mas agora não vejo mais nada.

– Se você estivesse andando à noite por uma floresta e a pilha de sua lanterna acabasse, o que você faria: continuaria caminhando ou esperaria amanhecer?

A lógica do raciocínio atravessou-me como uma flecha.

– Acho que esperaria amanhecer.

– Então não precipite sua saída do noviciado. Espere amanhecer.

Esse diálogo, tão ao gosto das alegorias orientais, foi decisivo em minha vida religiosa. Ao seu conselho, Frei Martinho acrescentou pequena bibliografia, na qual se destacavam as obras de santa Teresa de Ávila. Iniciei a leitura, esforçando-me por vencer a barreira da linguagem, o barroco espanhol de estilo rebuscado, de aparente psicologismo, revestido de adjetivações místicas, efusivamente sentimentais. Com o tempo, já não era eu quem penetrava o universo amoroso da reformadora do Carmelo. Era ela quem me abria por dentro, quebrando as resistências do espírito, arrancando as escamas dos olhos, acendendo luz em meu caminho, estabelecendo comigo uma estranha e deliciosa relação amorosa.

Cessada a noite, vi que Teresa me invadira para abrir espaço ao Espírito de Deus. Tudo era luz dentro de mim. Minha fé havia mudado de qualidade: já não tinha que fazer nenhum esforço para amar a Deus. Agora, o Amor derramava-se abundantemente, gratuito, fundo e forte em meu ser que o acolhia.

Teresa tornou-se, desde então, a companheira de meus períodos mais intensos de oração. Seus escritos, bem como os de são João da Cruz, que eu descobriria mais tarde, dilatam a minha alma. Incrementam minhas opções, prenunciando em minha vida, pelo dom de Deus, a transformação a ser operada na sociedade. A luta contra o sistema iníquo estende-se à derrubada do opressor que habita o nosso íntimo. Nas dobras de nosso ser residem, impregnados, o burguês, o colonialista, o ditador. Se o homem novo não surge dos escombros de nosso egoísmo, modificando também as relações pessoais, basta-nos um palmo de poder para que a nossa verdade seja assegurada pela força da autoridade e os nossos adversários estigmatizados como inimigos, hereges, dissidentes, réus das mais severas penas e castigos.

Se a mística de Teresa de Ávila não me faz melhor, pelo menos dá-me consciência de que, através da vida, viajo a bordo de um paradoxo. Persigo, carente, um amor oculto. Entrego-me à causa que é esperança. Recuso a santidade que não seja expressão de minha profunda fragilidade. Desço aos infernos em busca da rota que conduz à ressurreição.

III. PRISÃO, O LABIRINTO

3

Tudo me parecia muito tranquilo naquela tarde da primeira semana de novembro de 1969. Dentro de um mês eu estaria de partida para a Alemanha, após despedir-me da família em Belo Horizonte. Passaporte em mãos, faltava apenas comprar algumas roupas.

Sentado à beira do lago, a imaginação vagueava pelos plano de viagem, enquanto os olhos fixavam-se ocos nas páginas do *Livro da vida*. Attílio Hartmann passou por mim e estranhou meu interesse por aquele tipo de leitura. Aluno do último ano de teologia, ele se preparava para atuar, como religioso, na área de comunicação social. "Vai ser sempre assim", pensei. Meus colegas de Igreja indagando como uma pessoa pode gostar de santa Teresa e, ao mesmo tempo, passar horas lendo filósofos políticos; meus companheiros de política perplexos ao descobrirem meu fascínio por mestres da espiritualidade cristã. Ainda hoje a interrogação perdura.

4

Um grupo de estudantes jesuítas habitava numa pequena casa próxima ao Cristo Rei. Camilo García, em cujo nome eu recebia correspondência, era o mais velho da comunidade. Pressentia minhas atividades, mas sem indagações, nem satisfações de minha parte.

Passadas as quinze horas, L. aproximou-se de mim à beira da lagoa. Morava com Camilo. O rosto moreno estava um pouco mais pálido que de costume, e o nervosismo mal disfarçava-se sob aparente calma. Disse-me:

— Acabaram de sair lá de casa uns caras que se diziam oficiais da Marinha. Levaram Camilo para o Batalhão de Caçadores. Perguntaram se ele conhecia um tal de Frei Fernando ou Timóteo, dominicano de São Paulo.

Há momentos na vida em que a intuição funciona como poderoso radar. Uma palavra, gesto ou olhar faz eclodir pressentimentos abscônditos, pequenina chama do fósforo encostada ao barril de pólvora. Por trás do silêncio do filho, o pai é capaz de captar-lhe todo o drama. Pelo modo de olhá-la, a esposa percebe que algo de inusitado irrompeu na vida do marido. Situações delicadas criam o clima que, por sua vez, transmite um código sem palavras, feito de emoções que ressoam silentes nas cordas de nossa sensibilidade.

O aviso de prisão de Camilo era o sinal evidente da catástrofe. L. nada sabia de minha atuação, mas não duvidava de que peças tão dessemelhantes – minha correspondência em nome de Camilo... Frei Fernando... Marinha... a prisão de seu colega... – formavam um mosaico coerente em minha cabeça. De fato, deduzi logo que o Cenimar (Centro de Informações da Marinha) havia prendido Fernando. Timóteo era o nome que ele adotara ao ingressar na vida religiosa, segundo antigo costume de se abandonar o nome de batismo ao vestir o hábito. A polícia, todavia, encarava essa duplicidade de nomes como mais uma artimanha subversiva. Ou melhor, jogava com isso.

Meu nome fora encontrado na caderneta de endereços de Fernando. Entre parênteses, o nome de Camilo. Os agentes da Marinha supunham que esse era o nome

III. PRISÃO, O LABIRINTO

sob o qual eu me escondia no Rio Grande do Sul. Prenderam Camilo certos de que me apanhavam.

5

— *Levantem, mãos na cabeça! – ouvi os gritos nervosos e vislumbrei, entre os olhos sonolentos, duas metralhadoras empunhadas por homens de terno e gravata. Por um segundo, antes de ressoar mais um grito, imaginei que fosse um pesadelo. Eram seis horas da manhã de sábado, 6 de junho de 1964. A brisa fria entrava pela janela aberta do apartamento de nono andar da rua das Laranjeiras, esquina com Pereira da Silva, no Rio.*

Éramos uns oito jovens, membros das equipes de coordenação nacional da JEC e da JUC. Morávamos por conta da CNBB, graças especialmente ao apoio de dom Hélder Câmara, seu secretário-geral e bispo-auxiliar da arquidiocese carioca. Vivíamos modestamente, alimentados por doações do Banco da Providência, empoleirados nos beliches insuficientes ao trânsito constante de secundaristas e universitários que passavam pelo Rio. O apartamento, precariamente mobiliado, servia de acampamento aos militantes da Ação Católica oriundos de outros estados, especialmente aos que chegavam para participar de atividades na Praia do Flamengo 132, sede da UNE e da UBES.

Meu simpático entrou em distúrbio, uma tremedeira incontrolável apossou-se de meu corpo. As pernas bambas demoraram para chegar do quarto à sala. Encostados à parede, mãos na cabeça, assistimos ao vandalismo dos homens do Cenimar: todas as estantes foram varridas pelo cano de suas armas, livros e papéis atirados ao chão, armários esvaziados à procura de planos subversivos. Na agressividade deles, era notório o medo que também sentiam. No mínimo, toda aquela literatura religiosa era o álibi que usávamos para encobrir nossa infiltração comunista na Igreja...

Fomos todos presos – entre outros, Paulo Eduardo Arantes e Paulo Tavares, da direção nacional da JUC, e José Roberto Soeiro, Júlio Olímpio Mourão Filho, Luís Gonzaga e eu, da direção nacional da JEC –, e conduzidos ao Arsenal de Marinha. No quinto pavimento, a sede do Cenimar já se encontrava repleta de pessoas conhecidas, como Cosme Alves Neto. Só então soubemos que, naquela madrugada, os agentes da Marinha haviam vasculhado o Rio em busca de todos que, segundo suas informações, pertenciam à Ação Popular.

Essa organização política nascera em Belo Horizonte, na casa de José Alberto Fonseca, por iniciativa dos militantes da JUC, no início dos anos 60. Em seus primórdios, apresentara-se como uma alternativa entre o capitalismo e o comunismo. Chegara a editar um periódico mensal, dirigido por Hugo Amaral, sob o mesmo nome do movimento. Como a Ação Católica atuava por mandato direto dos bispos – o que limitava a inserção de seus militantes na política, já que a hierarquia não podia responder pelas opções partidárias e ideológicas que eles assumiam –, a Ação Popular surgiu como o instrumento independente adequado à atividade política. Às vésperas do golpe militar, a AP começou a superar sua origem reformista, aprofundando-se sempre mais na teoria marxista e abandonando a ideia, inspirada nas obras do jesuíta Henrique C. de Lima Vaz, de que fé cristã é matriz de uma filosofia da história. No governo João Goulart, alguns de seus dirigentes ocuparam postos importantes, mormente no Ministério da Educação,

III. PRISÃO, O LABIRINTO

onde Betinho exerceu a função de chefe de gabinete do ministro Paulo de Tarso dos Santos.

Após o golpe, a AP passou à clandestinidade, e seus militantes ficaram na mira dos órgãos de segurança.

– O peixe caiu na rede – disse o comandante com sarcástica satisfação quando fui introduzido na sala de interrogatório. A tremedeira passara, mas eu me sentia muito inseguro. Ouvira casos de prisioneiros torturados e temia que o mesmo fosse ocorrer comigo. Cinco oficiais do Serviço de Informações da Marinha flecharam-me com os olhos. Uma oração difusa, angustiada, minava o meu espírito, tranquilizando-o. A cabeça, porém, era uma caldeira elevada à máxima pressão. Pesava uma tonelada.

– Não é um peixe qualquer, comandante. É um peixão – alertou um dos agentes.

Imaginei que essa importância fosse atribuída à minha função de dirigente nacional da JEC. Para eles, não havia diferença entre Ação Católica e Ação Popular. Eram gatos do mesmo saco. De fato, eu me afinava ideologicamente com a AP, mas não chegara a pertencer a seus quadros. Recomendação explícita dos bispos dizia que dirigentes da Ação Católica não deveriam filiar-se a movimentos ou partidos políticos. Esse critério levaria muitos jovens de minha geração a um dualismo que, em princípio, não deveria existir: os que optavam pela política se afastavam da Igreja.

– Então, Betinho, onde estão os outros dirigentes da AP? – indagou o comandante.

Nunca fui tratado por esse diminutivo. Percebi logo que, como já ocorrera em outras ocasiões, me confundiam com Herbert José de Souza, o Betinho, que fora um dos fundadores da AP e, mais tarde, seria conhecido também como o "irmão do Henfil".

— *O senhor está me confundindo. Não sou o Betinho* — respondi aliviado.

A mão pesada do policial subiu em direção ao teto, fez uma curva no ar e desceu violenta sobre o meu rosto.

— *Filho da puta! Como não é o Betinho? Você não é de Belo Horizonte?*

— *Sou.*

— *Não é da JUC?*

— *Não, da JEC.*

— *E qual a diferença, seu veado? Só falta dizer que não é da AP! Quer levar umas porradas pra refrescar a memória?*

— *Posso explicar tudo.*

— *Então explique* — interferiu o comandante, cumprindo o seu papel de interrogador "bonzinho".

Apesar da dor de cabeça e da ardência que me queimava a face esquerda, consegui convencê-los de que eu não era a pessoa a quem procuravam. Betinho e eu éramos amigos de Belo Horizonte, mas, no Rio, poucas vezes nos vimos. E eu não fazia a menor ideia de como ele poderia ser encontrado.

Pelos corredores do Cenimar, reconheci diversas pessoas, mas todas evitavam se olhar para não despertar a atenção dos agentes. Uma sensação de derrota. Nosso castelo de sonhos libertários ali estava desabado, reduzido a meia centena de universitários amedrontados, sufocados pelo imponderável, olhos dilatados frente ao imprevisível, como sonâmbulos pelos sinistros porões da história.

Serviram-nos o almoço numa ampla sala improvisada na mais completa biblioteca de literatura marxista que jamais vi. Certamente livros apreendidos pelos agentes da Marinha. Arriscamos um diálogo breve entre os prisioneiros, dito entredentes, em torno de detalhes fortuitos, como o

III. PRISÃO, O LABIRINTO

horário em que cada um foi apanhado ou quanto tempo se levaria para ler todos aqueles livros. Os sussurros cessaram quando foi introduzido na sala um homem pouco mais velho do que nós, estudantes. Rosto bem barbeado, terno escuro, gravata e colarinho branco, sua elegância contrastava com os nossos cabelos amarrotados pelo travesseiro, a barba por fazer, as roupas desencontradas, vestidas de qualquer maneira no ato de prisão, os sapatos sem meias ou chinelos nos pés. Pensamos tratar-se de um policial do Cenimar incumbido de nos vigiar. Entretidos com a comida, encerramo-nos em completo silêncio. Ele tentou puxar conversa, mas, constrangido, recolheu-se perante a nossa indiferença.

Só mais tarde soubemos que Chico Withaker, ex-funcionário do Instituto Nacional de Reforma Agrária e ex-militante da JUC, era prisioneiro como nós. Tivera a sorte de ser preso por policiais pacientes, que o esperaram regressar de uma pescaria, tomar banho e vestir-se como se, escoltado, fosse a uma audiência com o ministro da Marinha.

— Como os senhores têm curso superior, serão tratados como oficiais — disse-nos o comandante do quartel dos fuzileiros navais, quando chegamos à ilha de Villegagnon. O cárcere mais parecia um alojamento. Não tinha grades. No edifício circular, avançado sobre o pátio, o anel de pequenos quartos centrava-se na espaçosa sala que nos servia de copa. Os muros altos impediam que víssemos o mar. Um fuzileiro permanecia de plantão ali dentro, proibido de nos falar ou sequer responder às nossas perguntas. Parecia um boneco de cera, impassível, os olhos imóveis sob o capacete branco, as luvas da mesma cor cobrindo as mãos dadas às costas, as pernas rígidas abertas em posição de descanso. Aos poucos, deixamos de nos incomodar com a sua presença e de censurar nossas conversas, como se, além de mudo, fosse ele também surdo.

Foi na comida que ficou patente o nosso tratamento "como oficiais": filé com batata palha e pêssego em calda com chantili, servidos por um soldado que, da cintura para cima, se vestia como garçom. Para nós, toda essa deferência especial só tinha uma explicação: a tropa dos fuzileiros navais não ficara ainda completamente imune à influência progressista de seu ex-comandante, o almirante Aragão, cassado após o golpe, devido ao apoio que dera a João Goulart.

Graças ao esforços de dom Cândido Padim, assistente nacional da Ação Católica Brasileira, e à interferência do cardeal dom Jaime de Barros Câmara, arcebispo do Rio, ficamos menos de quarenta e oito horas no quartel, e passamos à prisão domiciliar no apartamento em que morávamos.

Naquele período, a nossa ligação com o resto do mundo dependia do padre Eduardo Koiak (em 1999, bispo de Piracicaba, SP), assistente nacional da JEC, que diariamente nos visitava, trazia os jornais e fazia as compras necessárias.

Quinze dias depois, fomos liberados, com o processo arquivado e alguns pedidos de desculpas... A Marinha não queria navegar nem "pescar" em terra e lançar suas redes sobre todo indício de subversão sob a maldição do cardeal.

6

Pedi a L. que guardasse a notícia da prisão de Camilo por mais dez minutos. O estopim estava aceso e, dentro em breve, provocaria uma explosão entre os jesuítas. Fechei o livro de santa Teresa e, tomado por uma calma lúcida, como quem ingressa consciente no momento fatal, subi ao quarto andar do seminário. Eu sabia que era a última

III. PRISÃO, O LABIRINTO

vez que entrava no meu quarto. Sabia o que me aguardava pela frente e quais as providências a tomar. Porém, não havia tempo para queimar todos os papéis. Tomei a sacola preparada para a fuga, na qual roupas indispensáveis misturavam-se com a minha carteira de identidade falsa e uma pequena quantia em pesos uruguaios e dólares.

Desci as escadas com toda a naturalidade que me foi possível. Sem dúvida, era uma estranha e ingrata maneira de abandonar definitivamente a fraterna hospitalidade com que os jesuítas me acolheram por tantos meses. Não havia tempo para despedidas e agradecimentos. Minha liberdade estava sendo decisivamente jogada a cada segundo.

Na portaria, assinei o livro de saídas, já com a intenção de despistar a polícia – *Frei Betto, Porto Alegre, volta às 19h*. Evitei sair pela frente, como de costume. Cruzei o grande refeitório do Cristo Rei e saí por trás, atravessando o bosque cuja sombra se dobrava sobre o lago, no qual os patos escorregavam entre árvores fluidas, escuras, ondulantes. Conhecia bem aquele caminho, pois muitas vezes ali meditei, entre os eucaliptos longos e finos, claustro natural revestido de silêncio e perfumado pelo cheiro verde, úmido, da mata. Atravessei a cerca e tomei a estrada lateral ao seminário, rumo ao ponto de ônibus. Foi então que vi diversos carros, ocupados por paisanos atentos, cercando a entrada do prédio. Apeguei-me a santa Rita, padroeira dos aflitos – cuja capelinha ficava próxima à minha casa, em Belo Horizonte – e fui em frente. Passei rente aos automóveis. Não me reconheceram. Enquanto eu chegava a Porto Alegre, eles consultavam o livro de saídas do seminário e preparavam-se para aguardar o meu regresso às 19 horas...

7

Mil imagens e possibilidades rodopiavam em minha cabeça, enquanto a paisagem difusa corria pela janela do ônibus que me conduzia a Porto Alegre. Um nó na garganta e o desejo de que fossem realidade todas as ideias acumuladas a respeito do momento crucial: não se deixar prender, evitar contatos e, na pior das hipóteses, suportar calado as torturas; oferecer-se à morte e não entregar ninguém. O melhor é ficar na capital gaúcha três meses, seis meses, um ano, o tempo necessário para convencer a repressão de que consegui deixar o país. Esperar a poeira assentar. Depois, subir para Curitiba e sair por Foz do Iguaçu.

Mas, onde ficar em Porto Alegre? Os poucos amigos estão, de alguma forma, comprometidos com a resistência ao regime. É melhor isolar-me inteiramente deles. Se cair, não devo arrastar ninguém. Hospedar-me numa pensão utilizando minha identidade fria, com o nome de "Ronaldo Matos"? As fotos 6x8, que eu tirara para o passaporte, ficaram em meu quarto. A polícia pode distribuí-las às pensões e hotéis ou publicá-las na imprensa.

O medo gera um raciocínio excludente. Percebe-se o que não convém. A melhor saída é sempre a mais arriscada, sobretudo quando temos consciência de que ninguém deve sofrer por nossa causa. Sofrimento é coisa que não se reparte. Naquele momento, eu não via alternativa senão a paróquia da Piedade. Sabia do rela-

III. PRISÃO, O LABIRINTO

cionamento do padre Manuel com pessoas do regime militar. Era um homem insuspeito, apesar da presença de padre Marcelo trazer-lhe dificuldades. Estava seguro de que podia confiar nele. Alguns refugiados tinham sido bem recebidos em sua casa.

Acossado, minha onipotência naufragava na ansiedade pedinte de encontrar amigos que me oferecessem teto, pão, estímulo.

Ao furar o cerco da repressão em São Leopoldo e iniciar a fuga, talvez eu não devesse buscar a paróquia da Piedade, um local visado pela polícia gaúcha. Em agosto, ocorrera um incidente durante a missa dominical concelebrada pelos padres Manuel Valiente e Marcelo Carvalheira. Cabelo à príncipe Danilo, nariz afilado, boca pequena, aparentando menos do que seus quarenta anos, padre Marcelo pregava à luz do evangelho do dia a parábola do Bom Samaritano. Com sua entonação nordestina, cantada, incisiva, perguntava aos paroquianos de classe média abastada:

– E hoje, quem é o homem caído à beira da estrada? Quem é o espoliado?

Enquanto a indagação pairava sobre a consciência da assembleia, padre Manuel abandonou o altar, avançou sobre o átrio e atracou-se com um cidadão abaixo de qualquer suspeita que, sentado entre os fiéis, gravava o sermão do jovem monsenhor.

– Não admito que alguém aqui controle a palavra de Deus! – disse o vigário, com o rosto muito vermelho, as mãos largas segurando o agente policial pela gola do paletó. E acrescentou, enquanto arrastava para fora do templo o homem vexado:

– Aqui entrou um lobo com pele de ovelha!

A presença, em Porto Alegre, de um assessor de confiança de dom Hélder era, certamente, motivo para a repressão gaúcha apresentar serviço, pois muitas coisas ocorriam no estado sem que ela pudesse encontrar o fio da meada. Dizia-se que Leonel Brizola entrara clandestinamente no Rio Grande do Sul, para organizar grupos de guerrilha; que Lamarca atravessara a fronteira; que os tupamaros uruguaios estabeleciam, em terras gaúchas, contatos com os revolucionários brasileiros – e, no entanto, os órgãos de segurança do Sul não tinham como comprovar ou desmentir. Sem condições de apurar a veracidade dessas informações, eles se esforçavam por salvar a própria imagem perante o SNI, em Brasília, gravando sermões públicos de um monsenhor suspeito por suas ligações com o arcebispo de Olinda e Recife...

Homem de meia-idade, as suíças brancas acentuando-lhe a distinção, padre Manuel mantinha boas relações com seus paroquianos, entre eles alguns generais e um ex-ministro da Agricultura, que servira a um dos governos militares. O sangue espanhol que corria em suas veias o impedia de ser um pouco mais diplomata. Excitado, falava como se as frases não tivessem pontuação, e, em sua boca, as palavras pareciam apostar corrida.

– Quem é amigo de comunista comunista é – dissera o general, ao receber o vigário para jantar em sua casa.

Padre Manuel entendeu o recado e passou-o a padre Marcelo:

– Ele disse isso porque hospedo você aqui. Se algum dia entrarem aqui e encontrarem algo suspeito em seus aposentos, estarei comprometido.

O vigário prometera ao general que levaria seu colega para jantar àquela mesa. Assim, o militar verificaria pessoalmente que o monsenhor nada tinha que corres-

III. PRISÃO, O LABIRINTO

pondesse à imagem de um fanático terrorista, braço esquerdo do "arcebispo vermelho"... Padre Marcelo, porém, não queria criar incômodos ao seu anfitrião:

— Olha, Manuel, se você acha que eu estou lhe atrapalhando, posso mudar-me para a casa das irmãs de Jesus Crucificado. São minhas amigas.

Padre Manuel não era homem politicamente vocacionado, mas sabia ser amigo de seus amigos. Fazia questão de que padre Marcelo e eu ficássemos à vontade em sua casa paroquial. Reservara um quarto para uso do reitor do seminário do Nordeste. Todavia, chegara a hora de se tomarem certas precauções. Subiram ao quarto e examinaram todos os papéis e livros, preocupados em retirar o que eventualmente pudesse ser considerado comprometedor. Entre obras de sociologia e economia, separaram os livros dos padres belgas François Houtart, sociólogo, e José Comblin, teólogo. Este último fora companheiro do padre Marcelo no Recife e assessor de dom Hélder. Expulsaram-no do Brasil em 1968, por ordem do ministro da Justiça, Gama e Silva.

Padre Marcelo tinha no quarto cerca de cem cartas de seu arcebispo — uma coleção que, certamente, faria a felicidade de qualquer órgão de segurança, e também de qualquer editor do país. Colocado numa caixa, esse material foi guardado em local considerado extremamente seguro — sob o alçapão que ficava embaixo do altar principal da igreja.

Todo esse clima em torno da paróquia da Piedade deveria levar-me a procurar outro refúgio. Todavia, o medo engendra uma estranha lógica. Acuado, o ser humano defronta-se terrivelmente com a solidão. É a mim que procuram. Entre milhares de pessoas, querem a minha cabeça. Todos os órgãos de segurança, o Exército, a Marinha, a Aeronáutica, as polícias militares e civis estão em meu encalço. Há entre eles uma disputa: ganha quem me apanhar. O que fazer? Como fugir? Usar em benefício próprio o esquema de fronteira e sair pelo Uruguai? Ora, certamente já sabiam que esse era o meu trabalho. Seria cair na boca do leão. Por que não tentar a Argentina, via Uruguaiana? Não seria seguro, não chegara o telegrama que eu aguardava de Franklin Martins e de Boanerges Massa. Toda a fronteira já estaria sob vigilância.

8

— Algo de muito grave deve ter acontecido em São Paulo, e tudo indica que estão à minha procura.

Padre Manuel e padre Marcelo me ouviram solidários, dispostos a assumir comigo aquela estação no Horto das Oliveiras. O vigário preparou-me a cama na sacristia da igreja, fora da casa paroquial. A sensação de estar protegido aliviou-me a tensão, o lanche da noite antecipou o sono no corpo cansado, e a cabeça desacelerou suas apreensões. Dormi entre anjos de gesso, vigiado por velhas imagens desalojadas de seus altares, cercado de solenes móveis de jacarandá, respirando o cheiro de vela derretida.

Os dois sacerdotes já estavam à mesa quando cheguei para o café da manhã. Liam atentamente os jornais. Um pesado silêncio pairava no ar. O ambiente parecia sufocado de tristeza. Sobre a mesa, o café e o leite fumegavam intocáveis. Absortos na leitura, padre Manuel e padre Marcelo estampavam no rosto o cravo da dor, da

III. PRISÃO, O LABIRINTO

indignação, da desesperança. Estenderam-me o *Correio do Povo*: "MARIGHELLA MORTO ONTEM." Fiquei pasmo, mudo, asfixiado, como quem leva um soco na boca do estômago. Tive vontade de chorar, mas meus olhos, tristes, estavam secos. Na alma, o sabor acre de revolta e malogro. A notícia dizia que a polícia chegara a Marighella através da prisão dos dominicanos de São Paulo. Imaginei as terríveis torturas que meus confrades estariam sofrendo nas mãos do delegado Fleury, chefe do Esquadrão da Morte. Padre Marcelo pressentiu a solidão que me envolvia e disse a única coisa que eu precisava ouvir naquele momento:

– Olhe, Betto, eu estou com você até debaixo d'água.

É mais fácil ser solidário às causas que às pessoas. Somos pela libertação, mas ter um revolucionário em casa é sempre um risco a desafiar nossa disposição de luta. Pregamos o Evangelho, mas praticar a caridade, arriscando nosso conforto por outrem, é uma experiência incômoda, da qual queremos nos ver livres o mais breve possível; a pessoa física, concreta, fere o nosso egoísmo. Não custa encher as estantes de livros progressistas, entulhar a cabeça de ideias renovadoras, escancarar a boca com frases explosivas. Mas ter em casa uma pessoa procurada pela polícia é muito diferente. Sobretudo quando não nos cabe interrogá-la para ter a certeza de que ela não fez nada daquilo de que a acusam. O que pensariam os parentes se soubessem que guardei um subversivo que trazia na mala a metralhadora desmontada? E se a polícia prender aqui esse sequestrador de embaixadores, o que direi aos colegas de serviço? O que vão falar os religiosos da congregação se souberem que escondi no claustro um comunista?

Padre Manuel endossou o apoio de padre Marcelo. Mais dotado de espírito prático, o nordestino propôs que eu fosse retirado logo da casa paroquial. Incidentes anteriores indicavam que ali não era um local seguro. Após o café, redigi um informe sobre a fronteira a ser encaminhado pela paróquia a São Paulo, peguei a sacola e caminhamos até a casa das irmãs de Jesus Crucificado, na rua Castro Alves.

– Este aqui é Frei Betto, estudante dominicano. Ele está sendo procurado pela polícia e não vamos entregá-lo às feras – disse padre Marcelo à irmã Maria Philomena de Oliveira, que sorria como se estivesse recebendo um presente.

Irmã Filó, como era tratada pelos amigos, tinha o rosto jovem, luzidio, o sorriso fácil, acolhedor, a paz transparente, imperturbável, fundada em sua fidelidade ao Evangelho:

– Tudo bem, podemos guardá-lo aqui.

A corajosa hospitalidade da religiosa tranquilizou-me tanto que cometi um erro elementar – aceitei participar da celebração eucarística oficiada, em seguida, pelo sacerdote pernambucano. Fui apresentado à comunidade das irmãs, sem que a maioria ficasse sabendo qual a razão de minha presença entre elas. Apenas foram informadas de que eu passaria alguns dias na casa.

Os jornais daquela quarta-feira, 5 de novembro de 1969, noticiavam em manchete que Marighella fora morto numa emboscada na alameda Casa Branca, em São Paulo, sem referências a meu nome. Passei o dia lendo e relendo cada reportagem, tentando adivinhar o que realmente se passara por detrás da prisão dos dominicanos e do assassinato do comandante revolucionário. Como jornalista, eu aprendera que a notícia não

III. PRISÃO, O LABIRINTO

pode ser lida literalmente. Enfocada do ponto de vista dos órgãos de segurança, ela encobria a perspectiva dos que eram tratados como terroristas, bandidos e traidores. Meu esforço era descobrir nas entrelinhas, por baixo dos adjetivos, como os fatos se deram. Após o jantar, fui para a sala de TV, na qual as irmãs acompanhavam atentas a novela do fim de tarde, enquanto novelos de lã rolavam vagarosamente em seus colos, puxados pelas agulhas prateadas, finas e longas, seguras por mãos habilidosas, como se travassem um duelo de esgrimas. Naquela época, o *Jornal Nacional* da TV Globo era precedido por edições locais em várias regiões do país. Ao iniciar o noticiário, Cid Moreira foi substituído no vídeo por um homem baixo, rosto redondo, sobrancelhas cerradas, testa calva, terno escuro. Era o coronel Jaime Mariath, secretário de Segurança do Rio Grande do Sul. Anunciava que toda a polícia estava no encalço de Frei Betto, e a família gaúcha, ameaçada pela presença desse perigoso terrorista, deveria ajudar a encontrá-lo.

Minha foto – cópia da que eu tirara para o passaporte – ocupou toda a tela. Fiquei subitamente pálido, constrangido, como se apanhado em flagrante delito. Um mal-estar ocupou a sala, as irmãs mexiam-se nervosamente em suas cadeiras, cessando o tricô. Para comprovar minha periculosidade, o coronel exibiu "fichas em código" encontradas em meu quarto, no Cristo Rei: *Mt 11,25; Mc 13,11; Jo 16,33.*

Eram referências bíblicas.

9

Quinta-feira, 6 de novembro de 1969. Irmã Filó trouxe-me os jornais no quarto, junto com as torradas e o café. Minha foto ilustrava as primeiras páginas. O "Homem da fronteira" tinha a cabeça a prêmio, e aeroportos, estações ferroviárias e rodoviárias estavam sob rigoroso controle do DOPS, da Polícia Federal e da Brigada Militar. Barreiras erguiam-se nas estradas rumo à Argentina e ao Uruguai, e todos os veículos eram revistados. Simultaneamente, a polícia de Artigas informava que "um bando" (de guerrilheiros? de ladrões de gado?) tentara invadir o Uruguai pela fronteira com Quaraí. Dizia-se que Lamarca poderia estar em território gaúcho, e o braço direito de Marighella, Câmara Ferreira, seria localizado através de mim.

Enfim, a repressão do Rio Grande do Sul atribuía-me uma importância muito especial. Mais tarde eu compreenderia que, assim, ela se esforçava por recuperar o prestígio frente ao SNI. Quanto mais ampliadas as dimensões do peixe, maior a impressão de uma pesca excepcional.

Logo que padre Manuel e padre Marcelo chegaram, fizemos uma reunião com irmã Filó. Insisti em sair dali o mais rápido possível, pois eu fora *queimado* perante a comunidade pela exibição de minha foto na TV. Uma das irmãs poderia cometer a inconfidência que me seria fatal.

Irmã Filó, meu "anjo da guarda" naquela casa, disse que já havia conversado com elas, eu poderia estar tranquilo. Ela não via perigo e mostrava-se disposta a assumir os riscos que o caso implicava. Entretanto, padre Marcelo, com seu espírito prático e realista, ponderou:

III. PRISÃO, O LABIRINTO

– Você assume; mas e as outras? Quem garante que uma das irmãs não falará por aí?

A mesma sensação dos meses vividos na clandestinidade, em São Paulo, apoderava-se de mim: a completa dependência dos outros. A vida levara-me, muito cedo, à independência, favorecendo minha personalidade autossuficiente. Aos quinze anos, fui eleito vice-presidente da União Municipal dos Estudantes Secundaristas de Belo Horizonte. Aos dezessete, saí de casa. Aos vinte, já viajara por quase todos os estados do país. A vida religiosa reforçava a minha mania de querer decidir tudo sozinho, ao contrário dos homens casados, que, necessariamente, devem partilhar suas opções com esposa e filhos.

Agora, no entanto, o medo retraía-me, já não podia dar nenhum passo com as próprias pernas. Era iminente o risco de pisar na armadilha. O incômodo não provinha tanto da falta de liberdade, da insegurança diante do futuro ou da obrigação de exercitar a paciência para, de novo, suportar horas e dias infindáveis, trancado num quarto. Mas sim de ver outras pessoas arriscando-se por mim, dispostas a pagar o preço da própria vida, e não ter como prescindir dessa ajuda. Contudo, eu aprendia que a solidariedade, nessas situações, é mais fruto do amor do que de ideais político-ideológicos. A menos que se considere que esses ideais são tanto mais profundos quanto mais enraizados na vontade, traduzidos em gestos, vividos em doação. Muitas pessoas, pelo simples fato de nos quererem bem, são capazes de uma generosidade nem sempre comum entre as que se gabam de suas ideias políticas consideradas claras e distintas. A transformação do mundo, como o amor, não é feita de ideias, mas sim de atitudes.

Decidimos que eu deveria abandonar a casa das irmãs de Jesus Crucificado. Irmã Filó insistia para que eu permanecesse. Impressionava-me o senso evangélico da irmã: ela não temia os riscos da radicalidade implícita à opção pela vida religiosa. Em geral, religiosas e religiosos deixavam-se aburguesar. A "ruptura com o mundo", em nome da entrega total às exigências do Evangelho, não passa de uma certa acomodação dentro das estruturas da vida religiosa. Vive-se mais em função das necessidades do instituto religioso que das esperanças dos pobres. Em nome dessa segurança e do prestígio social da congregação, a religiosa não pode mover uma palha. Frente a ela, uma mulher casada e com filhos mostra-se, às vezes, mais disponível para a busca do Reino e de sua justiça.

Esse quadro, no entanto, iria alterar-se a partir do momento em que muitas religiosas abandonaram seus colégios burgueses para assumir – nas favelas, na roça, nas periferias das cidades – a comunhão com as classes populares.

Padre Manuel ofereceu-se para cuidar da minha transferência. Atravessamos o centro de Porto Alegre a bordo de um Fusca vermelho. Não tive medo, já me acostumara ao crivo da fatalidade. Seja o que Deus quiser. No risco companheiro há um sabor de aventura. Paramos na esquina da avenida Independência com a rua Mostardeiro. O vigário da Piedade desceu e ingressou num imponente casarão branco, de arquitetura inspirada nas mansões coloniais norte-americanas, cercado de jardins e plantas derramadas sobre os muros. Não demorou mais de três minutos. Tomamos o caminho que conduz a Viamão.

III. PRISÃO, O LABIRINTO

10

O sítio da família Chaves Barcellos era confortável, sem luxos. Um casal de colonos ocupava um dos quartos da casa de alvenaria, rodeada por plantas e arbustos malcuidados. Parecia uma propriedade em desuso, razão pela qual padre Manuel sentia-se à vontade para utilizá-la em seus dias de descanso ou de estudos com colegas do clero.

Do quarto em que fiquei alojado, acalmava-me contemplar a vegetação rasteira, os pássaros saltitando entre as folhagens, o céu azul prenunciando o verão. "Aqui jamais serei encontrado", pensei. Ocupava o dia com uns poucos livros, relia os jornais que padre Manuel trazia, ouvia atento o noticiário do rádio. Evitava o contato com os caseiros, deixando que o vigário da Piedade cuidasse das providências a serem tomadas.

Estar só nutre o ócio da imaginação. Preocupavam-me os sofrimentos de Frei Fernando e de Frei Ivo nas mãos do delegado Fleury, notório torturador, e de minha família, sem saber como eu estava. Como se sentem uma mãe e um pai assistindo, impotentes, à polícia caçar o filho? Redigi uma carta tranquilizando-os. Fiz em duas cópias, a fim de remetê-la por vias diferentes. Supunha que nossa casa em Belo Horizonte estivesse vigiada. Mais tarde, essa desconfiança me seria confirmada, bem como a chegada das cartas.

De fato, a família havia ficado menos desesperada do que eu imaginava. Meu pai passara por momentos semelhantes na "revolução" de 30 e na luta contra a ditadura de Vargas. Foi um dos mais jovens signatários do Manifesto dos Mineiros. À minha mãe, Deus concedeu inabalável paz interior, dessas que contagiam as pessoas que dela se aproximam. Apenas meu irmão caçula, Tunico, queixava-se, em seus oito anos, de que a sua foto não aparecia nos jornais que estampavam a minha...

11

O coronel Jaime Mariath mantinha o cardeal Vicente Scherer informado sobre diligências policiais destinadas à minha captura. Foi como dirigente da Ação Católica Brasileira que conheci o arcebispo de Porto Alegre. Magro, pele muito branca, olhos miúdos, cabelos alvos repartidos de lado, conservei a imagem de um homem simples no trato pessoal, embora autoritário no exercício do poder e reacionário nas ideias. Costumava encontrá-lo nas reuniões da CNBB, no Rio, quase sempre realizadas no Convento do Cenáculo, nas Laranjeiras, ao lado do prédio em que eu morava. Nossas relações nunca foram além de cumprimentos formais ou conversas rápidas e objetivas. Ele nada tinha de certa afetação cardinalícia que vi em outros prelados, e creio que nunca se sentiu muito à vontade vestido de púrpura. De sua origem rural, filho de imigrantes alemães, dom Scherer guardou a singeleza da fé, o amor às tradições e a moral rígida, kantiana. Criado em clima de cristandade, educado pelos jesuítas, jamais se adaptou à Igreja da colegialidade, do exercício democrático, comunitário, do poder pastoral. Seu estilo germânico de autoridade ultrapassava as fronteiras da arquidiocese de Porto Alegre para impor-se a todo o Sul do Brasil. Em torno de sua figura, como uma

III. PRISÃO, O LABIRINTO

espécie de eixo central, gravitou a Igreja do Rio Grande do Sul entre os anos 50 e 70.

12

A polícia não afastou a hipótese de eu me encontrar escondido dentro do Cristo Rei, em um dos quartos – entre centenas que havia – no sótão ou num dos galpões. Aguardou esperançosa meu regresso às 19 horas da terça-feira, e só às duas da madrugada deu-se conta de que caíra num logro. Driblados em sua esperteza, os policiais acusaram os jesuítas de me dar cobertura.

De certo modo, o coronel preparou o cardeal para o golpe que lhe parecia decisivo: invadir o seminário de São Leopoldo. Na sexta-feira, dia 7, o DOPS recebeu sinal verde e vasculhou o prédio de ponta a ponta, abrindo portas e armários, levantando camas, revirando oficinas e bibliotecas. O material apreendido em meu quarto foi apresentado, em sessão solene, à imprensa, como altamente subversivo: um fichário de notícias de jornais e livros como *El diario de Che en Bolivia*, *La Révolution bolchévist*, de Lênin, e *La Révolution solidaire*, do padre Lebret. Frustrados com a minha ausência, os agentes do DOPS levaram oito jesuítas presos para Porto Alegre. Alguns foram colocados à força no camburão, como o padre Jesús Hortal, meu professor de Direito canônico.

No Rio, os órgãos de segurança remeteram à CNBB um dossiê sobre os dominicanos, convencidos de que, "diante das provas cabais, a Igreja fará um pronunciamento formal, condenando os religiosos engajados em atividades contra o regime". Após a prisão dos frades, iniciava-se a segunda fase da "Operação Bata Branca", como foi denominado o cerco aos frades pelos serviços repressivos: isolar os dominicanos do resto da Igreja. O nome dado ao plano referia-se ao hábito branco que usamos.

A miopia dos militares revelava-se em verem a Igreja pela ótica da caserna. Achavam que a estrutura interna da instituição eclesiástica é semelhante à do quartel: basta uma ordem superior para que tudo se resolva. Convencidos de que as circunstâncias da morte de Marighella haviam indisposto a esquerda contra nós, restava cortar os laços que nos ligam à Igreja. A entrega do dossiê à conferência episcopal era mais um lance de um jogo complexo e demorado. Um lance que não surtiu o efeito esperado, graças, especialmente, a dom Aloísio Lorscheider, bispo de Santo Ângelo (RS) e secretário-geral da CNBB, homem sábio nas decisões, moderado nos conflitos e desconfiado frente às acusações do regime militar.

13

No sítio, os jornais me pesavam a mão, magoavam os olhos, dilaceravam o coração. As prisões multiplicavam-se em São Paulo. No Sul, a repressão já conhecia todo o esquema de fronteira, inclusive como as pessoas saíam do país. Através da montagem dos fragmentos de informações obtidas de pessoas presas, e dos papéis encontrados em meu quarto, levantou-se como me chegava a correspondência, como eu encontrava os refugiados, a ida de Frei Ivo a São Leopoldo, a passagem de Câmara Ferreira.

III. PRISÃO, O LABIRINTO

Entre as especulações, dizia-se que um "religioso uruguaio" me ajudara a fugir – na certa, uma tentativa de vincular a Igreja Católica do país vizinho aos tupamaros e aos guerrilheiros do Brasil. Cartas haviam sido apreendidas entre meus pertences. Um enorme pôster de Mao Tsé-tung – que vim a conhecer pela foto nos jornais – foi exibido pelo DOPS como tendo sido encontrado sobre a minha cama. O cenário estava montado, os produtores anunciavam o enredo do espetáculo, a plateia convencia-se de que eu era um perigoso terrorista... só faltava entrar em cena o ator principal, cujo paradeiro era desconhecido.

No sábado, 8 de novembro de 1969, os jesuítas foram libertados, exceto Camilo García. Por mais que o delegado Firmino Perez Rodrigues, diretor do DOPS gaúcho, os apertasse, nada souberam dizer sobre a minha fuga. Para não ficar de mãos vazias, o DOPS segurou Camilo. Sabê-lo detido me fez sofrer, embora eu tivesse consciência de que não podemos nos culpar das arbitrariedades cometidas por um regime ditatorial.

Na tentativa de separar companheiros e de desmoralizar um perante o outro, a repressão sempre transfere a responsabilidade de seus atos para as suas vítimas. Se estudantes são espancados na rua, é porque exorbitaram em suas manifestações; se sindicalistas são presos numa greve, é porque deram caráter político ao movimento reivindicatório; se um militante morre na tortura, é porque matou-se em decorrência de desequilíbrio psíquico... Isso faz parte do modo de agir da polícia. Lamentável é quando ela consegue interiorizar num companheiro a sua visão das coisas e a sua versão dos fatos.

Fui esticar um pouco as pernas, caminhando pela mata, enquanto a tarde recolhia o sol. Vi quando um

Fusca azul estacionou junto à porteira do sítio, a uns cem metros do local em que eu me encontrava. O motorista saltou, abriu a tramela, deixando a cancela correr para junto da cerca. O carro avançou e parou diante da casa. Desceu um rapaz moreno, alto, cabelos pretos, rosto asseado. Percebi que ele também me viu, mas não se aproximou. Padre Manuel instruíra o caseiro a dizer que se tratava de um religioso em retiro, o que era comum. O inesperado visitante não demorou ali mais de cinco minutos.

Pouco depois, o vigário da Piedade chegou com os jornais. Minha foto continuava estampada, e alguns órgãos de segurança já me acreditavam fora do país. Consideravam-me o chefe da ALN no Rio Grande do Sul, responsável pela fuga de Lamarca rumo ao Uruguai e pelos contatos entre os tupamaros e os combatentes brasileiros. Os grandes jornais do Rio e de São Paulo promoviam o linchamento moral dos dominicanos.

Falei a padre Manuel do rapaz que estivera no sítio:

– Não te preocupes – reagiu ele. – É filho do dono, universitário, metido em atividades estudantis. Não deve ter te reconhecido.

Sem alternativas, só me restava confiar na palavra do sacerdote. Recomendei-lhe verificar se não estava sendo seguido. Tranquilo, animado, padre Manuel sentia prazer em enfrentar os riscos da situação. O sangue espanhol fervia-lhe nas veias, confirmando o ideal de seus ancestrais: mais importante que viver por uma causa é morrer por ela.

A caseira preparara-me um saboroso jantar: arroz com ovos estrelados, carne de porco assada, verduras e abóbora. Quando esvaziava o prato, escutei o ruído do motor de um Volks. Sob perigo, os sentidos funcionam como

III. PRISÃO, O LABIRINTO

radar. A audição aguça-se. O graveto que estala, a folha seca que cai, a janela que bate, tudo é computado nos ouvidos e decodificado na imaginação. O processamento é rápido, mas o esforço, árduo. O importante é manter o limite entre a tensão e o medo. Apoderados pelo medo, perdemos o controle da imaginação. Poderoso amplificador, ela transforma cada som em perigo iminente. Já não é o medo que a excita; ela própria passa a gerar o medo, inoculando-o em nossos nervos, músculos e sentimentos. Torna-se difícil controlá-la. Altera o metabolismo, solta os intestinos, abre a bexiga, acelera o cérebro. Impossível dormir, as noites são terrivelmente longas, cada minuto demora várias horas.

Era Paulino Costa Chaves Barcellos, o rapaz que estivera à tarde no sítio. Cumprimentou-me e conversou com o caseiro, enquanto eu acabava de comer. Fiquei em dúvida se me reconhecera. Tinha jeito de moço bem-criado, filho de gente rica. Bebi o café, pousei a caneca esmaltada na mesa, ouvi-o chamar-me ao quarto:

– Tu é o Betto, não?

Confirmei.

– Este sítio está *queimado*, já fiz muita reunião de estudantes aqui. Falei com padre Manuel que arrumaria um lugar mais seguro para ti. Tenho um amigo que possui um apartamento vazio em Porto Alegre. Lá podes ficar mais tranquilo.

Enfiei na sacola as poucas coisas que trazia comigo e acompanhei-o. Chovia torrencialmente, os faróis do carro avançavam sob a cortina de grossos fios de água que desciam do céu escuro. Os pingos batiam nervosos, metálicos, incessantes, sobre o capô. Os pneus espirravam as poças da estrada, deslizando no barro. Quando entramos no perímetro urbano, a insegurança apossou-se de mim dentro daquele carro e daquela cidade. Qualquer um dos soldados da Brigada Militar que eu via pelas ruas gostaria de receber uma boa promoção à minha custa. Pensei em não acompanhar o rapaz. Mas aonde ir? Sumir simplesmente pela noite, acobertado pela chuva, como vemos nos filmes policiais?

O motorista parou junto a um bar para comprar cigarros. Só, percorreu-me forte ímpeto de abrir a porta e sair andando sem destino. É impossível saber, com precisão, que estranhos mecanismos do inconsciente comandam nossas atitudes nesses momentos. Mas um fator objetivo reteve-me sentado, olhando os vidros embaçados do Volks: a chuva. Sempre considerei-a incômoda. Criado em asfalto, nunca experimentei o prazer dos nordestinos ao vê-la cair, penetrar a terra, ensopar os caminhos, inundar as ruas. Criança, minha única satisfação em dias chuvosos era faltar às aulas. Fora disso, abominava-a por atrapalhar as festas de minha adolescência, o jogo de vôlei no campo do Acapulco, os flertes nas alamedas arborizadas do Minas Tênis Clube, as brincadeiras da turma do bairro sobre a grama que, na Savassi, dividia as pistas da avenida do Contorno, em Belo Horizonte.

A indecisão ensinar-me-ia – tardiamente – que, quando se entra no fogo, é preciso ter a ousadia de se molhar para não se queimar.

O carro ingressou nos jardins do mesmo casarão branco da esquina da avenida Independência com a rua Mostardeiro, no qual padre Manuel passara antes de ir para Viamão. Por dentro, a mansão suntuosa lembrou-me o fausto que eu contemplara ao entrar pela primeira vez no Palácio da Liberdade, sede do governo de Minas:

III. PRISÃO, O LABIRINTO

lustres de cristal, escada de mármore, amplos salões guardados por finas e rendadas cortinas, telas revestindo as paredes, cigarreiras de prata sobre os consoles, requintados sofás.

A diferença é que, em Minas, eu entrara no palácio para escapar da morte, aos dezesseis anos. Era domingo, o sol ardia sobre nossos corpos seminus, a piscina do Minas Tênis Clube estava repleta de banhistas. De repente, a fumaça densa, verde, começou a subir da casa de máquinas. A bomba de cloro vazava. Em poucos segundos, o ar tornou-se irrespirável, impregnado de um odor asfixiante, como se a nuvem colorida sugasse o oxigênio, obrigando-nos ao vácuo. Todos abandonaram a piscina e subiram correndo as arquibancadas de cimento, ansiosos por ultrapassar as cercas de cipreste do clube. Homens e mulheres, em trajes de banho, tossiam desesperadamente. Corri da morte invisível, volatilizada, queimando minha garganta, como o barro seco rachado pela luz incandescente do sol. Meus olhos lacrimejavam, ardidos. Preferi não aguardar as ambulâncias e afastar-me o mais possível do local. Dirigi-me ao Palácio da Liberdade, a cem metros do clube. Passada a perplexidade de ver-me apenas de calção na mais nobre residência do estado, um guarda acomodou-me num sofá e serviu-me um copo de leite.

Agora, em Porto Alegre, eu estranhava a solidariedade de uma família tão abastada com um frade procurado como terrorista de alta periculosidade. Conduziram-me à sala especialmente reservada a jogos de sinuca. A mesa imponente, pesada, coberta por impecável feltro verde, com suas caçapas de malhas atulhadas de bolas coloridas, ocupava o centro. Tacos, de diferentes formas e tamanhos, erguiam-se solenes junto às paredes, ao lado de quadros-negros com apagadores de giz. Instalei-me ao fundo, em confortáveis poltronas de couro, ao lado do bar. O rapaz que me buscara no sítio disse que eu deveria esperar ali, até que seu amigo, o dono do apartamento vazio, chegasse em casa. Ofereceu-me uísque: recusei. Insistiu com um copo de leite, respondi que me tornara alérgico a essa bebida. Apresentou-me a seus irmãos, jovens como ele, e convidou-me a uma partida de sinuca. Preferi vê-los jogar e ruminar a oração de quietude interior que assentava meu espírito naqueles dias.

14

Jogava-se, naquela noite de sábado, a minha sorte. Os lances davam-se de palácio em palácio. A ponte entre o palácio do governador Peracchi Barcellos e o palácio do cardeal Scherer era feita pelo dr. Waldemar Chaves Barcellos, dono da casa em que eu me encontrava, genro de Adroaldo Mesquita da Costa, ex-ministro da Justiça (1947-1950) do governo do general Eurico Dutra.

Dom Vicente viajara, e seus assessores recusavam-se a concordar com a proposta do dr. Waldemar: que eu fosse transferido de sua casa para a sé episcopal. A batata quente deveria parar nas mãos da Igreja; caso contrário, eu seria entregue à polícia. Os assessores do cardeal preferiram seguir a viagem que faziam de Jerusalém a Jericó (*Lucas* 10, 30-37).

Na paróquia da Piedade, dr. Waldemar foi recebido por padre Marcelo. Queria falar com padre Manuel. Estava indignado pelo fato de o vigário ter-me escondido no sítio dele. Aquilo era um abuso de confiança. O sacerdote mandou que ele entrasse:

III. PRISÃO, O LABIRINTO

— Pode falar comigo, pois padre Manuel não se encontra. Saiu à procura do cardeal.

O visitante recusou-se e foi embora.

Dom Scherer era o porto seguro, no qual todos queriam ancorar-me no momento do dilúvio. Padre Manuel regressou à paróquia sem ter localizado o arcebispo. Soubera apenas que ele viajara para local ignorado, e sem data marcada para retornar...

Padre Marcelo sabia que o cerco apertava:

— Temos de fazer qualquer coisa, achar o cardeal, contanto que não entreguemos o Betto às feras — insistiu ele com o vigário.

Foram para o telefone procurar dom Scherer por todo o Rio Grande do Sul.

15

Passei a noite em claro, gentilmente observado pelos rapazes que se diziam empenhados em contatar "o amigo" que possuía o apartamento vazio que me serviria de refúgio.

"Enfim, o dono do apartamento chegou", pensei, quando vi caras novas na mansão. Eram sete horas da manhã de domingo, 9 de novembro de 1969. Dois homens entraram no salão. O de meia-idade, magro, cabelos encaracolados, rosto estrito, esforçava-se por demonstrar simpatia:

— Então você é o Frei Betto! Sou o cara que vai te esconder. O que houve contigo, rapaz?

— Também não estou entendendo nada — respondi calmamente. — Andam dizendo aí que sou isso e aquilo, que fiz e aprontei.

— E não é verdade?
— Vim para o Sul estudar teologia.
— Já que você é inocente, por que não se apresenta ao DOPS e esclarece logo as coisas?

A irônica sugestão trouxe-me a certeza aguda: "Esses caras são policiais." Não esbocei nenhuma reação aparente. Apenas acendeu-me a clarividência no espírito. Afundado no sofá de couro, eu tinha as mãos escondidas nos bolsos laterais do blusão. A esquerda segurava a carteira de identidade *fria* e a direita, a caderneta de endereços. Procurei ganhar tempo para tentar um recurso ousado: enfiar esse material entre o assento e os braços da poltrona.

— Não vou ao DOPS porque não estou a fim de ser torturado. Até provar que não sou o elefante que procuram...

— Ora, não existem mais torturas no Brasil. O presidente Médici não admite isso — retrucou ele.

Consegui livrar-me da identidade e da caderneta sem que notassem. Talvez estivessem mais nervosos do que eu. O que me dirigia a palavra decidiu encurtar o papo:

— Frei Betto, sou o coronel Moreira, e este é o major Attila, do serviço secreto do Exército — disse ele, apontando para o seu colega mais jovem, cerca de quarenta anos, cabelo à príncipe Danilo bem-aparado dos lados, rosto redondo, a gordura bem-disfarçada sob a roupa. E acrescentou:

— Você vai com a gente.

Há tempos eu lera o resultado de uma pesquisa sobre o pânico, feita nos Estados Unidos. Ao contrário do que se pensa, situações catastróficas — como terremoto, incêndio, furacão — induzem a maioria das pessoas a um excepcional autocontrole, que as leva a reagir inteligen-

III. PRISÃO, O LABIRINTO

temente, sem perda da razão. Não sei até que ponto isso é verdade. Notícias de catástrofe sempre falam de gente que se queimou, afogou ou foi pisoteada, e quase nunca de quem se salvou. Pode ser que o enfoque jornalístico prefira as lamentáveis exceções, e não a regra. O fato é que não senti nenhum medo frente ao coronel Renato Moreira e ao major Attila Rohrsetzek – este último, acusado, anos depois, de sequestro, em Porto Alegre, do casal de uruguaios Lilian Celiberti e Universindo Díaz. Talvez eu já tivesse ensaiado essa hipótese, mentalmente, inúmeras vezes nos últimos dias. E era menos pavoroso ser preso por duas altas patentes que por meia dúzia de investigadores saídos de alguma delegacia de subúrbio. A classe dominante tem seus requintes: um bandido qualificado deve ser apanhado por agentes qualificados. Cada coisa em seu lugar.

O corredor entre o salão de sinuca e o hall terminava à porta do banheiro. Faltava livrar-me dos pesos e dos dólares. Pedi para usar a privada.

– Aqui não, mais tarde – falou o major.

Insisti que queria só urinar. Concederam-me, com a condição de manter a porta aberta. Constrangido sob olhares, não conseguia esvaziar os bolsos e nem a bexiga. Mentalizei uma torrencial cachoeira, até que o líquido amarelo, espumante, cessasse de esguichar e fosse tragado pela descarga.

Ao atravessar o hall, percebi que olhos curiosos, amedrontados, me acompanhavam, sorrateiros, do alto da escada. À porta, estacionado sobre a grama do jardim, estava o jipão verde-oliva, fechado, dirigido por um soldado da Polícia do Exército.

O rapaz que me buscara no sítio, parado ao lado do motorista, tremia dos pés à cabeça, e o sangue parecia faltar ao seu rosto pálido. Talvez se sentisse envergonhado por desempenhar o papel mais hipócrita da cilada. Não sei por que razão despedi-me dele com uma frase insólita, saída ao acaso:

– Apesar de tudo, muito obrigado.

Entrei na viatura, tentando convencer-me de que, afinal, tortura não é tão insuportável assim...

16

Anos depois, quando eu me encontrava na penitenciária de Presidente Venceslau (SP), cumprindo a pena de quatro anos à qual fora condenado, um padre gaúcho, que eu não conhecia, me procurou:

– Venho da parte da família Chaves Barcellos – disse ele. – O rapaz que te entregou foi considerado herói nos círculos da alta sociedade porto-alegrense. Com o tempo, os ventos mudaram. Ele passou a ser olhado como dedo-duro. Recorreu à psicanálise para tentar livrar-se da culpa. Hoje, para ficar em paz consigo mesmo, sente necessidade de saber o que você pensa dele.

Houve um longo silêncio, enquanto eu meditava. Respondi com sinceridade:

– Em quase quatro anos de prisão, nunca me lembrei daquele rapaz. Não sinto por ele nem ódio, nem simpatia. Tomara que ele se livre de seus fantasmas, mas não serei eu quem irá consolá-lo. Ele já era adulto e sabia muito bem o que fazia.

III. PRISÃO, O LABIRINTO

17

Desembarquei do jipão no interior de um prédio caiado de branco, típica repartição pública. Ali funcionava o DOPS, na avenida Ipiranga. Perdi o coronel de vista, enquanto o major me fazia subir as escadas. No primeiro andar, ele abriu a porta de uma sala inteiramente vazia e mandou que eu entrasse. Imaginei que, ali, eu seria revistado, e as moedas estrangeiras, encontradas. Fiquei uns momentos sozinho, até que entrou um carcereiro, que seria a figura indicada para o papel de Corcunda de Notre Dame. Baixo, moreno, atarracado, o tronco avançado, os ombros caídos, as pernas arqueadas, o rosto riscado de rugas que davam a impressão de corte de navalha.

Vi logo que se tratava de um torturador. Preparei-me para o pior. O medo não me salvaria do encontro com a fatalidade. Ele olhou-me por baixo do cenho carregado e não disse nada. Talvez aguardasse os instrumentos de suplício. Lembrava um toureiro solto na arena, à espera da hora de enfrentar o animal. Abriu-se dentro de mim um vazio, um imenso vazio, como se a nudez alva da sala tivesse seu reflexo em minh'alma. Rezei, agoniado, uma oração sem palavras, sem pedidos, sem imagens. Só a certeza de que o Pai sabe de mim. Certeza talhada a ponta da fé pois, no espírito, havia um profundo oco.

Entraram dois guardas, arrastando um rapaz vestido apenas de calção. Desesperado, ele procurava desvencilhar-se das mãos que o seguravam, evitando entrar na sala e clamando "pelo amor de Deus". Deram-lhe um empurrão e o Corcunda recebeu-o com um chute no estômago, derrubando-o. Juntaram seus pulsos às costas e o algemaram. A vítima, muito magra, pele branca, cabelos anelados caídos à testa, olhos arregalados, gemia e pedia "pelo amor de Deus".

A cerimônia macabra ocorria indiferente à minha presença. O Corcunda puxou do bolso um rolo de fios de cobre e prendeu-os à mão, na forma de chicote. Virou-se para mim e falou com sua voz rouca, cavernosa:

– Vá tirando a roupa, que em seguida é você.

Passaram a lanhar o corpo do rapaz. Seu corpo rodopiava, saltitando entre o trio de algozes, e a pele abria-se em finos e alongados vergalhões vermelhos. Gritando, ele chorava aos pulmões, manchando de sangue as mãos que tentavam segurá-lo. Fiquei apenas de cueca. O moço caiu, a chibata de fios continuou a cortá-lo. A dor abafava seus gritos: gemia e estrebuchava. Às vezes, havia uma trégua. Os torturadores viam-no arrastar-se para o canto da sala, em busca de uma proteção inexistente, fitavam-me, entreolhavam-se e recomeçavam o diabólico ritual. Nada diziam ou perguntavam.

Deve ter durado meia hora. Pareceu-me que o rapaz, ensanguentado, não sobreviveria aos ferimentos. De seus lábios perdidos entre cortes que esquadriavam o rosto ouvia-se um sussurro aflito, como se a vida se apagasse em sua voz.

Entrou um policial e mandou que eu vestisse a roupa, ignorando a presença dos demais, que o olhavam com respeito. Magro, moreno, rosto fino, o delegado Firmino Perez Rodrigues não tinha ainda quarenta anos. Era o diretor do DOPS. Mandou que eu o acompanhasse, e que recolhessem o rapaz à cela.

Mais tarde, eu saberia que se tratava de um preso comum, escolhido ao acaso para que me "amaciassem". Jamais soube o seu nome. Guardei-lhe o perfil e o sofrimento involuntário por minha causa, convicto de

III. PRISÃO, O LABIRINTO

que seu sangue aumentou em mim a sede de justiça. Esse havia sido o método para intimidar-me, pois a repressão gaúcha não se sentia em condições políticas de torturar-me fisicamente, devido às boas relações entre o governo do estado e a Igreja. No entanto, eu demoraria a descobrir esse detalhe tão importante. No decorrer dos interrogatórios, aguardei sempre o momento da tortura física.

O gabinete do diretor do DOPS ocupava ampla sala, cujas vidraças, cobertas por cortinas creme, davam para o canal da avenida Ipiranga. Ao centro, estofados em tecido branco circundavam pequena mesa de vidro encimada por cinzeiros. Uma pesada mesa, em madeira escura, ficava ao fundo, à frente de hierática cadeira de braços, com o encosto revestido em couro e alongado na vertical.

Sentei-me numa das poltronas brancas perante o delegado e o major. Conduzido por eles, o primeiro interrogatório foi sob ameaças de regressar à sala vazia e merecer o mesmo tratamento dado ao rapaz. Começaram por acusar-me de responsável por todas as ações armadas e políticas ocorridas no Rio Grande do Sul no último ano. Era eu o "líder", o "cabeça", o "cérebro", o "dirigente", e outras expressões tão ao gosto da vaidade humana. Não queriam propriamente despejar sobre meus ombros tudo aquilo que não conseguiam apurar. Tratava-se de uma técnica aprendida em cursos policiais, sobre a qual eu lera em autores do gênero: "*Valorize o prisioneiro, e ele acabará assumindo as acusações mais pesadas, para fazer jus à promoção de sua imagem.*"

Quando terminaram o elenco de assaltos a bancos, roubos de carro, desvios de dinamite, ameaças de sequestro e panfletagem, o dr. Firmino disse-me, com a sua voz fanhosa:

— É claro que você não faz tudo isso sozinho. Diga-nos, agora, quem são seus companheiros no Rio Grande do Sul. Como funciona o esquema de fronteira, quem passou por suas mãos, quem o auxiliou nesse trabalho?

Durante a fuga, eu lera nos jornais muitas informações que eles tinham a meu respeito. Procurei economizá-las, de modo a "abri-las" no momento adequado, quando eu precisasse comprovar a veracidade de meu depoimento. E por mais que insistissem – o que se alongaria por meses –, era verdade que o esquema de fronteira dependera apenas de mim. Não havia como inventar nomes de supostos companheiros. Mas eles sabiam da ajuda que eu recebera de padre Manuel e monsenhor Marcelo – o dr. Waldemar, ao tomar as providências que resultaram na minha captura, dissera que o uso do sítio fora uma exorbitância do vigário da Piedade.

Após uma hora de interrogatório, no qual expliquei a ida para o Sul, o projeto de estudar na Alemanha e a tradição da Igreja no auxílio a refugiados, fui levado à cela. Era um tabique de madeira, erguido junto à parede de um corredor, como em pensões de má qualidade. A cama, coberta pelo colchão de crina, ficava sob o basculante. Deixaram-me a sós, o suficiente para limpar a sacola e os bolsos. O que fazer com aquelas notas de pesos e dólares? Piquei-as em pedacinhos, abri um orifício no colchão e misturei-as à crina. Aliviado – e agradecido a Deus por terem cometido um erro elementar, o de não me revistarem –, deitei por cima.

III. PRISÃO, O LABIRINTO

18

Sem imaginar que eu estivesse preso, no domingo, pela manhã, padre Marcelo foi à cúria procurar o cardeal. Ainda não regressara, mas não deveria tardar, disseram-lhe.

Padre Manuel saiu pouco depois das oito para levar comunhão a um doente. Notou dois carros suspeitos parados em frente à igreja. Fingiu não ver, e foi cumprir a sua obrigação ministerial. Na volta, celebrou a missa das nove e, depois, prendeu-se ao telefone, na esperança de localizar dom Scherer.

19

— Em nome do Pai, do Filho e do Espírito Santo.
— Amém — respondeu a assembleia, fazendo o sinal da cruz à bênção dada pelo celebrante.

O reitor do seminário do Nordeste acabava de celebrar a missa do meio-dia. Tirou os paramentos e dirigiu-se à casa paroquial. Encontrou o vigário eufórico: havia-se comunicado com a cidade em que se encontrava o cardeal. Breve falaria com o próprio. Como era folga da cozinheira da paróquia, decidiram almoçar fora. Ao saírem à rua, foram cercados por quatro policiais:

— Viemos aqui em busca de monsenhor Marcelo.
— Pois não, sou eu mesmo — identificou-se ele.
— O senhor deve comparecer aos DOPS conosco.
— Às suas ordens.
— Antes, porém, queremos fazer uma vistoria na casa.
— À vontade — disse padre Manuel.

Quem sabe temendo alguma cilada tramada pelos anjos, os homens foram à viatura e apanharam as armas. Queriam ver onde eu dormira. Revistaram a sacristia e a casa paroquial inteira. Queriam saber se havia algum fio de ligação com o exterior no *aparelho*... termo que sugeria a eles uma imaginária aparelhagem subversiva dotada de telefones secretos, radiotransmissores clandestinos, arsenal de armas... Com pé de cabra, um deles começou a arrancar os tacos do assoalho do quarto. Talvez à procura do tesouro expropriado dos bancos ou de alguma passagem subterrânea para o Uruguai. Só que o quarto ficava no andar de cima da casa paroquial...

A busca não foi infrutífera. Pegaram cartas endereçadas a padre Marcelo. Uma delas, de dom Eugênio Sales, arcebispo de Salvador. O sacerdote pernambucano pedira a ele que, em seus contatos com a Cúria Romana, procurasse desfazer qualquer equívoco sobre as posições assumidas, no Brasil, por dom Hélder Câmara. Os agentes dos DOPS levaram a cópia da carta. Apreenderam outra carta, de dom José Maria Pires, o dom "Pelé" – mais tarde, dom "Zumbi" –, arcebispo de João Pessoa, notificando que solicitara ao arcebispo de Olinda e Recife liberar o padre Marcelo para, na volta ao Nordeste, ficar na Paraíba como "coordenador de uma equipe volante de agentes de pastoral".

A expressão pareceu, aos policiais, altamente suspeita. Puseram a carta no bolso. A terceira era da Santa Sé, trazia o timbre da Sagrada Congregação dos Seminários (Pró-Educação Católica) e o carimbo *Sub Sigilo Sanctae Sedis*. Tratava da formação de padres na América Latina. Impressionados com o carimbo, os homens do DOPS queriam confiscá-la. Com seu jeito enfático, padre Marcelo protestou:

III. PRISÃO, O LABIRINTO

– Os senhores não podem tocar nessa correspondência, do contrário criarão um caso diplomático. Haverá atritos entre a Santa Sé e o Itamaraty. Só admito a leitura dessa carta na presença do cardeal.

Um dos agentes abriu a pasta, retirou um grande envelope, pôs dentro a missiva de Roma e lacrou-o. Guardado no cofre do DOPS, esse envelope foi posteriormente devolvido ao destinatário.

– É claro que esse dinheiro é da Organização – comentou outro policial ao deparar-se com duzentos dólares e uma pequena quantia em moedas latino-americanas.

Farejando como perdigueiros, os quatro homens examinaram os banheiros, esvaziaram as estantes e passaram a folhear livro por livro. Talvez procurassem provar a insinuação de certa imprensa, de que dom Hélder enviara seu principal assessor para criar guerrilhas no Sul... Ou consideravam padre Marcelo o mentor intelectual do esquema de fronteira? O fato é que buscavam uma peça concreta capaz de comprovar o "eixo subversivo" imaginado por eles: dom Hélder-monsenhor Marcelo-Frei Betto-Marighella.

Tratando-se de repressão política, quase sempre a polícia age assim: arma o bolo e, depois, providencia o recheio. O governo do Rio Grande do Sul queria oferecer aos militares de Brasília uma prova, ainda que pequena, das supostas ligações entre "o arcebispo vermelho do Nordeste e o chefe do terror no Brasil", conforme expressão do major Attila. Em longos interrogatórios, tentaram arrancar-me uma afirmação, uma simples frase, que confirmasse isso. Bastava eu admitir uma das acusações que faziam a padre Marcelo.

Encontraram, entre os livros, este bilhete curto, aparentemente trivial:

Marcelo: passei por aqui e não te encontrei. Achei em cima da mesa o artigo do Merton. Jantei com Catão. Ao encontrar Chen, pegue cartas na casa do Cechin sob o nome de Olavo Borges. Betto.

Eufóricos com o achado, os policiais estranharam que eu tratasse um monsenhor com tanta intimidade. E o respeito à hierarquia? A amizade fraterna que me unia a padre Marcelo não evitaria as dores de cabeça resultantes do bilhete. Apesar de seu artigo "Monaquismo e marxismo" ser considerado subversivo, Thomas Merton já não podia ser preso pelo DOPS. O monge trapista norte-americano falecera eletrocutado, há pouco, em Bangcoc, ao ligar o ventilador do quarto. Acabara de pronunciar a conferência, cujo texto padre Marcelo me passara. Éramos admiradores da obra desse religioso, mestre de um noviço nicaraguense que, mais tarde, somaria em sua vida a loucura do místico, a magia do poeta e o vigor do revolucionário: Ernesto Cardenal.

Foram imediatamente detidas as demais pessoas citadas no bilhete. Francisco Catão, filho de general já falecido, trabalhava em Porto Alegre, embora domiciliado em São Paulo. Garboso, altivo, faria com sucesso o papel de aristocrata inglês, sem faltar-lhe o hábito do cachimbo. Doutor em teologia pela Universidade de Estrasburgo, sua pose de intelectual encobria a pessoa afável no trato, simples de coração, que transparecia melhor depois que deixou a vida religiosa para casar. A decisão eclodiu como uma bomba, pois era ele provincial dos dominicanos brasileiros. Talvez muitos imaginem que títulos teológicos e funções importantes são suficientes para sublimar qualquer ameaça ao celibato... Julga-se

III. PRISÃO, O LABIRINTO

que, na Igreja, não temos o direito de viver as contingências de nossa própria humanidade e de enfrentar difíceis problemas pessoais. Se os temos, melhor não os revelar, pois repercutiriam como sinal de fraqueza. Catão fora vítima dessa mentalidade farisaica e, agora, de volta ao estado leigo, via-se livre da pesada carga de não poder ser de carne e osso como todo mundo.

Com certa frequência, jantávamos juntos em Porto Alegre, e padre Marcelo era também seu amigo. Por isso, citei-o no bilhete. Por encontrar-se em São Paulo, naquela segunda semana de novembro, o DOPS paulista prendeu-o, a pedido da Secretaria de Segurança do Rio Grande do Sul.

Padre Chen, aluno do curso *Christus Sacerdos*, hospedava-se no apartamento da família de Antônio Cechin, na capital gaúcha. Alto, prestativo, politizado, Cechin era irmão marista, e pertencia a esse raríssimo tipo de pessoas que são capazes de participar a fundo das lutas sociais sem envolverem-se em intrigas ideológicas ou em concorrências políticas, preservando, em seu silêncio, a paz interior e a lucidez de espírito. Conhecia-o desde os tempos da JEC, quando ele assumira a função de assistente regional Sul. Especializado em catequese, como sua irmã Matilde, escreveram a quatro mãos o livro *Crescei e vivei*, encarnando a iniciação cristã no contexto dos golpes militares na América Latina, da invasão do Vietnã pelas tropas norte-americanas, da música dos Beatles. Seu uso nas escolas foi vetado pelo Ministério da Educação, sob o pretexto de que instigava à luta de classes. Tido pelos maristas gaúchos como uma espécie de ovelha negra, Cechin vivia à margem da província religiosa, engajado no movimento estudantil e, posteriormente, na atividade popular da periferia urbana. Desprovido de agressividade emocional, conseguia manter bom relacionamento com dom Vicente Scherer.

Desde que eu chegara a São Leopoldo, reatamos o contato, e ele se dispôs a receber, em seu endereço, a correspondência que me era remetida em nome de "Olavo Borges". Como o padre Chen passava sempre por sua casa, e encontrava-se no curso com padre Marcelo, era-lhe fácil fazer-me chegar as cartas.

O DOPS encontrou ainda, na casa paroquial, o informe que eu redigira, no primeiro dia de fuga, para ser enviado a São Paulo. Com o croqui da fronteira apreendido entre os papéis do meu quarto no Cristo Rei, a repressão detinha provas evidentes de minha atividade no Sul, com o agravante de trazerem à tona o nome de outras pessoas.

Encerrada a longa vistoria, padre Marcelo foi levado pelos policiais. Padre Manuel decidiu acompanhá-lo, convencido de que regressaria logo...

20

Livramento-Rivera ligações Francisco Castro. A primeira frase do informe que eu pretendia remeter a São Paulo identificava o nome, por extenso, do seminarista que levara José Arantes à fronteira e, na volta, desenhara o croqui. Trouxeram-no algemado do Cristo Rei.

>Porto Alegre: *grupo deveria continuar trabalhando. Moça Dedé ou Vera procurou-me no Cristo Rei. Em PA, pôs-me em contato com Regina,*

III. PRISÃO, O LABIRINTO

de SP. Amigo de Paulo de Tarso. Ainda pôs-me em contato com "Marcos". Conversamos. Ele tinha mais três companheiros dispostos, com quem me encontrei num bar da rua Dr. Flores. Em seguida, continuei em contato com "Marcos", até que, outro dia, disse-me ele que ia se mandar, porque tinha sido condenado pelo STM a seis meses de prisão. Foi aí que fiquei sabendo ser o seu nome verdadeiro Mário, e condenado com outro de nome Cláudio, que já tinha viajado para o Uruguai, por iniciativa própria. Em conversa com Mário, disse-me ele que tinha interesse em montar um grupo ligado a Marighella, em PA. Para tal, pediu-me que servisse de intermediário entre PA-SP, a fim de que ele conseguisse meios (dinheiro, armas) para o grupo, mas, como Paulo de Tarso e outros haviam sido detidos em SP, informaram-me que lá estava tudo um caos, em fase de reorganização. Com a condenação de Mário, suspendi os contatos, pois com a minha saída daqui marcada para 15 de novembro, e com sua condenação (e fuga), tudo voltava à estaca zero.

O major Attila trazia o bilhete em mãos, o olhar ameaçador, o semblante fechado. Teria início o jogo no qual seria decidida a sorte das pessoas citadas. O adversário possuía um trunfo, mas só eu poderia cantar as pedras.

– Quem é Dedé ou Vera?
– Não sei.
– Não sabe como? – fitou-me, elevando a voz.
– É a moça que vi no Cristo Rei. Ignoro seu nome verdadeiro e endereço.

— Mentira, Frei Betto — disse ele pausadamente. — Não sabe que mentira é pecado?

— A moça é morena, baixinha e usa óculos escuros — menti.

— Você também não sabe quem é Regina, Paulo, Marcos e os companheiros dele, não é?

— É. São todos nomes frios, como fui conhecido por Vitor, Ronaldo ou Olavo.

— Será que a sua memória refresca se enfiarmos a sua cabeça num capacete elétrico?

Fiquei mudo, resistindo ao medo, enquanto o militar redobrava as ameaças. Saber que alguns amigos já haviam sido presos, a partir dos papéis encontrados, já era o bastante para meu sentimento de culpa. A insistência alongou-se por mais de uma hora, até que o delegado Firmino viesse substituir o major.

— Frei Betto, você sabe que não sou militar e se agora estou no DOPS é por mero acaso, enquanto aguardo transferência para uma delegacia do interior, e não por compactuar com os métodos dos órgãos de segurança.

O jovem delegado procurava desempenhar o papel de "bonzinho", contracenando com o major, o "durão". Seus traços e modos eram de quem viera de origem humilde. Elevado a uma cobiçada função policial, pouco depois de formar-se em Direito, não disfarçava seu orgulho de caçador que mantém na jaula um animal que lhe parece raro.

— Você é um rapaz inteligente, por isso Marighella abusou da sua boa vontade. Imagino que não queira ficar vinte anos na cadeia. Basta você colaborar um pouco, já que a guerra está perdida. Não se prejudique pelos outros — disse em tom quase paternal.

— Doutor, não posso dizer o que não sei. O que não quero é justamente prejudicar os outros com acusações

III. PRISÃO, O LABIRINTO

falsas. Os senhores têm uma ideia muito distorcida de minhas atividades. São incapazes de compreender que elas partem de uma motivação cristã.

O inquiridor mudou de assunto:

— Sabe que minha mulher sonhou, esta noite, que você é inocente?

Tive vontade de rir e dizer: "A mulher de Pilatos também sonhou que Jesus era inocente." Não me contive, e retruquei:

— O senhor deveria confiar na intuição das mulheres.

O interrogatório prosseguiu pelo dia afora, alternando-se entre ameaças e tentativas de aliciamento, num jogo ora tenso, nervoso, irritante, ora irônico, sutil, arisco. Relatei minha biografia e descrevi como ajudara os refugiados a saírem do país pelo Sul.

21

No DOPS, padre Marcelo foi diretamente conduzido à sala do major Attila. Pelas perguntas iniciais, o prisioneiro percebeu a trama arquitetada pelo carcereiro: o monsenhor, ligado a dom Hélder, seria o dirigente político de um núcleo eclesiástico, do qual faria parte o vigário da Piedade. Como estudante, eu seria uma espécie de soldado raso.

— Monsenhor, quem é a senhorita Dedé?

— Não conheço nenhuma pessoa com esse nome.

O militar sabia usar também raciocínios aliciantes:

— Veja bem, monsenhor, podemos resolver as coisas em cinco minutos. Basta o senhor colaborar. Hoje mesmo poderá dormir em sua casa. Não queremos fazer mal a ninguém, apenas apurar os fatos. Esperamos sua colaboração. Sabemos que o senhor é um homem culto e inteligente.

Repletos de indignação, os olhos fixos do sacerdote encaravam o interrogador. Nada mais perturbador para um policial que o olhar altivo de um prisioneiro. Parece-lhe excessivamente ousado que um homem despojado de qualquer parcela de poder, desarmado, privado de liberdade, possa olhá-lo de frente e calar-se. Uma reação instintiva, animalesca, exige que o inquisidor quebre esse espelho que lhe exibe a própria covardia.

– Quem é a senhorita Dedé? – gritou o major.

A personagem de Chico Anísio aflorou na memória do padre. Teve vontade de dizer: "É a única Dedé que conheço." Conteve-se:

– Não conheço essa pessoa.

Indignado com a persistência do prisioneiro, o militar levantou-se, berrou, ameaçou, suplicou, andou de um lado para outro, falou pelo interfone. O sacerdote permaneceu sentado, braços estendidos sobre o encosto da poltrona, olhos fechados, como se meditasse e buscasse energias interiores. O oficial do Exército estava em plena metamorfose: o torturador ressurgia por trás da aparência polida de quem se dizia obcecado por Beethoven:

– Nesse caso, vamos recorrer a métodos medievais.

Dois carcereiros retiraram padre Marcelo e levaram-no por várias salas, como se procurassem um local adequado à tortura. Após ziguezaguearem por meia hora pelo labirinto do DOPS, entraram na sala reservada aos suplícios. Ao centro, sobre uma mesa, havia um copo de leite e um sanduíche. Parecia uma pintura expressionista.

– Sirva-se, padre – disse um dos acólitos do inferno.

O prisioneiro tinha fome. Aproximou-se da mesa, mas temeu a oferta. "Aqui deve ter alguma droga",

III. PRISÃO, O LABIRINTO

pensou. Mordeu a ponta do sanduíche e recusou o leite. Conduziram-no à sala do diretor do DOPS.

O delegado Firmino era o próprio lobo em pele de cordeiro:

— Monsenhor, eu me sinto mal, muito mal, apurando esse caso, no qual tantos padres e religiosos parecem envolvidos. Sou católico e admiro muito a atuação de dom Hélder Câmara. Aliás, como vai ele?

— Muito bem – disse secamente o interrogado.

O bacharel tentou outra via:

— Como foi mesmo o caso do padre Antônio Henrique Pereira Neto?

O nome do jovem sacerdote, assassinado pela ditadura a 27 de maio de 1969, no Recife, repercutiu como uma pontada no coração de padre Marcelo. A palidez do rosto traduziu sua revolta:

— Eu já me encontrava aqui no Sul quando ele foi morto. Fui reitor dele durante seis anos. Era um homem boníssimo, inteligente e evangélico. Trabalhava com os jovens. Não tenho dúvidas de que foi assassinado pela polícia.

O diretor do DOPS preferiu mudar de assunto. Passou a indagar sobre as relações de padre Marcelo comigo. O interfone soava de vez em quando:

— (...) Não, major. (...) Tá coerente (...) Não, a conversa tá coerente, não vai ser preciso.

Até onze da noite, monsenhor foi interrogado. As peças principais eram os papéis apreendidos na paróquia da Piedade. Para o delegado, constituíam provas de nossas ligações subversivas:

— Como um estudante de teologia pode tratá-lo assim, de camarada para camarada?

Padre Marcelo explicou que considerava seus irmãos todos que estavam comprometidos com o Evangelho.

— Pode ser que a religião defenda Frei Betto, mas a lei o condena — assegurou o delegado.

— Nesse caso, eu fico com a religião — retrucou padre Marcelo.

O interrogatório era conduzido de forma a jogar o depoente contra mim. A repressão brasileira aprendera nos cursos ministrados pelos norte-americanos a não alimentar escrúpulos em investigações. Todo réu é culpado até prova em contrário. Explorar as fraquezas humanas surgia como um recurso cruel, econômico e mais rápido. O fio da meada poderia ser encontrado sem exames periciais, provas datiloscópicas e análises grafológicas — bastava pôr de lado o respeito aos direitos humanos e adotar a tortura, a chantagem e a pressão psicológica como métodos de interrogatórios.

Dr. Firmino inquiriu-o a respeito da sinceridade de minha opção religiosa, e de minhas vinculações com as atividades atribuídas a Carlos Marighella:

— De Marighella, só sei o que os jornais publicaram — afirmou padre Marcelo.

O delegado esforçava-se por minar a segurança do prisioneiro:

— Monsenhor, compreenda que faço um trabalho técnico. Hoje, é o senhor que está sentado aí, sendo interrogado por mim. Amanhã pode estar, em seu lugar, um grupo oposto ao senhor. É a minha profissão.

De fato, a técnica não consistia em apurar os fatos, mas em induzir o preso às conclusões policiais convenientes ao regime militar. O poder acima das pessoas inoculava em seus acólitos o veneno de sua necrofilia,

III. PRISÃO, O LABIRINTO

destilado na forma de uma "consciência" profissional cega aos mais elementares direitos de suas vítimas.

Nem as intimidações do major, nem as bajulices do delegado conseguiram dobrar a firmeza de padre Marcelo Carvalheira.

22

Padre Manuel passou o domingo na antessala do diretor do DOPS. Redigia pequenos bilhetes, contando a nossa prisão, e deixava cair pela janela. Na calçada, os repórteres apanhavam os papeizinhos, contendo as informações que seriam manchetes no dia seguinte.

Ao contrário do que se esperava, o vigário da Piedade foi levado, à noite, para a mesma cela ocupada por padre Marcelo, vizinha à que eu me encontrava. Separava-nos uma parede de madeira. Em outra cela, mais distante, estavam os seminaristas Camilo García e Francisco Castro, o irmão Antônio Cechin, os padres Chen, Hermano e Edgard Jost, este último vigário da paróquia de Santa Cecília. Por terem auxiliado os refugiados políticos, julgava-se que integravam uma célula revolucionária, responsável pelo esquema de fronteira.

Através de um pequeno orifício na madeira, padre Marcelo e eu conferimos os nossos depoimentos. Embora indignado com o que experimentara, senti-o tranquilo, seguro de que a Providência Divina o assistia. Falava excitado, apenas preocupado com a minha situação. Temia que chegassem a torturar-me.

— Não sei qual é o limite de minhas forças, nem quanto tempo posso resistir ao chicote de cobre ou ao choque elétrico. Mas não estou com medo. Só quero vê-los fora daqui o mais rápido possível – disse-lhe eu.

Deitei-me, aliviado por descansar a cabeça e o corpo, após quase quarenta e oito horas sem dormir, impregnado de tensão.

Uma hora depois, a voz do carcereiro fez-me emergir irritado do sono profundo. Fui levado para novos interrogatórios. As pálpebras pesavam sobre os olhos, a cabeça parecia traspassada por punhais, a boca amargava. O DOPS encontrava-se repleto de policiais. Queriam conhecer o "frade terrorista". Ao cruzar comigo no corredor, uma escrivã, em pânico, só não entrou na parede porque as leis da física impedem. A versão que a polícia emite sobre presos, aprimorada pela imprensa, faz com que, à imaginação alheia, eles apareçam como monstros, seres anormais dotados de taras e neuroses agudas, capazes de gestos tresloucados e impulsos homicidas. É como o jogo de espelhos no parque de diversões: a projeção deforma e difama o réu.

Conduzido a uma sala, fizeram-me sentar na cadeira atrás da escrivaninha, de modo a ocupar o lugar central, cercado por mais de uma dezena de policiais. Meu sono esvaía-se numa aflição nervosa, o raciocínio misturava-se na cabeça, enquanto eles trocavam comentários em voz baixa, davam risadinhas sarcásticas, sem me dirigir a palavra. Pouco depois, entrou um homem baixo, que julguei ter visto em algum lugar. Moréno, cabelos pretos ralos recuados sobre a testa larga, barriga proeminente, trajava terno escuro e camisa de colarinho sem gravata. Numa reação mecânica, os policiais se perfilaram, duros, calados, sérios, enquanto o cidadão de meia-idade postou-se à minha frente, o umbigo encostado à mesa. Continuei sentado, fitando-o. Nossos olhares cruzaram-se em setas.

III. PRISÃO, O LABIRINTO

— Sabe quem sou eu? — perguntou-me ele.
— Não, senhor.
— Sou o coronel Jaime Mariath, secretário de Segurança Pública.
— Muito prazer — respondi, por hábito de expressão.
— Levante-se! — gritou o homem irritado.

Fiquei de pé, aguardando a agressão física. Relutou, olhou-me com desprezo e retirou-se da sala acompanhado pela mafiosa plateia.

Um jovem delegado, filho de um dos mais renomados juristas do país e autor de leis de exceção, iniciou o seu trabalho, como se fosse um catedrático em aula inaugural. Tinha o aspecto limpo de quem passou um fim de semana repousante. O rosto bem-barbeado, os cabelos lisos em perfeito alinho, brilhantes, como se estivessem ainda umedecidos, os óculos de lentes brancas acentuavam a sua performance de intelectual.

— Frei Betto, comigo você pode ficar à vontade. Aceita um cigarro? Um café? Farei um interrogatório ideológico. Não me interessam os fatos ou as pessoas. Quero conhecer melhor as suas ideias.

Talvez ele esperasse que eu fosse absolvê-lo de sua cumplicidade com o aparelho repressivo por julgar-se mais inteligente, mais culto e, certamente, mais bem-nascido que seus colegas de serviço público. Pensei nos arquitetos e engenheiros alemães que projetaram os fornos crematórios do regime nazista: devem ter-se indignado quando os tribunais os colocaram no mesmo nível dos oficiais e dos guardas encarregados de conduzir os judeus à morte.

O sono invadia-me, como se uma nuvem pesada subisse dos meus pés à cabeça. A visão embaralhava-se. Sorvi o café em busca de alento.

— Consta em seus depoimentos que você conheceu pessoalmente o Marighella. Certo?
— Certo.
— Que impressões lhe ficaram?
— Um homem sedento de justiça, que entregou a vida pela causa do povo.
— Um homem que sequestrou, matou, assaltou bancos e atirou bombas, não é?
— É o que diz a polícia. Não respondo pelas acusações que os senhores fazem a ele. Respondo pelos contatos que tive — repliquei.
— Mas você sabia que ele era comunista, não é mesmo?
— Sabia.
— E como um cristão pode colaborar com um comunista?
— Para mim, os homens não se dividem entre crentes e ateus, mas sim entre opressores e oprimidos, entre quem quer conservar a sociedade injusta e quem quer lutar pela justiça.
— Você reza pela bíblia de Marx?
— Embora reconheça a importância da contribuição de Marx, rezo pela Bíblia de Jesus. No capítulo 25 do evangelho de Mateus, quando perguntam a Jesus quem se salvará, ele não diz que serão os crentes, os padres, os ricos que ajudam a construir igrejas ou os democratas-cristãos. Diz "eu tive fome e me destes de comer, tive sede e me destes de beber... Os justos perguntarão: Senhor, quando foi que te vimos com fome e te alimentamos, com sede e te demos de beber? Ao que ele lhes responderá: a cada vez que o fizestes a um desses meus irmãos mais pequeninos, a mim o fizestes." Portanto, são as atitudes bem concretas em prol da justiça que nos salvam.
— Só falta dizer que Marighella era um homem de Igreja!

III. PRISÃO, O LABIRINTO

Procurei falar mais devagar, para controlar melhor o raciocínio, como se as ideias fossem pesadas cordas a serem cuidadosamente erguidas da exaustão que me disseminava calafrios pelo corpo.

— Marighella não estava na Igreja, mas estava no Reino, nessa esfera de justiça e igualdade, que é o objeto principal da pregação de Jesus. O papel da Igreja é anunciar o Reino.

— Reino de paz e de amor?

Dir-se-ia que sua pose altiva era mais de um cientista examinando a cobaia humana.

— Reino de paz e amor — assenti.

Seus olhos acenderam por baixo das lentes brancas. Acreditou-me em xeque-mate:

— Quer dizer que você condena a violência, a luta armada?

— Não quero outra coisa senão a paz, muita paz. Por isso luto contra a violência da burguesia sobre os trabalhadores, contra as estruturas da sociedade capitalista.

— Inclusive com armas, contra a orientação da Igreja?

— Pelo que conheço da doutrina da Igreja, ela não descarta, em última instância, o direito de os oprimidos se defenderem, com armas, da opressão estrutural que os esmaga. Leia *O regime dos príncipes*, de santo Tomás de Aquino, e a encíclica *Populorum progressio*, do papa Paulo VI.

— O que você quer é o comunismo?

— Quero uma sociedade justa, onde a vida do ser humano socialmente mais insignificante esteja assegurada. O Deus no qual eu creio é o Senhor da vida. Não me interessa se essa sociedade tem o nome de socialismo, comunismo, utopismo ou qualquer outro. Os rótulos não revelam o conteúdo.

— Você já leu Marx?

— Li, e também Engels, Lênin, Stálin, Mao, Guevara e Pascal, Kant, Hume e Hegel. Nós, dominicanos, aprendemos que, quando se quer conhecer uma teoria, o mais indicado é ir diretamente à fonte.

— Leu que Marx considera a religião ópio do povo?

— É a burguesia que faz da religião um ópio do povo, pregando um deus apenas senhor dos céus, enquanto ela se apodera da Terra. O Deus da minha fé é aquele que se encarna em Jesus Cristo e assume a libertação dos oprimidos. Cabe a nós, cristãos, provar que a afirmação de Marx, válida para a Alemanha dos séculos XVIII e XIX, não pode ser generalizada a todas as épocas e sociedades.

A noite avançava, minha boca abria-se preguiçosa em longos bocejos, o delegado mostrava-se interessado na competição intelectual. A fim de fazer-me cair em contradição, tentou outro terreno:

— Você acredita na virgindade de Nossa Senhora?

— Acredito, pois não tenho outra fé senão a da Igreja.

Perplexo, ele começava a encolerizar-se. Não admitia que minhas posições políticas decorressem das verdades da fé. Cigarro entre os dedos finos e longos, andava de um lado a outro da sala, como um professor segurando o giz. Insistia em arrancar da minha boca uma heresia qualquer. Da inquirição ideológica passara à inquisição religiosa.

— Diga-me uma coisa: Jesus era um simples revolucionário ou Deus feito homem?

Expliquei-lhe, com a cabeça apoiada entre as mãos, os cotovelos sobre a mesa, que a fé identifica em Jesus de Nazaré a revelação histórica e pessoal de Deus, e a manifestação plena de seu Reino. O Deus que se faz

III. PRISÃO, O LABIRINTO

conhecer em Jesus é o que cura os cegos, faz andar os coxos, acolhe os pecadores, dá pão aos famintos, põe o homem acima do sábado, anuncia um outro Reino que não o de César. É o Deus que qualifica o rei Herodes de "raposa", denuncia os poderosos, desmascara os fariseus, tão apegados à letra da lei, amaldiçoa os ricos com seus bens acumulados. Jesus foi um revolucionário por pregar a transformação radical da pessoa – pela conversão e comunhão com o Pai – e da história, por um novo e definitivo tempo de justiça e amor.

A discussão inquisitorial alongou-se pela madrugada. O cansaço extremo estalava-me os nervos, o frio e o calor alternavam-se em meu corpo, a fome roncava em minha barriga.

O interrogatório terminou às cinco da manhã. Pelo vidro da janela, observei que o dia acordava dourado, transmutando em roxo as trevas que se dissipavam. Retornei à cela e desmaiei sobre a cama.

Duas horas depois, acordei sobressaltado sob os empurrões do carcereiro. A cabeça e os olhos pesavam como chumbo. O major Attila aguardava-me para novos interrogatórios.

23

Engoli avidamente o pão e o café, ouvindo a furiosa preleção do militar, afirmando que eu só mentira nos depoimentos e deveria refazê-los, apontar as pessoas citadas no informe, confessar as ligações com os tupamaros, revelar onde escondera as armas e o dinheiro. Repassei o que já dissera, esforçando-me por coordenar o raciocínio na cabeça prestes a estourar, como uma panela de pressão vedada. Recusava-se a aceitar que eu organizara o esquema de fronteira sem jamais ter ido até lá.

– Mas foi o Francisco quem desenhou o croqui, não foi?

– Não, isso veio de São Paulo, trazido pelo Arantes – menti.

Seu peito estufou, o rosto avermelhou-se, os braços ergueram-se em gestos ríspidos. Imaginei que, descontrolado, ele iria agredir-me.

– Seu frade de merda, filho da puta, mentiroso! O Francisco acaba de confessar que desenhou isso a seu pedido!

Empalideci, convencido de que era verdade, supondo que o seminarista não resistira às pressões. Eu pisara na armadilha que se fechou sobre Francisco. Esgotado, cedi à artimanha, comprometendo o colega. Ao abatimento juntou-se a revolta que me permitia resistir às sucessivas investidas do militar.

O grande alívio daquela segunda-feira foi a libertação do irmão Antônio Cechin. Nenhum depoimento o implicava.

Levaram-me para fazer a barba e tomar banho. Estranhei o asseio e aproveitei para relaxar um pouco. Ensaboei-me da cabeça aos pés, fiquei parado sob o chuveiro, deixando o jato d'água bater nos cabelos, estender um véu líquido e transparente sobre o rosto, escorrendo, pela boca e pelos ombros, a espuma branca e perfumada que cobria meus membros.

Entrei na sala atapetada, as paredes cobertas de fotos oficiais, o lustre de cristal solenizando ainda mais o ambiente. Ao fundo, no conjunto de sofás vermelhos,

III. PRISÃO, O LABIRINTO

o secretário de Segurança e o diretor do DOPS cercavam gentilmente o cardeal Scherer. Cumprimentei-os e me sentei. O delegado Firmino discorria sobre as minhas "atividades terroristas". Estampava um sorriso cínico, evocando, com os olhos, a condescendência do coronel. Sentado à beira da almofada, atento à explicações, o secretário observava as reações do prelado e, por vezes, reforçava uma afirmação. Tratava-se de convencer dom Vicente a lavar as mãos, se possível repudiar os presos, entregando-nos "às feras", como dizia padre Marcelo.

O cardeal ouvia impassível, como um cura de aldeia mediando o litígio de paroquianos. Trajava batina preta, simples, e enroscava os dedos na corrente da cruz peitoral, enquanto seus anfitriões falavam. Quando lhe foi dada ocasião de dizer alguma coisa, dirigiu-se secamente a mim:

– Então, o que o senhor diria de tudo isso?

– Gostaria de conversar a sós com o senhor.

Meu pedido imprevisto gerou mal-estar. O coronel olhou para o delegado, que, mudo, perplexo, o encarava. Titubearam, talvez não tivessem previsto a gravação clandestina da conversa, inesperada para eles. O arcebispo quebrou-lhes a resistência:

– Os senhores nos permitem, por favor.

Solícitos, sem graça, os policiais retiraram-se da sala. Dei a minha versão dos fatos a dom Scherer, assumi a responsabilidade das acusações que pesavam sobre outros presos, denunciei a tortura psicológica, as ameaças físicas e a cena de suplício a que assistira ao chegar no DOPS. Ele ouviu-me interessado, sem contudo demonstrar apoio ou confiança. Era o árbitro de um jogo que não lhe dizia respeito. Antes de nos despedirmos, fiz um pedido:

– Gostaria que o senhor me enviasse uma Bíblia, e as obras de santa Teresa de Ávila.
– Pois não – disse ele.
Os livros chegaram-me na tarde do mesmo dia. Nos poucos momentos que eu passava na cela, entre um e outro interrogatório, eles me ajudavam a meditar e a rezar. Consegui um bloco de papel celofane, uma lapiseira, e iniciei um diário espiritual, redigido em letra miúda, registrando as impressões que fluíam em minha sensibilidade estigmatizada pela fé. A incomunicabilidade, que me impedia de receber visitas e de falar com um advogado, não cerceou a liberdade de duas moças que, sem me conhecerem pessoalmente, ousavam ir todos os dias ao DOPS, para levar-me frutas, material de higiene e roupas limpas. Aidé e Iria eram-me rostos anônimos, mas pessoas muito queridas que, naquele caos, significavam o ponto de contato com a vida exterior. Cada laranja, liturgicamente saboreada, era sacramento de presença dessas amigas ocultas, que eu só viria a conhecer anos após a prisão. No tubo de pasta dental que elas trouxeram, escondi as páginas do diário espiritual, enroladas como um palito e revestidas em plástico.

Na manhã seguinte, encontrei-me com o delegado Sérgio Paranhos Fleury, na sala do diretor do DOPS. Gordo como um urso, vestia terno cor de malva e gravata vermelha. Comentava-se que viera me buscar. Seus olhos verdes reluziam o travo da perversidade, a auréola de herói do sistema realçava-lhe a prepotência, os policiais gaúchos fitavam-no como anões perante um gigante. Sua presença repulsiva espremia-me a alma; a fatalidade protegia-me do medo. Olhou-me de relance quando entrei, e continuou a arrumar papéis que transbordavam de sua pasta executiva, de couro negro, deixando entrever o revólver 38, niquelado, cano longo, e a máuser 7.65,

III. PRISÃO, O LABIRINTO

compacta, deitados na valise como dois brinquedos de luxo. Dr. Firmino estendeu-lhe as pastas com os meus depoimentos. Recostado ao fundo da poltrona, pernas cruzadas, o cigarro de filtro fumegando no canto da boca, Fleury fazia uma leitura dinâmica, passando as páginas bruscamente, estalando o papel.

— Você só encheu linguiça aqui. Lá em São Paulo, o papo vai ser outro — ameaçou-me.

Virando-se para o delegado gaúcho, indagou em tom cínico, prazeroso:

— Como é, deram uns beliscões nele aqui?

Dr. Firmino reagiu desajeitado, como se o seu machismo tivesse sido posto em dúvida. Atrapalhado, respondeu:

— Não foi preciso.

Fleury voltou-se para mim:

— Onde o "Toledo" ia ficar em Montevidéu?

Repeti-lhe como passei Joaquim Câmara Ferreira, cujo paradeiro eu ignorava por completo. Ele insistiu um pouco mais e mudou de assunto:

— O que Ana Maria Palmeira foi fazer em Pelotas?

Surpreendi-me com a pergunta. Pelo que eu sabia, ela viajara direto para o Uruguai. Ele não se contentou com a minha versão.

— Sei que ela esteve em Pelotas. Você deve saber com quem. É bom cooperar logo, porque não estou a fim de ficar de conversa mole.

Felizmente, eu não tinha a menor ideia se, por acaso, ela mudara o roteiro da viagem no percurso, para ir a Pelotas. Após bater na mesma tecla, em vão, retirou-se, avisando ao diretor do DOPS:

— Cuidado, ele tem costas quentes.

Tempos depois eu encontraria uma explicação provável para essa advertência: meu tio, o general José Carlos

Campos Christo, reformado, interferira a meu favor junto às altas patentes de Brasília, obtendo a promessa de que, ao menos, minha integridade física seria preservada. É possível que a solicitação tenha chegado aos ouvidos do chefe do Esquadrão da Morte, e até mesmo da repressão gaúcha.

24

Passei anos, Aninha, sem saber de seu destino. Soube-a assassinada ao retornar ao Brasil, em 1971. A notícia chegou-me difusa, sem detalhes, entre as grades enferrujadas do Presídio Tiradentes. O gosto acre da vida azedou-me os sentimentos, avivando lembranças. A morte despira-se da máscara de bruxa, entre indescritíveis torturas, para apresentar-se como eterna companheira, livrando-a das mãos dos algozes. Adivinhei a sua imagem tecida em luz, os olhos miúdos e castanhos inundados de paz, a boca pequena irradiando o sorriso cúmplice, os cabelos de ouro, compridos, flutuando à brisa leve de uma nova aurora. Bênçãos a nós sobreviventes. Rezei a promessa de que minha vida deveria ser, no mínimo, digna de sua morte.

Meses depois, outra versão dava-a como morta no mesmo tiroteio que, na periferia de São Paulo, sacrificou José Arantes. Seria você a moça loura a que os jornais se referiam. Na cela, celebramos o seu nome, bendizemos a sua existência, e pedimos ao Senhor que a transformasse em semente de um novo tempo. Chorei lágrimas secas. Ressentido, virei o ódio pelo avesso e extraí o amor que se faz raiz e fruto em nossa luta.

III. PRISÃO, O LABIRINTO

Disseram mais tarde que não. Você regressou ao país, falou com amigos comuns, e, ao tentar a saída por Foz do Iguaçu, os agentes da repressão apanharam-na. Como de tantos outros companheiros e companheiras, o seu sangue escorria pela terra brasileira, encharcava os nossos pés, banhava a nossa alma, indicava-nos o caminho da vida pelo paradoxo da morte. Depois, a confusão. Alguém segredara: "Ela está viva." Onde? Como? As interrogações multiplicavam-se sem respostas. Alentava-nos o fio de esperança, assegurando a certeza de que, um dia, os desaparecidos ressurgirão das trevas semeadas pela ditadura. Sofrida esperança de famílias à porta da mesma casa de onde saíram seus filhos, a aguardar-lhes a silhueta na curva da esquina, a estremecer de saudades o coração de um pai a cada toque estridente do telefone, a tremer as mãos sôfregas da mãe querendo adivinhar a letra da filha no papel de carta. Algum dia, quem sabe, a fada da saudade me traria um fio de ouro de seus cabelos.

Os anos consumiram-se no passado. Deixei o cárcere, acompanhou-me a incerteza. Talvez você estivesse numa cooperativa cubana, numa loja em Bruxelas, numa escola em Leningrado. Preferia a discrição, o exílio paciente e laborioso, à espera dos apelos do futuro.

Dez anos depois, a conquista da anistia retornou os exilados. Pedi notícias suas e recebi o silêncio em resposta. Ninguém sabia dizer nada. Padeci solitário essa mesma saudade que me fará sempre reverenciar a memória de meus amigos mortos ou desaparecidos.

Em princípios de 1980, Thereza Cesário Alvim disse-me, em Teresópolis, no sítio de Jorge de Miranda Jordão, que alguém gostaria de ver-me. Na viagem para Petrópolis imaginei estar indo ao encontro de algum articulador de um novo partido político. Paramos numa praça onde crianças brincavam na sossegada alegria de uma tarde de domingo. Aguardei, enquanto Thereza sumia na dobra de uma rua. Pouco depois, você aparecia na esquina, tão diferente do retrato que ficara em minha lembrança. Abracei-a surpreso, emocionado, feliz, como o faria se encontrasse vivo, hoje, Frei Tito.

Gostei muito de revê-la, Aninha. Sua casa cor-de-rosa, o marido afável, as crianças lindas e saudáveis. Na sala, o casal de operários seus amigos. Só que nada sabiam de seu passado, assim como seus filhos desconheciam seu verdadeiro nome.

De certo modo, não houve mudanças substanciais. Os olhos ariscos, o sorriso demorado, o raciocínio esperto manifestavam a mesma lucidez, tão plena de seriedade e de alegria de outrora. Mas os cabelos mudaram para preservar sua verdadeira identidade: foram pretos, castanhos e, agora, curtos, recuperavam a cor natural. Achei-a um pouco mais gorda, mas o rosto fino, jovial, encobria o longo e atribulado itinerário: os anos de clandestinidade no Brasil, a morte dos companheiros a seu lado, a solidão no sítio cravado nas montanhas, a vida de camponesa analfabeta sem registro de nascimento, o emprego na pequena lapidação de roça, a travessia diária da mata que separava sua choupana do trabalho. Uma sobrevivência à imagem e semelhança de nosso povo.

Você conseguiu, Aninha, vencer o tempo, preservar a esperança, renascer no anonimato, sem cortar os laços das antigas afinidades, da fidelidade política, da confiança de que os reveses da luta são passos em direção à vitória. Decifrei em sua face que a vida lhe foi pródiga; provei na sua comida o sabor da amizade que se faz mais responsável na sobrevivência; contemplei em sua família que os frutos do parto, gerados no amor, igualam-se à tomada do poder pelos famintos de justiça.

III. PRISÃO, O LABIRINTO

Sob a ditadura, seu nome era outro – Sônia. Aparentemente, uma outra pessoa, mais madura, cujo segredo tornava-se conhecido dos mais próximos. Mas os tempos deixaram, e o sol emergiu nas entranhas da noite, e o seu rosto desvelou as feições de Ana Maria.

25

Ao retornar de Cuba clandestinamente, com passaporte da República Dominicana, Ana Maria escapou por um triz de cair em mãos da polícia, em São Paulo. O pressentimento de que a repressão conhecia, de antemão, a rota de entrada no Brasil de todos os militantes do Molipo treinados em Cuba graças a uma infiltração levou-a a buscar refúgio junto a seus amigos e familiares, no Rio. Evitou ir diretamente à casa dos pais, que a supunham morta e desaparecida. Foi, primeiro, ao apartamento do escritor Antônio Callado, que não teve condições de acolhê-la. Em seguida, bateu à porta da irmã. Ao tocar a campainha, foi atendida pela mãe, que, ao vê-la, desmaiou. Em seguida, a irmã teve a mesma reação...

O pai levou-a para as cercanias de Petrópolis e empregou-a numa lapidaria, onde foi apresentada como sendo uma jovem paranaense semianalfabeta... Aos poucos, obteve documentos legais com identidade falsa e retomou os estudos, formando-se em Direito.

Finda a ditadura, em 1985, Ana Maria reassumiu sua verdadeira identidade, só então revelada aos três filhos. Hoje, trabalha como advogada no Rio.

26

Não voltei a ver o delegado Fleury. Segundo os jornais, teria ficado quatro ou cinco dias no Sul. É possível que tenha usado a versão de que passara dias me interrogando para encobrir sua ida a Montevidéu – quem sabe à procura de Joaquim Câmara Ferreira, ou para adestrar a polícia uruguaia na repressão aos tupamaros.

– Coronel, este é Frei Betto.

O diretor do DOPS apresentou-me de tal maneira ao oficial do I Exército, enfatizando o orgulho que sentia por me ter prisioneiro, que provocou no militar o gesto inusitado, mecânico, de estender-me a mão e dizer "muito prazer", quebrando o clima de distância e de ameaça propício ao interrogatório.

O coronel fechou-se comigo numa pequena sala, em cuja porta se postaram dois ferozes guardiães. Iniciou uma conversa desconexa, como quem rodeia temendo chegar ao ponto central. Fez-me repetir o nome das pessoas que eu passara na fronteira e, por fim, indagou:

– Você não passou a Dulce K.?

Saída de um casamento opressivo, tornara-se companheira de Jorge de Miranda Jordão. Não tinha consciência política, e era de uma beleza constrangedora. A pele angelical coroada pelos cabelos claros, anelados, caídos em mecha sobre os olhos felinamente verdes, cravados no rosto bem modelado, como duas joias de fogo.

Presa em agosto de 1969 no Distrito Federal, Dulce foi transferida para o quartel da PE no Rio. Enquanto Jorge resistia às pressões, conseguindo evitar a instauração do processo, o pânico da situação, que a ela parecia absurda, levou-a a utilizar, contra a ameaça de tortura, esta perigosa arma que certas mulheres manejam com

III. PRISÃO, O LABIRINTO

assombrosa destreza: a sedução. O coronel inquiridor aceitou a proposta decifrada no instinto de defesa de sua vítima, afastando a hipótese de permitir um simples arranhão naquele corpo que faria reais as suas fantasias. Entretanto, ele sabia que eu conhecia a sua presa, e poderia pôr a perder seus sonhos concupiscentes.

Fora pessoalmente ao Sul para ter a certeza de que eu não falaria dela em meus depoimentos. Por isso, respirou aliviado quando – sem saber de toda essa trama que se alinhavara por trás e da qual só tomei ciência anos mais tarde – respondi à sua pergunta:

– Não, não passei a Dulce.

A breve inquirição derivou imediatamente para uma conversa que mais parecia um aconselhamento pessoal. Embora o comportamento do militar me conviesse, o desconhecimento dos fatos capazes de explicá-lo fez-me achar tudo aquilo muito estranho. Ele discorria sobre a educação de seus filhos, a perniciosa influência da televisão na vida familiar, a dificuldade de se manter acesa a chama do amor num casamento minado pela rotina. Queria saber o que pensava eu da infidelidade conjugal (não da esposa, é claro), da poligamia masculina, do matrimônio definitivo. Certamente tratava-se de um marido atordoado pela ambiguidade instalada com o aparecimento de uma amante em sua vida.

Por vezes, os guardiões da porta batiam predispostos a "dar uma mão"(literalmente) no interrogatório. O coronel dizia que tudo ia bem e dispensava a macabra gentileza dos cães de fila. Prosseguia desfiando seus conflitos, atento às ponderações que eu fazia.

Estranho universo o da consciência humana! Aquele mesmo pai de família, atribulado por trair a esposa, era um torturador notório, que se comprazia em enfiar um tubo de borracha na vagina de presas políticas. As ditaduras geram monstruosidades à sua imagem e semelhança. Para o poder absoluto, o inimigo não tem sequer direitos relativos. Aprende-se a matar como o açougueiro em seu trabalho. A diferença é que esse último lida com animais, que alimentam vidas humanas, enquanto o torturador sacrifica vidas à idolatria do poder.

O jornalista safou-se da malha repressiva, mas perdeu a mulher para o coronel, que casou com a sua presa.

Anos mais tarde, viajando a bordo de um DC-10 da Varig, ao regressar do México, uma jornalista norte-americana descrevia-me o que apurara do treinamento dos boinas-verdes em seu país: iniciam por matar pequenos insetos, aprendem a sacrificar pássaros como se fosse uma brincadeira, enforcam coelhos, espetam gatos, atiram em cães, e, quando já têm a sensibilidade embotada pela medonha lógica do ofício assassino, torturam mendigos, como o fazia Dan Mitrione em minha cidade natal, Belo Horizonte. Pouco depois, descoberto como instrutor de tortura no Uruguai, Mitrione foi morto pelos tupamaros.

27

Quarta-feira, 12 de novembro de 1969. Ao fim de longo interrogatório, padre Marcelo pediu ao delegado Firmino licença para celebrarmos a eucaristia na cela.

– De jeito nenhum, aqui não entra vinho.

Comentamos com os carcereiros, e um deles ponderou que o diretor do DOPS era homem supersticioso:

III. PRISÃO, O LABIRINTO

via na missa um sortilégio que poderia ir contra ele. De noite, esse mesmo carcereiro passou-nos um embrulho. Pediu que tivéssemos o máximo cuidado com aquilo. Era o material necessário à celebração eucarística, trazido com certeza de alguma igreja, inclusive um pequeno vidro de remédio contendo vinho. Batizamos "Diácono" o carcereiro.

Padre Manuel recortou a cruz no papel de embrulho, e por cálice usamos uma caneca. Enquanto "Diácono" vigiava a entrada do corredor das celas, subi no tabique que nos separava e, de cima, participei da celebração. Foi uma cerimônia simples e emocionante. Lembrou-nos as catacumbas dos primeiros cristãos. Rezamos pelos mortos nas mãos dos órgãos de segurança, evocamos os nossos mártires e confessores, reafirmamos o nosso compromisso com a luta pela justiça. Meditamos o evangelho das bem-aventuranças.

No dia seguinte, "Diácono" apareceu com um cálice de cristal, e entregou-o a padre Marcelo:

– Trouxe para os senhores celebrarem. É o cálice em que eu e minha mulher tomamos champanha no dia do casamento.

Passamos a utilizá-lo em nossas celebrações clandestinas. É verdade que nos restava uma ponta de desconfiança: e se tudo isso for uma jogada da repressão? O tratamento amigável não implicava confiança. Jamais tivemos também qualquer indício de que "Diácono" aprovasse as torturas. Sua generosidade chegou ao ponto de entregar-nos a chave do boxe que lhe cabia no armário em que os carcereiros guardavam seus pertences, instalado dentro da cela dos padres e que, na falta de presos, lhes servia de dormitório. Aí guardamos o material da missa e os livros que "Diácono" nos levou de contrabando: Graham Greene, Somerset Maugham e outros autores. Quando os delegados vistoriavam a cela, não podiam imaginar que dispúnhamos de um esconderijo fornecido por um dos carcereiros. Ele, inclusive, cuidava de nos avisar quando seus superiores se aproximavam:

– Jacaré de boca larga não entra no céu – dizia.

Certo dia, "Diácono" apareceu transtornado. Fora dedurado por um colega de serviço, que o vira com o bilhete que um de nós pedira que levasse a uma pessoa de fora. O colega o viu encontrar-se com o destinatário num café, e comunicou ao diretor do DOPS.

– O senhor está demitido – disse-lhe o dr. Firmino. – Mas como efetivamente não posso demiti-lo, devido a seus anos de serviço, vou transferi-lo.

Padre Manuel quis contratar um advogado para defender "Diácono", temendo que ele sofresse represália maior. Removeram-no para o Detran, que funcionava em prédio anexo. Poucos dias depois, ele apareceu à porta da cela e, tentando entregar-nos uma corda, falou:

– Dependurem carta ou bilhete na ponta dessa corda e, de noite, quando eu assobiar lá embaixo, podem deixar cair que apanho e entrego.

Em jacaré de boca larga não se mete a mão. Recusamos a oferta e agradecemos a gentileza.

28

Na madrugada de 11 para 12 de novembro o major Attila irrompeu aos gritos em minha cela. Acordei sobressaltado, e quando dei por mim, já estava sendo levado, aos empurrões, para a sala do oficial, que vociferava:

III. PRISÃO, O LABIRINTO

– Mentiroso, safado, filho da puta! Eu querendo acreditar em você e sendo enrolado!

O motivo para tanta raiva estava em suas mãos: haviam sido encontradas, no sofá da mansão em que eu fora preso, minha caderneta de endereços e a carteira de identidade falsa.

Amanheci explicando que os nomes registrados na caderneta, com respectivos endereços, eram de amigos e antigos colegas de trabalho, que nada tinham de subversivos. Posteriormente, soube que a polícia procurara comprovar minha afirmação por amostragem, convocando a depor algumas pessoas, entre elas meu amigo de infância e de toda a vida, Ricardo Gontijo, que narra o episódio em seu primoroso romance, *Prisioneiro do círculo* (Civilização Brasileira, Rio, 1981). Ninguém foi sequer ameaçado de prisão.

Quanto à carteira em nome de "Ronaldo Matos", contei que me fora obtida por um companheiro que já se encontrava fora do Brasil.

Ao fim da manhã do dia 12, fui apresentado à imprensa, para ser fotografado, proibido de fazer qualquer declaração. (Em setembro de 1999, aquela foto foi capa da revista *Palavra,* editada em Minas e dirigida por Ziraldo, cartunista e autor de histórias infantis.)

À tarde, foram libertados os padres Edgard, Chen e Hermano, e o seminarista Camilo García. Não chegaram a ser incluídos no processo. Assumi ter abusado da boa vontade desses amigos, e da confiança creditada às minhas solicitações. Isso me deu grande alívio. Comigo continuaram presos os padres Manuel e Marcelo e o seminarista Francisco Castro.

29

Na segunda semana de prisão, os interrogatórios giraram em torno de um único ponto: a identificação dos nomes citados no informe que eu pretendera enviar a São Paulo. Um estava citado por extenso: o de Francisco Castro. Através de investigação nos arquivos dos órgãos de segurança, e segundo indícios contidos em meu bilhete, a repressão identificou outros nomes: "moça Dedé ou Vera" era Vera Maria Idiart, processada por participação na guerrilha de Caparaó, em 1967.

De fato, mantive contatos com Vera Idiart em Porto Alegre, sem que jamais a repressão tivesse ciência de nossas articulações. Numa ocasião, ela pediu que eu guardasse "um material" em local seguro. Certa tarde, numa esquina de Porto Alegre, entregou-me um Fusca que continha, no bagageiro, pequenas embalagens que pareciam pacotes de leite. Eram bombas plásticas. Assumi o volante, sem ter carteira de motorista, e levei aquela perigosa carga até o convento das Cônegas de Santo Agostinho. Não tinha a menor ideia de que transportava uma carga altamente explosiva e que os movimentos do carro poderiam fazer tudo voar pelos ares. Talvez o que sobrara do arsenal da guerrilha de Caparaó. Guardei os explosivos num armário do convento, até que, da prisão, avisei às irmãs para se livrar da perigosa carga.

De "Marcos" ou "Mário" havia a indicação de que "tinha sido condenado pelo STM a seis meses de prisão", "e condenado com outro de nome Cláudio". O levantamento dos processos gaúchos no Superior Tribunal Militar permitiu verificar que Cláudio Antônio W. G. fora condenado em processo estudantil em

III. PRISÃO, O LABIRINTO

companhia de Luiz Eurico Tejera Lisboa, que recebeu pena de seis meses. Mostraram-me as fotos dessas pessoas e reconheci-as. "Marcos" ou "Mário" era Luiz Eurico. Só "Regina" não havia sido identificada, mesmo porque Paulo de Tarso Venceslau também não a reconheceu. Vim a conhecê-la em 2005, quando me procurou no convento de São Paulo. Fiquei surpreso ao saber que Regina é o seu verdadeiro nome – Regina Elza Solitrenick.

Seguiram-se as pressões e ameaças para que eu dissesse onde moravam essas pessoas. Com exceção de Paulo de Tarso Venceslau, que havia sido preso em outubro, antes dos frades dominicanos, ainda que eu quisesse não poderia fazê-lo, pois Vera é que me procurara no Cristo Rei, e contatara os dois estudantes num *ponto* na rua Doutor Flores. Àquela altura, eles já não se encontravam mais em suas residências. As buscas policiais resultariam infrutíferas.

Luiz Eurico Tejera Lisboa veio a ter um destino trágico, semelhante ao de inúmeros brasileiros perseguidos pelo terror policial. Mais tarde eu soube que ele se mudara para o centro do país, deixando em Porto Alegre sua companheira, Suzana Lisboa. Continuara a participar corajosamente da resistência à ditadura. Em agosto de 1972, aos 24 anos, correu a notícia de sua prisão em São Paulo. Sua família repetiu a mesma *via crucis* percorrida por tantas outras ainda hoje: procurou órgãos de segurança, visitou autoridades, falou com políticos, foi a presídios e quartéis, fez apelos e denúncias. O governo, como um assassino de costas largas, manteve-se calado: nada vira, nada soubera, nada a informar. Em alguma esquina do Brasil, Luiz Eurico "evaporara". O terror do Estado agia sob a complacência da Justiça. Em nome da segurança nacional, um jovem brasileiro fora sequestrado e morto. Nenhuma notícia a seu respeito. Os jornais, com a boca tapada pela censura e intimidados, nada diziam a respeito. Contudo, uma pessoa não pode deixar de existir nas entranhas de sua mãe, no coração de sua esposa, no afeto de seus parentes e amigos, na admiração de seus companheiros, na memória dos que sobrevivem e alimentam-se de seu sacrifício e exemplo. Um revolucionário é um ser social, como uma árvore cujas raízes se espalham à sua volta, cravados no chão da história, e cujos frutos vão muito além de seus galhos e nutrem o esforço de libertação.

Em agosto de 1979, Suzana Lisboa obteve indícios concretos de que o desaparecimento de seu companheiro se dera por assassinato. Dotada de uma persistência incansável, movida pelo compromisso com a memória de seu marido, ela conseguiu que o cartório do escrivão Jarbas Emílio de Moraes, na capital paulista, lhe concedesse certidão de óbito em nome de "Nelson Bueno" – como era conhecido Luiz Eurico na clandestinidade. O documento atesta que ele morreu a 3 de setembro de 1972, às três horas, devido a "hemorragia cerebral traumática", e recebeu o número 68.696. Luiz Eurico foi sepultado como indigente por seus assassinos, no cemitério Dom Bosco, em Perus, na Zona Oeste de São Paulo. Fora encontrado pela polícia na pensão em que residia.

30

Na última semana que passei preso em Porto Alegre, recebi a solidária visita de meus pais e de Frei Domingos Maia Leite, provincial dos dominicanos no Brasil, que

III. PRISÃO, O LABIRINTO

me deixou seu pequeno exemplar do Novo Testamento da *Bíblia de Jerusalém*, edição francesa, que trago comigo ainda hoje. Soube por ele que o clero da capital gaúcha pronunciara-se em defesa dos religiosos detidos, e que os dominicanos franceses haviam escrito ao cardeal Roy, presidente da Comissão Justiça e Paz do Vaticano, carta publicada pelo *Le Monde*, na qual diziam que, "enquanto aguardamos novas informações, verificáveis e verificadas, chamamos a sua atenção e, por seu intermédio, do Santo Padre, e da opinião pública mundial, sobre o fato de ser impossível limitar a esses dominicanos o papel que assumem os cristãos do Brasil nos movimentos que se opõem ao regime atualmente no poder. Os membros do laicato jovem e dos movimentos da Ação Católica, do clero tanto secular quanto regular, sem falar dos meios protestantes, neles se engajam em número cada vez maior. A própria hierarquia, cuja legítima prudência ninguém desconhece, viu-se obrigada, como bem sabe o senhor, a denunciar o caráter ditatorial desse regime. Nessas condições, pensamos, com firmeza, que qualquer tentativa que visasse dissociar o caso dos nossos irmãos dominicanos do conjunto da Igreja e da sua presença no seio da realidade brasileira atual equivaleria a cair no laço armado pelo poder" (publicada em 15 de novembro de 1969).

Foi para evitar esse laço que o Mestre da Ordem, padre Aniceto Fernandez, enviou de Roma ao Brasil o seu assistente, padre Vincent de Couesnongle, de quem recebemos todo apoio.

Todavia, o poder não ficaria sem mãos eclesiásticas dispostas a ajudá-lo no nó e no laço. Na terça-feira, 18 de novembro, o cardeal Vicente Scherer, em seu programa radiofônico semanal, *A Voz do Pastor*, após declarar que "o abundante noticiário divulgado pela imprensa poderia sugerir a ideia errônea de que os sacerdotes e religiosos implicados nos acontecimentos são réus comprovados", acrescentou que "quem participa de um esquema comum com terroristas, que assassinam inocentes a sangue-frio, assaltam e roubam, torna-se conivente com tais crimes e participa de sua responsabilidade". E entregou-me à forca: "Neste estado, muitas graves acusações pesam sobre o estudante dominicano de São Leopoldo. Em torno dele giram os acontecimentos verificados no Rio Grande. Parece difícil a sua inocência."

Nas missas de domingo, incidentes revelavam a exaltação dos ânimos. Ao retornar à paróquia de Santa Cecília, o padre Edgard Jost indagou, no sermão, se caridade é crime, e lembrou que Cristo acolhera pecadores como Madalena, Zaqueu e o bom ladrão. Um militar interrompeu-o:

– É verdade que o senhor é acusado de terrorista e falsificador de documentos?

Padre Edgard respondeu que fora detido para prestar esclarecimentos. Se tivessem fundamento as acusações ali proferidas, ele não teria sido solto.

Na igreja da Chácara das Pedras, o pároco pregou sobre a prisão de são Pedro e de outros apóstolos. Um fiel, que se identificou como juiz, disse que ele não tinha direito de "comparar a prisão de Pedro com a de religiosos acusados de terrorismo".

No dia seguinte à fala infeliz do cardeal Scherer, o cardeal Agnelo Rossi, arcebispo de São Paulo e presidente da CNBB, foi recebido, em Brasília, pelo general Emílio Garrastazu Médici, presidente da República. Rossi retornara de Roma a 10 de novembro e, para evitar o

III. PRISÃO, O LABIRINTO

assédio da imprensa, refugiara-se na casa de seus familiares, em Jundiaí. Contatara o secretário-geral da CNBB, dom Aloísio Lorscheider. Discordaram quanto à reação da Igreja ao nosso caso. Lorscheider não dava crédito à versão da polícia e estava disposto a empenhar a CNBB em nossa defesa.

Ao final da audiência com o presidente, o cardeal Rossi divulgou nota, redigida de próprio punho, na qual dizia: "As dificuldades e problemas que, naturalmente, surgem entre a área temporal e a espiritual de governo, espero, poderão ser sempre resolvidos através de entendimentos diretos e do diálogo franco e patriótico. Aliás, todos desejamos a felicidade e a prosperidade do Brasil. Rogo a Deus que abençoe o governo do ilustre general Emílio G. Médici."

Declarou ainda que tratara com o presidente de República de assuntos gerais, focalizando a imagem do Brasil no exterior, "que nem sempre é favorável. Creio que é preciso um esforço especial do governo para mostrar as realizações concretas e o desenvolvimento, para neutralizar as notícias negativas"(*O Estado de S. Paulo*, quinta-feira, 19 de novembro de 1969).

31

Quinta-feira, 27 de novembro de 1969. Comemoração militar em homenagem às vítimas da frustrada rebelião comunista de 1935, comumente intitulada, nos discursos oficiais, por esta expressão que fere os ouvidos e a própria língua pátria: "Intentona comunista".

Fomos acordados às cinco da manhã, com grande alvoroço. Policiais do DOPS e militares mostravam-se agitados pelos corredores da carceragem. Mandaram que fizéssemos a trouxa. Seríamos transferidos. Para onde? A pergunta ficou no ar, sem resposta.

Nervoso, padre Manuel exigia explicações, ameaçava entrar em greve de fome, prometia escrever uma carta de protesto ao presidente da República. O delegado Firmino, ao ver padre Marcelo arrumado, mas com a barba por fazer, sugeriu:

– Por que não corta essa barba?

– Quero ao menos ter direitos sobre o meu queixo – retrucou o prisioneiro.

Recebemos ordem para descer sem trocar uma palavra. Surpreso, vi saírem também, de uma cela nos fundos, Joseph Calvert, que passara por mim em Porto Alegre, e outro jovem, Caio Venâncio. Mais tarde, Calvert me contaria que ele e Sebastião Mendes foram presos em Livramento, ao tentarem atravessar para Rivera. Caio havia sido detido em Artigas pela polícia brasileira. Sebastião, porém, conseguiu fugir do cárcere. Posteriormente, foi preso no Uruguai, conseguindo-se que não fosse devolvido à repressão brasileira. Solto, viveu no exílio até a anistia parcial de 1979.

No pátio do DOPS, três viaturas nos aguardavam. O delegado Marco Aurélio e o major Attila Rohrsetzer, que portava um *walkie-talkie*, comandavam a operação. Fomos conduzidos ao aeroporto militar de Canoas, próximo à capital gaúcha. Padre Marcelo e eu estávamos ligados pelas algemas. Dotadas de dispositivo antifuga – que apertava a argola sobre o pulso a cada movimento brusco –, as algemas exigiam que coordenássemos bem os mínimos gestos. Não obstante, o balanço da viatura cravava as pulseiras prateadas em nossa pele.

III. PRISÃO, O LABIRINTO

Éramos, ao todo, seis presos políticos. A Base Aérea de Canoas encontrava-se cercada por tropas da Aeronáutica, armadas de metralhadoras. Na pista, o C-47 da FAB esperava-nos com os motores ligados. No momento de embarcar, veio uma contraordem. Levaram-nos para o saguão do aeroporto. Desligaram o aparelho, enquanto duas dezenas de soldados, trajando uniformes azuis, capacetes, luvas e botas brancas, faziam uma roda à nossa volta. Os canos das metralhadoras, adornadas pelo colar de balas douradas, estavam apontados contra nós.

O que então se passou deu ensejo a esta crônica, redigida no cárcere:

O SABONETE SUSPEITO

O carro avançou pelo corte negro do asfalto, que dividia a relva ainda umedecida pelo orvalho da manhã. Um vento fino soprava em direção ao norte. Após tanto tempo trancados entre paredes nuas de uma cela, meus olhos, agora, deliciavam-se ao ver a rua, as pessoas, a natureza. As algemas apertavam meus pulsos.

A viatura parou junto à cerca de madeira, que se prolongava pelo aeroporto. Da guarita saiu a sentinela com a metralhadora dependurada sob o ombro direito. Debruçou-se à janela para reconhecer o documento que o major lhe exibia. A trave de madeira ergueu-se à frente, e ingressamos na Base Aérea de Canoas.

Paramos junto ao galpão de embarque. O major retirou a pistola do porta-luvas do carro e enfiou-a na coldre. Desceu para conversar com oficiais da Aeronáutica, que nos fitavam curiosos. Logo mais dois carros estacionaram. Da parte traseira da perua saltaram dois presos com os braços algemados às costas. Caio e Joseph traziam o semblante carregado, amargurados com a situação em que se encontravam. Tinham os sapatos sem cadarços, o que os obrigava a caminhar devagar, firmando o passo para que os pés não avançassem descalços.

Da outra viatura saíram padre Manuel e Francisco. Padre Marcelo ligava-se a mim pelas mesmas argolas niqueladas. Os sacerdotes trajavam terno e camisa esporte, sem gravata; Francisco abrigava-se num blusão negro, de náilon, folgado em seu corpo. Ficamos de pé no saguão, cercados por soldados armados. Havia cadeiras encostadas às paredes, um balcão à frente de quadros de horários e voos assinalados a giz, a balança de cargas junto à porta de vidro, o relógio que marcava as primeiras horas do dia. Sobre a pista, três aviões parados. De um deles entravam e saíam soldados, carregando pacotes.

As algemas foram retiradas. O círculo de soldados vigiava nossos mais insignificantes movimentos. Pesado silêncio povoava o saguão. Desconhecíamos inteiramente os planos militares a nosso respeito, e, pela maneira como os oficiais confabulavam entre si, pareciam discutir opiniões diferentes, o que nos assustava.

Um sargento chamou os prisioneiros pelo nome e pediu que cada um, por vez, ingressasse num pequeno quarto, de posse de sua respectiva bagagem. Fui o terceiro a entrar. Um soldado revirou os poucos objetos de uso pessoal que eu trazia na sacola, enquanto outro pediu que me despisse. Coloquei a roupa sobre uma pequena mesa. Tudo foi cuidadosamente examinado, cada dobra e costura do vestuário. O tubo dental foi apertado, mas, felizmente, não perceberam o plástico que, dentro, envolvia as folhas de meu diário espiritual. Forçaram o salto dos sapatos para certificarem-se de que

III. PRISÃO, O LABIRINTO

estava fixo. Vesti-me, e fui levado para junto de Francisco, com quem fiquei algemado. O resto dos pertences foi socado de qualquer jeito dentro da sacola.

Terminada a revista, o soldado que examinava as bagagens deixou sobre a mesa do saguão um sabonete Lux, branco. As sentinelas mantinham-se atentas a nós e nós a elas, exceto Joseph, que seguia com os olhos presos no chão. Pensei que o ambiente era propício a um fuzilamento coletivo. Bastava os soldados acionarem suas armas e morreríamos sem toque de clarim ou quaisquer expressões nobres de uma hora extrema.

Francisco disse-me algo que não entendi, talvez por estar absorvido pela ideia de que aqueles militares tinham mais medo de nós do que nós deles. O seminarista jesuíta fez sinal para um soldado, que se aproximou após passar sua arma a um colega.

— Por favor, traga-me o sabonete sobre a mesa. Ele me pertence — disse Francisco.

O soldado foi falar com o sargento. Ele fixou os olhos de lince em Francisco, como se quisesse descobrir-lhe segundas intenções. Em seguida, dirigiu-se a um oficial e sussurrou-lhe algo. Sobrancelhas levantadas, traço de espanto atravessado no rosto, o oficial virou os olhos em direção ao estranho objeto sobre a mesa, que nada mais era senão um simples sabonete devidamente revestido de sua embalagem comercial. Francisco seguia os movimentos com os olhos miúdos e negros, talvez arrependido de ter provocado transtorno. O oficial ordenou que um soldado apanhasse o sabonete. Como quem segura um petardo prestes a explodir, o cosmético foi entregue ao oficial, que o levou para a roda de militares no pátio. Cessaram a conversa e detiveram-se no suspeito produto. Alguns ousaram segurá-lo. Dois soldados foram chamados. De posse do intrigante material, levaram o Lux para uma pequena murada de cimento, consideravelmente distante para que nada fosse atingido, caso a bomba perfumada detonasse. Pálido, cuidadoso, imbuído da consciência do dever patriótico, um dos soldados retirou lentamente o invólucro colorido do sabonete, enquanto o outro, arma em punho, vigiava atento. Dentro e fora do saguão, todos observavam, silentes, com a respiração em suspenso, o ritual idêntico ao arriscado ofício de desmontar a espoleta de uma bomba. Apenas as sentinelas resistiam à curiosidade, forçadas pela obrigação de se manterem vigilantes aos nossos movimentos.

Francisco deixou-se tomar pelo clima nervoso do ambiente. Suava, mexia-se, evitando, porém, levantar o braço esquerdo que se unia ao meu direito pelas algemas. O celofane encerado da embalagem foi meticulosamente desdobrado, e, enfim, restou um objeto branco, cremoso, perfumado. Dir-se-ia tratar-se de um sabonete. O soldado examinou-o por cima e pelos lados e, pronto a sacrificar a vida em nome da disciplina castrense, começou a cortá-lo com um canivete, até reduzi-lo a pedaços esfarelados. Recolheu-os no papel de embalagem e entregou ao oficial. Este guardou-os no bolso, quem sabe para posteriormente enviá-los a algum laboratório de análise dos órgãos de segurança.

Meu colega embarcou sem o seu sabonete.

32

A discussão entre os oficiais, nosso atraso na Base Aérea de Canoas, e os motores do avião desligados, deram-se

III. PRISÃO, O LABIRINTO

por motivos que só conheci mais tarde. O coronel Jaime Mariath, secretário de Segurança, prometera ao cardeal Scherer que não seríamos transferidos de Porto Alegre. Mas, na disputa entre o DOPS gaúcho e o paulista, venceu o segundo. Naquela manhã, a promessa não deveria ser quebrada antes que o arcebispo iniciasse a missa das sete, em memória dos mortos na rebelião de 1935. A base de Canoas recebera o aviso de que não deveríamos embarcar enquanto o celebrante não desse início ao ofício religioso. Iniciada a celebração, comunicaram à base: "Padres podem seguir."

Encerrada a missa, o coronel Mariath foi à sacristia:
— Eminência, sinto muito, mas recebi ordens superiores para enviar os padres a São Paulo. O avião acaba de decolar.

Estarrecido, o prelado sentiu-se traído pelo secretário. Saiu da igreja e foi providenciar sua passagem de avião para São Paulo.

A bordo do C-47 da FAB, ignorávamos nosso destino. Seríamos jogados ao mar? A hipótese passou pela minha cabeça devido às condições em que viajávamos: algemados, impedidos de falar um com o outro, cercados por soldados que, de pé, apontavam suas armas para nós. Temia que disparassem quando a aeronave tremia ao sabor dos ventos.

Era inteiramente fora de propósito todo aquele aparato bélico em pleno voo. Talvez receassem a possibilidade de sequestrarmos o aparelho. Ou, quem sabe, acreditassem em filmes de TV, nos quais heróis subjugados desfazem-se miraculosamente de suas amarras e dominam seus agressores.

33

No ônibus que me conduziu de São Leopoldo a Porto Alegre, ao escapar do cerco policial, firmes propósitos e corajosas intenções acenderam-se em minha mente, como belas molduras para uma tela precária. Agora, no voo que me levava a São Paulo, a tela estava nua, e o artista sabia o quanto cedera a seus críticos. Ah, como seria fácil ocultar com a máscara de herói minhas falhas perante a repressão! Não creio que o propalado homem novo possa nascer de nossa habilidade de blefar, mentindo aos companheiros, enganando os amigos, como se a luta fosse um jogo no qual só a vitória pessoal interessa. A literatura alia-se ao opressor quando abandona o compromisso com a verdade e utiliza sua fascinante magia como um feiticeiro encanta o doente, suprimindo as dores sem erradicar a infecção. Sim, eu teria condições de atenuar minhas falhas sem que outros pudessem apontá-las, a menos que se valessem da versão policial. Elas não foram graves, mesmo porque escapei da prova cabal: a tortura física. Mas convenceram-me de que o combate exige muita maturidade ideológica e espiritual.

Talvez a vivência cristã, estímulo ao hábito do exame de consciência, me ajudasse a ser menos prepotente. Essa prática, sem dúvida, contribuiu historicamente para reafirmar o primado da consciência humana e minar as bases de todo poder que se pretende absoluto e inquestionável. No cárcere, eu aprenderia que os marxistas recorrem ao método

III. PRISÃO, O LABIRINTO

da crítica e da autocrítica, para avaliar seu comportamento e rever suas ações; todavia, se a penitência cristã peca por subjetivismo, ocultando as causas sociais e políticas do mal, a crítica e autocrítica tendem a fazer da objetividade uma espécie de razão estratégica, na qual a lógica do poder que a preside paira acima da dúvida, como dogma de fé, e as vicissitudes humanas mais intensas são encaradas como meros desvios pequeno-burgueses.

Ainda que o meu silêncio tenha preservado vidas, eu enriquecera no Sul o acervo de informações dos órgãos de segurança, falando dos passageiros da liberdade, implicando Francisco Castro, reconhecendo fotos. A pressão psicológica, a castração incessante do sono, os redemoinhos armados pela técnica policial tornaram-me vulnerável ao laço que não me permitiu decolar tão alto quanto meus propósitos.

Depois da queda, recusei os magos que nos estufam o ego e fui ao encontro de minha própria fragilidade, como quem admite a sede e corre ao poço antes de prosseguir a difícil caminhada, ainda que atrasando o passo. Lutei acirradamente contra os fariseus que me habitam e fazem reboar dentro de mim as exigências religiosas de uma vida "exemplar", fundada na exagerada autoestima, na onipotência, na vã pretensão de arvorar-me em juiz supremo de vidas alheias, como se me coubesse atirar a primeira pedra. Resisti aos estereótipos que adornam a esquerda e, por vezes, distorcem sua visão real da história, fazendo-a acreditar que o inimigo não passa de um tigre de papel, e que meia dúzia de conceitos políticos é suficiente para adestrar a vontade, tornando-a imune aos vícios de classe e, em última instância, às dores da tortura.

A santidade, a meu ver, está em saber assumir a própria humanidade. A respeito de Jesus, Carlos Mesters e Leonardo

Boff me ensinariam que "humano assim como ele foi, só podia ser Deus mesmo". Meu itinerário evangélico não poderia orientar-se pelo ideário que, ilusoriamente, nos transforma em super-homens ou em seres angelicais. Desde o momento em que o Pai acendeu o fogo em minhas entranhas, reconheci que só me resta a unidade que caracteriza o mistério da encarnação de Jesus: brindar o Absoluto na cerveja gelada, que refresca a garganta e lava a alma; aceitar as limitações, na transparência que fermenta a fidelidade; ser capaz de chorar na solidão da noite; ter a coragem de exibir carências e a ousadia de fazer desta vida tão curta e precária um gesto de luta, ainda que contra toda esperança.

O futuro ensinar-me-ia que só na água o peixe encontra as energias de que necessita para sobreviver. Hoje, a convivência com a classe trabalhadora, se não me livra das ondas, ao menos me salva do medo. Ainda que ventos impetuosos me façam naufragar, nada evitará que os tripulantes do barco ancorem no porto seguro de uma pátria livre e soberana, de um tempo de justiça e de paz. Na casa do Pai, restar-me-á a gratificante certeza de que assumi a vida como fruta madura ofertada aos que a querem em abundância.

34

Em São Paulo, aterrissamos na Base Aérea de Cumbica, onde hoje fica o aeroporto internacional de Guarulhos. Antes do desembarque, o avião foi cercado por inúmeras viaturas do DEOPS, policiais armados, oficiais da Aeronáutica e soldados curiosos.

III. PRISÃO, O LABIRINTO

Ao descer a escada, notei que um oficial me fotografou com uma câmera pouco maior que uma caixa de fósforos. Identifiquei apenas um rosto na roda belicosa que nos observava: o delegado Fleury. Preparei-me para conhecer os porões do inferno.

IV. MORTE, A CILADA

1

O trabalho dos frades vinculados à ALN consistia em favorecer guerrilheiros urbanos e preparar as condições para a guerrilha rural. Éramos base de apoio dos militantes envolvidos em ações armadas. Acolhíamos feridos e perseguidos, escondíamos alguns e facilitávamos a fuga do país de outros. Guardávamos material considerado subversivo e armas. Fazíamos o levantamento de potenciais áreas adequadas à guerrilha rural. Pau pra toda obra, só não portávamos armas.

Marighella se avistava com frequência com o nosso grupo. Ora os contatos ocorriam em vias públicas, à noite, ora em locais fechados, como colégios de freiras ou a casa de simpatizantes. Facilitamos inclusive o contato dele com nossos superiores na Ordem, o que ampliou nossa margem de liberdade para viajar a serviço da ALN.

Após o sequestro do embaixador dos EUA, Charles Elbrick, em setembro de 1969, surgiram os primeiros indícios de que a repressão se nos acercava. O ponto de táxi em frente à Livraria Duas Cidades – pertencente aos dominicanos –, na rua Bento Freitas, só aceitava passageiros saídos da livraria... Frei Maurício sentia-se seguido no trem que, todas as noites, o conduzia à faculdade. Nosso médico, Antônio Carlos Madeira, militante da ALN e egresso do PCB, da prisão mandou recado de que seu pai se encontrava hospitalizado e gostaria de receber a visita de um padre. Decidiu-se pela ida de Frei Guilherme Nery Pinto, o mais velho e isento da comunidade. No hospital, Frei Guilherme soube que Paulo de Tarso Venceslau, militante da ALN e participante do sequestro do embaixador dos EUA, havia sido preso em São Sebastião, no litoral paulista, e em sua caderneta de endereços constavam os nomes de Frei Fernando de Brito e Frei lvo Lesbaupin.

A ALN e, com efeito, o grupo dos dominicanos degringolaram a partir do sequestro do diplomata estadunidense. O fio da meada começou a ser desenrolado com o paletó esquecido por um dos sequestradores na casa usada como cativeiro, no Rio. Pela etiqueta a repressão localizou o alfaiate, que, por sua vez, identificou o cliente, e logo as quedas tiveram início.

Frei Luiz Felipe Ratton Mascarenhas pressentiu a urgência de uma reunião do grupo dominicano com Marighella. Agendou-a para as 19h30 de uma noite de setembro, no apartamento do ex-Frei Maurício, que pedira exclaustração e retomara a vida leiga com seu nome de batismo, João. Ratton, Magno, Ivo e Fernando chegaram antecipadamente ao local do encontro, na rua Rocha, próxima à Praça 14 Bis. Era conhecida a pontualidade de Marighella. À hora marcada, ouviram tocar a campainha no apartamento do andar de cima. Ratton subiu a escada em disparada, ciente de que repassara ao líder da ALN o número errado do apartamento. Encontrou Marighella acompanhado por uma mulher e de arma em punho, pronto para uma eventualidade. Por sorte ninguém atendeu até que Ratton o resgatasse.

Marighella entrou no apartamento visivelmente contrariado. A mulher trabalhava num órgão público e trazia cédulas de identidade. Estava disposta a obter o necessário para que o grupo de frades falsificasse a identidade dos que sairiam do país.

IV. MORTE, A CILADA

Segundo relato de João Antônio Caldas Valença, Fernando inteirou Marighella do que ocorria:
– Tivemos contato com o Madeira. O pai dele está hospitalizado, acometido de um derrame, e o DEOPS permitiu que ele o visitasse no hospital. Um dos frades mais velhos foi também visitá-lo no mesmo momento em que o Madeira ali se encontrava. Madeira contou a Frei Guilherme que, com a queda de Paulo de Tarso Venceslau, o DEOPS descobriu, na caderneta de endereços dele, os telefones de Fernando, Ivo e do convento.

Marighella ouviu atentamente. O grupo fez uma avaliação de seu trabalho de apoio logístico e de como se tornara conhecido por militantes da ALN e de outras organizações, quebrando os limites da segurança. Com a queda dos GTAs (Grupos Táticos Armados), muitos combatentes procuravam os frades para atendê-los em tudo. Explicaram a Marighela que estar abertos à repressão significava o risco de cair colégios, conventos de frades e freiras que guardavam material de apoio, locais de reunião, e até um hospital improvisado. Sem contar a dezena de carros e casas de amigos fiéis aos dominicanos.

Falaram também da queda de uma carta que Frei Oswaldo Rezende remetera da Europa, relatando os encaminhamentos de seu trabalho. A carta havia sido publicada pela repressão nos jornais, aumentando as apreensões. O nome frio utilizado por Oswaldo não impedia que se tivesse certeza de sua autoria. O último parágrafo fazia alusão a uma garrafa de vinho francês enviada ao "Velho" (Toledo). O gastrônomo e enólogo se traíra.

Após breve informe sobre andamentos práticos, inclusive como arrumar novos passaportes, Marighella falou:

— As últimas quedas e o caráter independente do comando da ALN em São Paulo, nas mãos de Toledo, me levam a tomar uma atitude mais drástica diante da gravidade da situação em que vocês se encontram. O papel de vocês, de apoio à guerrilha, não poderia nunca desembocar numa ajuda tão efetiva na área de apoio logístico urbano, e sim obter informações e fazer o levantamento da região do Araguaia. E isso já foi feito. Restaria preparar o povo através da pregação de vocês nas cidades da região e, principalmente, no interior. Esse desvio de estratégia me obriga a tomar uma decisão. A partir de agora vocês ficarão ligados ao Comando Nacional e diretamente à minha pessoa. Desobedecerão qualquer ordem advinda do Comando Estadual.

Antes dele retirar-se, João Caldas explicou por que morava naquele apartamento, sua recente saída da vida religiosa após dez anos etc. Precisava de tempo para se organizar pessoal e profissionalmente. Pediu um ano de afastamento da ALN. Marighella reagiu:

— Compreendo perfeitamente o que se passa com você. Depois desse período de recesso, confio na sua reintegração. Tenha sempre em vista seu papel na revolução brasileira.

Em outubro, Tiana (Sebastiana Bittencourt Guimarães) procurou Caldas na Livraria Duas Cidades, onde ele e Frei Fernando trabalhavam. Trazia suas fotos e pretendia deixar seu passaporte pronto para qualquer eventualidade. Ela fizera parte da equipe nacional da JUG, tinha se desligado da Ação Popular e não encontrava acolhida nas organizações existentes. Os frades não acharam necessário abrir o contato da ALN para ela. Mas decidiram ajudá-la no que fosse necessário.

IV. MORTE, A CILADA

As quedas continuavam. Um amigo, funcionário da Editora Abril, convidou Caldas para passar os feriados de 1º e 2 de novembro em Iperoig (SP). Antes de viajar, uma intuição o levou a picotar, durante horas, todo o seu arquivo de documentos. Com alívio viu os lixeiros, que passaram às 21h pela rua Rocha, recolherem os sacos plásticos e jogá-los sob o triturador do caminhão. Restaram um documento da ALN e as fotos de Tiana. Guardou-os num envelope grande e o enfiou na tubulação de gás do banheiro.

Caldas retornou a São Paulo na noite de domingo, 2 de novembro. Na manhã de segunda preparou-se para assumir, no dia seguinte, seu novo trabalho na Editora Abril. À tarde foi assistir ao filme *Teorema*, de Pasolini. Gostou tanto que ficou para mais duas sessões. Ao chegar em casa, por volta de 22h, recebeu um telefonema de Antônio Ribeiro Pena, que, com sua mulher, Auxiliadora, integrava a rede de apoio articulada pelos dominicanos:

— João, venha para a minha casa o mais rápido possível. Seus irmãos, Fernando e Ivo, ainda não voltaram do Rio, o Edson e o Ratton estão conosco.

Caldas pegou um táxi na avenida 9 de Julho e foi à rua Ouro Preto, no Jardim Europa, próxima ao Shopping Iguatemi. Havia ali clima de tensão e pânico. Frei Edson Braga contou que o convento do bairro das Perdizes estava cercado pela polícia. Ratton confirmou a viagem dos dois frades ao Rio. E até aquele momento não tinham dado o sinal combinado de que estavam seguros. Tudo indicava terem sido presos. Caldas não quis admitir:

— Vamos a Perdizes para confirmar — propôs.

Ratton achou não ser prudente e se esquivou. Auxiliadora suplicou ao marido que não fosse. Induzidos por esse sentimento paradoxal que faz conflitar medo e solidariedade, logo Edson e Caldas entraram no carro de Antônio, rumo à rua Caiubi. Voltearam o quarteirão e confirmaram: dezenas de carros indicavam a presença de policiais dentro e fora do convento. Ao se afastarem da área, Antônio lembrou de companheiros da rede de apoio:

– Vamos avisar ao Roberto (de Barros Pereira) e ao Manoel (Carlos Guimarães).

Caldas ponderou:

– Não acredito que os dois frades tenham dado os nossos nomes. Temos até amanhã para que eles abram as nossas residências, segundo as regras de segurança da ALN. Quanto ao Roberto, o pai teve trombose e nem de longe imagina o engajamento político do filho. A esta hora da noite visitá-lo suscitará dúvidas com consequências imprevisíveis à saúde do pai. Deixem-me em casa. Amanhã avisaremos aos dois e prepararemos uma possível saída do país.

Entraram na rua Rocha pela praça 14 Bis. De longe avistaram dois homens na porta do prédio. Caldas disse a Antônio:

– Pare na porta para eu saltar. Vá até o final do quarteirão e retorne, assim terei mais segurança quando vocês passarem de volta.

O carro se distanciou. De chaves na mão para entrar no prédio, Caldas foi abordado pelos dois homens:

– Mora neste prédio?
– Sim.
– Conhece alguém chamado Maurício?
– Não.
– Como é o seu nome?
– João Antônio.
– Mostre os documentos.

IV. MORTE, A CILADA

Com cuidado, Caldas exibiu a carteira com o nome civil e empurrou a outra, com nome religioso, para dentro do bolso.

Enquanto abria a porta, ouviu:

– Sobrenome é o mesmo do Maurício. Você está preso!

Imediatamente o levaram para uma perua Chevrolet. Ali estavam Frei Edson e Antônio, presos após passarem de volta pelo prédio. Mais carros se juntaram à comitiva. Os policiais portavam metralhadoras e fuzis. O delegado pediu a chave do apartamento e enviou dois homens para o vasculharem. Em seguida perguntou a Caldas:

– Sabe por que está sendo preso?

Ao responder 'não', recebeu um tapa no rosto.

– Vai saber daqui a pouco – acrescentou o delegado.

Os investigadores regressaram do apartamento com o envelope contendo o documento da ALN e as fotos de Tiana, com o nome dela atrás. Trouxeram também a agenda de telefones.

Levados para o DEOPS, foram direto para o 3º andar, para a sala do delegado Alcides Cintra Bueno, "especializado" em repressão a religiosos. Ali se depararam com Frei Fernando e Frei Ivo, acompanhados pelo diretor do DEOPS, delegado Benedito Nunes. Os frades traziam a face deformada pelas sessões de tortura. Fernando pediu cigarro a Caldas. Ao oferecê-lo, percebeu que lhe restava pouca capacidade motora. As roupas dos dois estavam manchadas de sangue ressecado, e seus rostos, inchados, denunciavam espancamentos.

O diretor do DEOPS dirigiu-se a Caldas:

– Não adianta mentir porque já sabemos de tudo. Queremos apressar o trabalho. Diga logo os endereços de quem fazia parte do grupo de vocês. Se não falar será pior. Veja o estado dos dois frades.

Caldas respondeu que nada sabia. Arrastaram-no pelos cabelos ao longo do corredor e o fizeram subir por uma escada de acesso a um pavimento intermediário entre o 3º e 4º andares. Ali ficava a câmara de torturas. Uma sala de 4x2m. Ao fundo, uma cadeira de braços com espaldar alto, toda revestida de metal: a "cadeira do dragão". Acionada uma chave, ela eletrificava todo o corpo do prisioneiro, atado por correias que prendiam braços e pernas para evitar que fosse projetado pelo impacto dos choques.

Arrancaram a roupa de Caldas e o atiraram sobre uma poça de urina e fezes, provavelmente dos que o antecederam. Amarraram suas mãos e pés e o dependuraram no pau de arara. Deram-lhe choques nas partes mais sensíveis do corpo.

Pouco depois, Frei Tito de Alencar Lima foi empurrado para dentro da câmara e submetido às mesmas atrocidades.

2

Frei Ivo queria passar o fim de semana com sua família, no Rio. No sábado, 1º de novembro de 1969, acertou com Frei Fernando que, por volta das oito da noite, deixariam o convento das Perdizes, em São Paulo, e tomariam o ônibus na rodoviária.

Editor da Livraria Duas Cidades, Fernando pretendia encontrar-se, no Rio, com Sinval Itacarambi Leão, editor da Vozes, para discutirem questões de trabalho. Haviam combinado o encontro por telefone.

IV. MORTE, A CILADA

O calor sufocante, pesado, da manhã de domingo, molhava de suor as camisas de Ivo e Fernando, ao desembarcarem na Praça Mauá. Tinham dormido mal na viagem, o corpo sonolento exigia repouso; combinaram que se encontrariam no almoço, em casa dos pais de Ivo, no Lido. Fernando foi descansar em nosso convento, no Leme.

Após o almoço, tomaram o ônibus para ir à casa de Sinval, no Catete. Desceram defronte ao antigo palácio presidencial, coroado por suas águias de bronze e cercado por grades de lanças de ferro. Às duas da tarde, o mormaço caía como chumbo, asfixiante, sob o céu anil, diáfano. Os dois religiosos caminhavam pela rua Silveira Martins quando foram segurados por trás e empurrados para o interior de uma perua que, motor ligado, os aguardava. Os três policiais – Rubens de Souza Pacheco, Alcides Paranhos Júnior e Luiz Zampolo – traziam armas à mão.

– Por que estão nos prendendo? – indagaram assustados.

– Uma senhora foi assaltada no ônibus e apontou vocês como os ladrões.

Levados para o Cenimar, no quinto andar do Arsenal de Marinha, Fernando e Ivo tinham os braços presos por algemas. Ao chegarem, foram separados em salas diferentes.

Na Academia Internacional de Polícia, em Washington, nos quartéis norte-americanos da Zona do Canal do Panamá ou com os instrutores da CIA ou do SSP enviados ao Brasil, como Dan Mitrione, a repressão brasileira aprendera esta *Primeira lição: separar os comparsas, a fim de debilitá-los e jogar um contra o outro.*

Fernando viu-se numa sala com móveis estragados pelo uso. Sobre as mesas, traves de madeira, cordas e pequenas caixas enlaçadas de fios. Em torno do prisioneiro, dez policiais eram comandados por um oficial da Marinha. Alto, louro, cabelos penteados para trás, tratavam-no pela alcunha adequada à sua corpulência: "Alemão."

3

Durante anos, "Alemão" ou "Mike" foi confundido com o capitão de mar e guerra João Alfredo Poeck. Essa informação, equivocada – e injusta –, constou das dez primeiras edições desta obra, lançadas, sucessivamente, pelas editoras Civilização Brasileira, Bertrand Brasil e Círculo do Livro. Figurou também nas edições estrangeiras. Foi o jornalista Elio Gaspari que me chamou a atenção para o erro, quando jantamos na Broadway, em 1992. Em Nova York, ele trabalhava como correspondente da revista *Veja*.

O equívoco havia sido desfeito na quarta-feira, 20 de novembro de 1985, quando Poeck encontrou-se, no bar Bozó, no bairro carioca do Leblon, com Luiz Carlos de Souza Santos, Rui Xavier e Álvaro Caldas, vítimas de "Mike". Nenhum dos três o reconheceu. A confusão se deveu à semelhança física de Poeck com "Mike", que também teria o prenome de Alfredo. Poeck admitiu conhecer "Mike" de vista e confirmou a semelhança física entre os dois. Mas não revelou o nome do torturador.

Três ministros da Marinha – Azevedo Henning, Maximiano da Fonseca e Henrique Sabóia – publicaram notas, em boletins da corporação, em defesa da boa reputação de João Alfredo Poeck, que nunca atuou no Cenimar. Contudo, a Marinha, numa atitude cúmplice, jamais revelou a verdadeira identidade de "Mike" ou "Alemão".

IV. MORTE, A CILADA

Em 1996, num anúncio fúnebre publicado em jornais do Rio, Álvaro Caldas, ex-preso político e autor de *Tirando o capuz* (Rio, Garamond, 2004), atinou para a verdadeira identidade de "Mike": o capitão da reserva Alfredo Magalhães.

4

Ingressou na sala em que se encontrava Frei Fernando um homem gordo, alto, rosto redondo e macilento, no qual despontavam os olhos verdes. Pareciam cravejados de ódio. Era o delegado Sérgio Paranhos Fleury. Filho de um médico-legista da polícia – morto por doença contraída ao necropsiar o cadáver de um preso –, Fleury, órfão de pai aos quatorze anos, tornou-se escrevente do DEOPS paulista aos dezenove. Nascido em 1933, em Niterói, sua fama iniciou-se ao trabalhar como guarda-costas de Roberto Carlos, nos idos dos festivais de música popular da TV Record de São Paulo.

A luta pelo monopólio do mercado de drogas da Grande São Paulo o levaria a chefiar o Esquadrão da Morte: grupo de policiais que, acobertado por magistrados, políticos e militares, promovia sistemática campanha de extermínio de traficantes e marginais, entre 1967 e 1974. Fleury tornou-se conhecido como homem duro, impiedoso, capaz de seviciar um preso dias seguidos, até fazê-lo confessar crimes que não cometera. Deflagrada a luta armada no país, Fleury passou a investigar atividades políticas.

Ao entrar na sala, o leão de chácara dos beneficiários do "milagre econômico" operado pelo regime sabia que jogava sua mais importante cartada.

— Vocês são base fixa de Marighella — afirmou Fleury, fixando os olhos reluzentes no prisioneiro acuado entre policiais.

Fernando negou, disse que nada tinha a ver com o líder político.

— Vai dizer que não é contato do Marighella, que não se encontra com ele?! — disse "Alemão", em tom ameaçador.

O padre dominicano respondeu que só o conhecia por fotos de jornais.

Segunda lição: tentar soltar a língua do preso no papo. Recusando-se a colaborar, passar aos métodos "científicos".

— Tire a roupa — ordenou o delegado de São Paulo.

Fernando permaneceu imóvel, petrificado pelo clima de terror, indiferente à ordem recebida.

A mão pesada do chefe do Esquadrão caiu forte sobre o rosto do prisioneiro.

— Tire a roupa, seu filho da puta!

O religioso ficou de cueca, os acólitos da morte empurraram-no ao chão, enfiaram uma trave de madeira sob seus joelhos, curvaram-no, passaram suas mãos por baixo da trave, amarraram-nas com cordas à frente das pernas e, entre duas mesas, dependuraram seu corpo como um frango no espeto. No pau de arara, a cabeça e os ombros de Fernando pendiam para baixo, posição dilacerante para as juntas e para a coluna. Segundo consta, uma invenção escravocrata aperfeiçoada pelo uso da energia elétrica.

— Como é que Marighella entra em contato com você? — indagou Fleury.

Fernando não respondeu. Fios desencapados foram ligados em seu corpo e a corrente elétrica inoculada nos músculos, qual serpente mortífera desenrolando-se nas

IV. MORTE, A CILADA

entranhas. As pontas dos fios prendiam-se às extremidades das mãos e dos pés. Rodaram a manivela do telefone de campanha, e o corpo do prisioneiro estremeceu em espasmos e dores. Multiplicavam-se as perguntas, e, ante as negativas, as sentinelas do arbítrio aumentavam o ritmo da tortura. Despejavam baldes d'água no corpo da vítima, a fim de torná-lo mais sensível à intensidade das descargas elétricas.

— Vocês são base fixa de Marighella — gritava Fleury, comandando o cerimonial do suplício.

A sessão de choques prolongou-se pelo resto da tarde. Durante horas, o prisioneiro resistiu, aspirando à morte. Mas seus algozes não tinham tanta pressa. Iam e vinham das salas em que os religiosos se encontravam, conferindo respostas, alternando perguntas, procurando confundi-los.

Ao cair da noite, Fernando passou a ser espancado. Erguido do pau de arara, recebia pancadas na nuca e tapas nos ouvidos. Os dentes inferiores descarrilharam: o maxilar fora deslocado. Com socos na cabeça e no queixo, os torturadores o puseram no lugar.

— Como Marighella entra em contato com vocês? — berrava Fleury, enquanto seus auxiliares introduziam, lentamente, o fio na uretra de Fernando. A corrente elétrica, ligada, explodiu em dor os limites de sua resistência, macerada pelas longas e atrozes sevícias daquele eterno domingo.

— Pelo telefone da livraria — respondeu o frade, entre gritos, que nada diziam à surdez diabólica dos torturadores.

Terceira lição: intensificar o "tratamento" quando o preso demonstra atingir o limite de suas forças.

A uretra parecia arder em chamas, as pancadas aturdiam todas as partes do corpo, enquanto o delegado insistia:

— Que livraria?

A indagação caiu no vazio. Fleury deu-lhe um chute:

— Que livraria, seu filho da puta?

— A Livraria Duas Cidades.

Fleury queria explicações de como ele entrava em contato com Marighella. O prisioneiro respondeu que jamais soubera onde residia o comandante da ALN ou se possuía um número de telefone que pudesse ser chamado. Despejaram água em seu corpo e apertaram ainda mais o fio na uretra. Em convulsões, o religioso disse que não tinha meios de chegar a Marighella ou de localizá-lo. Era o líder revolucionário que ligava para a livraria onde Fernando trabalhava, marcando os contatos.

— Como ele se identifica ao telefone?

— Não me lembro — disse o preso, enroscado no pau de arara.

— Aumentem a descarga até ele se lembrar! — gritou o delegado para seus acólitos.

O corpo do prisioneiro tentava, em vão, erguer-se no ar, fugir dos choques, estrebuchando em contrações, crivado por infinitas agulhas elétricas.

— Como Marighella se identifica ao telefone? — berrou o chefe do Esquadrão.

— Por uma senha.

— Que senha? Como é a senha?

Fernando buscava, ansioso, a inconsciência, o desmaio, a morte, enquanto o policial que segurava o fio em sua uretra apertava fortemente os órgãos genitais. A frase emergiu:

IV. MORTE, A CILADA

– Diz que é "O Ernesto" e marca a hora em que devo encontrá-lo na "gráfica".
– Onde fica a "gráfica"? – indagou Fleury.
– Na alameda Casa Branca, altura do número 800.
– Vocês se encontraram há quinze dias, não foi?

Era verdade. Como Fleury poderia sabê-lo? Fernando pensou que Ivo, no limite de sua resistência, tivesse falado. Constataria, depois, que a informação não fora dada por Ivo.

– Ele vai ligar para você nos próximos dias – afirmou Fleury.
– Ele me disse que iria viajar.
– Que nada! Ele está acuado. Vai procurar vocês.

Apertadas pelas cordas, as mãos de Frei Fernando ficaram vermelhas e inchadas. Dir-se-ia que estavam cobertas por luvas de malha rubra. O delegado Fleury estranhou o sintoma; com a prática que possuía, identificava as reações anômalas de um organismo torturado. Os cursos da Academia Interamericana de Polícia, em Fort Davis, no Panamá – frequentada por militares e policiais brasileiros –, davam instruções meticulosas sobre métodos inquisitoriais e suas reações.

De noite, o prisioneiro foi descido do pau de arara, enquanto chegava o médico. O corpo suado, dilacerado, sangrava e ardia. O doutor examinou-o, constatou que não havia risco iminente de morte e, para a tranquilidade dos policiais, permaneceu na sala, orientando quando deveriam parar de bater e quando podiam bater. Os chutes e as pancadas já não arrancavam nenhum ruído da boca de Fernando. O desmaio mergulhou-o num profundo túnel que, como uma cápsula, rodopiava com ele pelos ares, conduzindo-o a um lugar muito distante, onde tudo era branco como a cor da paz.

Óculos de grau, cabelos prateados, rosto bronzeado, o médico nada tinha do aspecto de um homem sem sentimentos. Provavelmente acostumara-se a deixar o "trabalho" às seis da tarde, entrar no automóvel estacionado no pátio do Arsenal de Marinha, dirigir-se a seu apartamento na Zona Sul, beijar a esposa que o esperava frente à televisão com o jantar preparado, acariciar as filhas que chegavam da escola e repreender a empregada por não tratar melhor seu cachorro de estimação.

Era um ser imbuído dessa "ética" que fundamenta as ditaduras e exclui da condição humana os opositores do regime que, como "terroristas", perdem o direito de se beneficiar até mesmo da Lei de Proteção aos Animais. Como médico, fora pervertido pela ideologia da segurança nacional, assim como oficiais das Forças Armadas, filhos de modesta classe média brasileira, acostumaram-se ao incômodo de ver suas fardas verde-oliva borrifadas do sangue dos presos políticos massacrados nos porões dos quartéis.

5

À frente de Frei Ivo, "Alemão" assemelhava-se a um executivo tratando de seus negócios: abriu o fichário de aço, puxou uma pasta, espalhou sobre a mesa exemplares do jornal do diretório estudantil do Instituto de Filosofia e Teologia de São Paulo, do qual, há mais de um ano, o estudante dominicano fora redator-chefe.

Quarta lição: dar ao prisioneiro a impressão de que os órgãos de segurança não ignoram nenhum detalhe de sua

IV. MORTE, A CILADA

vida. Tudo está registrado, fichado, catalogado. A comunidade de informações é onipresente e onisciente. Escuta telefonemas, abre correspondências, acompanha as pessoas pela rua, enxerga e ouve através das paredes, pousa na mesa de trabalho disfarçada de simples mosquito. Nada escapa a seu saber e poder. Acreditar nisso é, para o preso, admitir sua própria impotência.

O oficial indagou se Ivo escrevera artigos no jornal:
— Não, apenas trabalhei com redator-chefe.

Retiraram-no da sala e o encostaram numa parede do corredor. O suor impregnava sua camisa. Logo, conduziram-no a outra sala:
— Tire a roupa — ordenou um dos cinco policiais presentes.

Ivo foi dependurado no pau de arara, e a serpente elétrica, ligada a seu corpo. Entre convulsões e dor, percebeu quando Fleury e "Alemão" ingressaram na sala. As perguntas se multiplicavam: Você é da ALN? Conhece Marighella? Como faz para chegar a Marighella? Fez política estudantil? Tem amantes? O que sabe da vida íntima de padres e bispos?

Os policiais saíam e entravam, permutando-se no linchamento oficial. Durante horas, Ivo respondeu negativamente a todas as interrogações. Não sabia, não se lembrava, não conhecia. Fleury insistia:
— Vocês são base fixa de Marighella.

A afirmativa ressoava como um refrão na boca do delegado.

O fio desencapado foi introduzido no pênis do estudante. A dor explodiu-lhe as vísceras, e o corpo agitou-se em torno da trave de madeira. As perguntas sucediam-se:
— Onde mora Marighella? Quem pôs vocês em contato com ele? Como fazem quando querem encontrá-lo?

Os fios distribuíam choques na cabeça, nos ouvidos, nas extremidades dos membros. Fleury repetia:
— Vocês são base fixa de Marighella.
Irritados com os gritos lancinantes do preso, desceram-no do pau de arara, fizeram uma roda à sua volta e iniciaram o espancamento. Davam-lhe chutes e socos na boca do estômago, nos órgãos genitais, na cabeça e nas costas. Como resposta às perguntas, só ouviam os urros de um ser atirado ao vácuo.
— Como Marighella entra em contato com vocês? — insistiam os algozes, enquanto lanhavam a vítima com um cano de borracha.
Ivo lembrou-se da cena evangélica de Jesus sendo espancado, sob a indagação dos soldados: "Adivinhe quem bateu em você?" (*Lucas* 22, 64).
A dor aguda, provocada pelos golpes no estômago e nos órgãos genitais, suspendia a respiração de Ivo, que, agoniado, se esforçava por sugar o ar e extrair dos pulmões o grito inútil de um animal acuado. De repente, dez homens invadiram a sala e, somando-se aos espancadores, descarregaram seu sadismo sobre o prisioneiro.
— Confesse que vocês são base fixa de Marighella — exigiam com ódio.
A resistência do religioso chegou a seus limites. Ivo admitiu que conhecia Carlos Marighella.
Quinta lição: intensificar o "tratamento" quando o preso começa a admitir alguma acusação.
O cano de borracha abria os hematomas que pipocavam pelo corpo da vítima e macerava o seu rosto. A voz rouca e pastosa de Fleury perguntou mais uma vez:
— Como Marighella entra em contato com vocês?

IV. MORTE, A CILADA

A resposta não veio, um chute nas costas fez o dominicano erguer-se e tombar novamente.
– Através do telefone do convento – disse Ivo.
– Quando foi que você esteve com Marighella? – berrou o chefe do Esquadrão.
– Não me lembro direito.
O cano de borracha dilacerava-lhe as carnes, especialmente o rosto; a cabeça latejava. Fleury estava fora de si:
– Confesse que você esteve com ele há quinze dias, seu filho da puta!
Ivo imaginou que Fernando deixara escapar a informação.
– Onde foi o encontro? – indagou o policial.
– Na alameda Casa Branca, altura do número 400.
Como um naco de carne a ser enfiado no espeto, os policiais recolocaram o preso no pau de arara. As descargas elétricas teciam uma coroa atroz em seu couro cabeludo e espalhavam mil agulhas de fogo nos órgãos genitais. Ivo ignora quanto tempo foi torturado. Tempo e espaço estilhaçavam-se em seu sofrimento.
Era noite quando o tiraram da sala. Por um corte profundo brotava sangue em seu braço direito, quase à altura do ombro. Todo ele era uma chaga. A muito custo conseguiu mastigar o sanduíche que lhe deram. Levaram-no para tomar banho. A água do chuveiro aliviou as dores, lavou o sangue, limpou as feridas. Ao sair do banheiro, Ivo cruzou com Fernando, que só o reconheceu pela roupa, pois o rosto estava deformado pelo espancamento.

6

Após o banho, Fernando e Ivo foram reunidos em outra sala, em frente a um aparelho de videoteipe, apesar das marcas de tortura que traziam no corpo. Cortesia dos programas da AID. "Alemão" ou "Mike" explicou que a gravação seria remetida ao presidente Médici, e que eles deveriam responder de acordo com os esquemas preparados pelos "técnicos", caso não quisessem retornar ao pau de arara. Os "técnicos" eram, com certeza, oficiais do Cenimar.

Um deles fazia as perguntas e o outro ditava as respostas. Quando um dos frades dizia algo que não lhes agradava, a cena era repetida sob ameaças.

Mais tarde, essa gravação foi exibida a vários bispos como prova de nossa "cumplicidade com o terrorismo".

Separados em seguida, Fernando recostou-se num sofá, sob a guarda vigilante de um policial. Um turbilhão de imagens pululava em sua cabeça, roubando-lhe o sono. Fumava continuamente, tentando aliviar a tensão. Pouco depois, um dos torturadores ingressou na sala e comentou com o que montava guarda:

– O outro não aguentou, pifou.

Ouvidos apurados, Fernando esforçava-se por escutar algum sinal de Ivo, para ter certeza de que não morrera. A pressão psicológica fomentava-lhe horripilantes fantasias, incrementadas pela estafa que não sucumbia à insônia.

Deitado e algemado numa cama Dragoflex, em outra sala Ivo passou também a noite em claro, a imaginação trafegando pelo labirinto sem saída que o absurdo desenhava em sua cabeça, o pressentimento da morte

IV. MORTE, A CILADA

excitando o instinto de sobrevivência, que recusava o sono como prenúncio, e a sensação do sangue correndo acelerado em suas veias, dilatando-as no sistema nervoso.

7

— Levantem para o café da manhã! – berrou o policial.

Os frades foram arrastados para nova sessão de torturas, na manhã de segunda-feira. Juntos, receberam socos, pontapés e queimaduras com fogo de isqueiros. Nada lhes perguntavam. Os algozes davam a impressão de se divertirem com o macabro ritual. Batiam pelo prazer de bater, indiferentes aos gemidos de dor que ecoavam, sem resposta, pelas galerias do Cenimar.

Em jejum, embarcaram num automóvel Mercedes-Benz, acompanhados do delegado Fleury e de outros membros do Esquadrão da Morte. No caminho para São Paulo, o veículo enguiçou. Foi preciso esperar que, do Rio, viesse uma perua, em cujo bagageiro os presos fizeram o resto da viagem.

Era noite quando ingressaram na fortaleza vermelha do DEOPS paulista, ao lado da estação Júlio Prestes.

A madrugada foi atravessada sob novos interrogatórios. Era a segunda noite em claro, após a viagem cansativa, o corpo moído de pancadas, a privação de alimentos, pensamentos sem nexo rodopiando pela cabeça, ameaças de mais sevícias misturadas com a bateria de perguntas sobre atividades e contatos dos dominicanos em São Paulo.

Sexta lição: levar o prisioneiro à exaustão, até a perda completa do domínio de seus sentimentos, raciocínio e palavras.

8

Não dependia apenas dos depoimentos dos religiosos a descoberta dos pontos de apoio aos que lutavam ao lado de Marighella na capital bandeirante. A pista dessa rede começou a ser levantada pela repressão desde setembro, após o sequestro do embaixador Charles Burke Elbrick, dos EUA, e a queda de um comando armado na alameda Campinas, em São Paulo, no dia 24 daquele mês.

Acusados de pertencerem à ALN, havia, em fins de outubro de 1969, mais de vinte presos políticos, inclusive Paulo de Tarso Venceslau, que fazia a ponte entre o grupo de dominicanos e Marighella. Surpreendido pelas primeiras ações armadas, o aparelho repressivo equipara-se para enfrentar o novo desafio. Em novembro de 1969, antes do cerco dos dominicanos, ele já detinha considerável soma de informações, inclusive a nosso respeito. Sabia que auxiliávamos refugiados políticos. Sabia que alguns frades tinham contatos com Carlos Marighella. Sabia que o convento das Perdizes não fechava as portas aos perseguidos e às suas famílias. Por isso, na madrugada de 3 para 4 de novembro, a equipe do delegado Fleury invadiu nosso convento, na rua Caiubi.

Frei Domingos Maia Leite, provincial dos dominicanos no Brasil, dormia tranquilamente em seu quarto ao ser acordado por fortes batidas na porta. Olhou o relógio: três da madrugada. Com mais de 60 anos, o frade goiano, miúdo e esperto, não conhecia o medo. Seus cabelos brancos, sobre o rosto cor de amêndoa,

IV. MORTE, A CILADA

contrastavam com a alegria juvenil que transbordava de seu espírito. Mas, naquela noite, ele se levantou preocupado. Era Frei Edson Braga, o prior, que batia à porta e avisava que o delegado Fleury, acompanhado por vários policiais, acabava de invadir o convento, prendera Frei Tito de Alencar Lima e Frei Giorgio Callegari, e queria que o provincial e o vice-prior, Frei Sérgio Lobo, fossem também até o DEOPS.

Ao sair para o corredor, Frei Domingos deparou-se com um soldado armado de metralhadora, que quis obrigá-lo a descer de pijama, mas o provincial protestou. Voltou ao quarto e trocou de roupa, sob a mira da arma embalada. Ao chegar à portaria, viu os outros frades encostados à parede, cercados por homens armados.

A rua Caiubi, em Perdizes, estava tomada por viaturas policiais. Os vizinhos, assustados, espreitavam pelas janelas.

No DEOPS, Fleury subiu pelo elevador com Frei Domingos. Atravessaram o corredor em que diversos presos se encontravam enfileirados, como troféus exibidos pelo caçador. Entre eles estava Ivo, que Frei Domingos reconheceu pela camisa, tão inchado e ferido ficara o rosto dele. O delegado apresentou o provincial a três oficiais: um do Exército, o segundo da Marinha e o outro da Aeronáutica – como quem demonstra a união das três armas na atividade repressiva. Acomodado em seu gabinete, o chefe do Esquadrão da Morte gabava-se: – Tá vendo? Acabamos de prender os dominicanos e agora, através deles, vamos prender Marighella. Vamos tomar conta dos telefones do convento e da Livraria Duas Cidades.

Os frades Edson, Sérgio, Tito e Giorgio passaram, no DEOPS, por Fernando e Ivo. Os dois primeiros foram poupados e, com Frei Domingos, liberados horas depois. Giorgio e Tito ficaram presos. Foram torturados por Fleury com palmatórias e choques elétricos. O delegado mostrava-se incansável em seu sadismo, como se o sofrimento alheio lhe desse uma espécie de prazer superior.

(Todas as pessoas encarceradas em decorrência da prisão dos dominicanos foram absolvidas dois anos depois, por falta ou insuficiência de provas. O tribunal militar reconheceu que as confissões haviam sido forjadas pela polícia e arrancadas sob tortura.)

Sem comer e dormir, Fernando e Ivo permaneceram toda a noite no quarto andar do DEOPS. O cansaço diluía-se na tensão, os olhos enxergavam mil bolinhas brancas como cristais flutuantes, o raciocínio desfazia-se como bolha de sabão. Sentiam-se fora de si.

No Rio, Frei Roberto Romano, de São Paulo, foi preso no convento do Leme.

9

O apartamento dos dominicanos na rua Rego Freitas, próximo à igreja da Consolação, foi invadido e ocupado pela polícia, e os frades, transferidos para o convento. Fernando e eu havíamos morado no décimo nono andar do número 530, com outros confrades.

Irmã Valéria Rezende, entretanto, nada sabia da investida repressiva. Amiga dos dominicanos, eu a conhecera como dirigente nacional da JEC feminina, no Rio, antes de 1964. Éramos leigos, universitários, indelevelmente marcados pela paixão divina. Tínhamos em co-

IV. MORTE, A CILADA

mum a formação burguesa, a nostalgia da mística e o compromisso político embasado na fé. De uma beleza terna, o sorriso doce, Valéria possuía arguta inteligência, a arte de trabalhar com as mãos, especialmente em desenho e escultura, e a facilidade de dominar idiomas.

Ao ingressar no prédio da rua Rego Freitas, ela nada percebeu de anormal. Queria falar com Frei Magno Vilela, que conseguira evadir-se antes da chegada da polícia e, posteriormente, exilar-se na França. Um homem desconhecido abriu trinta centímetros de porta e ela, assustada, perguntou se o frade se encontrava.

– Entra – ordenou ele.

O policial vestia calça cinza, camisa social sem gravata, as mangas arregaçadas. Irmã Valéria pensou tratar-se de algum amigo dos frades. Quem sabe errara de andar: ergueu os olhos para conferir o número da porta. Ao abaixá-los, viu que a porta estava toda aberta e o homem trazia, à mão, o fuzil, empurrando-a para dentro com a ponta do cano. Trancou a porta, sacou uma carteira de polícia e disse que era do DEOPS. A sala estava em desordem total, só o crucifixo de cobre na parede continuava no lugar. O sofá barrava a porta da cozinha, e, sobre ele, dormia outro policial, de cueca. Abriu os olhos, resmungou qualquer coisa e retomou o sono, como se estivesse bêbado.

Com a arma apontada para a visitante, o policial sentou-se à sua frente. Sobre a mesa que os separava, papéis, fotos, armas, cartucheiras e balas. Valéria indagou o que era aquilo, se havia engano, se ali moravam os padres.

– São todos terroristas e estão presos – disse o policial.
– Que você veio fazer aqui?

– Vim buscar um padre para confessar-me na igreja da Consolação – blefou.

Durante todo o interrogatório, a religiosa manteve a mesma versão, embora ele gritasse que ela mentia e fizesse ameaças:

— É melhor dizer logo tudo, senão vou levá-la para o DEOPS e você vai se entortar.

Repetiu isso várias vezes. Por momentos, parecia convencer-se do que ela dizia, mas, em seguida, retomava as ameaças.

— Ainda não pegamos todos. Ainda não pegamos o homem... Onde está o homem? – exclamou ele.

— Que homem?

— O homem... os homens... os outros!

Fez um interrogatório completo: nome, endereço, trabalho. Exigiu os documentos, e ela os retirou da bolsa, entregando-os. Felizmente ele não revistou a bolsa, na qual havia duas cartas minhas. Anotou todos os dados e devolveu os documentos. Em seguida, espalhou as fotos sobre a mesa e pediu que ela reconhecesse as pessoas. Eram fotos dos dominicanos, tiradas em cerimônias na igreja de Perdizes. Valéria decidiu "colaborar" e passou a dar-lhe informações "valiosas" dos horários das missas, como eram os ensaios de canto, quem pregava melhor etc.

Após quatro horas de interrogatório, ele parecia cansado da conversa. Entrou num dos quartos e retornou com uma carteira de couro, na qual havia a foto 3x4 de um homem calvo, de meia-idade, rosto largo e forte, com a gola de camisa imitando colarinho eclesiástico:

— É este o padre que você veio procurar?

Ela disse que não, não sabia quem era aquele, não obstante guardasse a impressão de ser a foto de Marighella. Ao fim da inquirição, deixou-a sair com a advertência:

— Não diga nada ao homem!

IV. MORTE, A CILADA

— Que homem?
— O homem... o homem aí — disse ele, sem que ela pudesse entender.

Nos dias seguintes, irmã Valéria foi ostensivamente seguida e vigiada em seus movimentos.

Graças a ela, minhas cartas de prisão, remetidas a familiares, confrades e amigos, foram recolhidas e, em 1971, publicadas na Itália, pela editora Mondadori, de Milão, sob o título *Dai soterranei della storia*. No Brasil, só seriam editadas em 1974, com o título *Cartas da prisão*, pela Civilização Brasileira. Em Roma, Linda Bimbi e Maria Inês Libanio, minha prima, empenharam-se no preparo e no lançamento da edição italiana.

10

Os encontros de Frei Fernando com o comandante da ALN eram sempre marcados pelo próprio Marighella — uma única vez, através de telefonema ao convento e, nas demais, à livraria. O local era invariável: próximo ao número 806 da alameda Casa Branca.

O último encontro fora em meados de outubro. Ivo o acompanhou, sem chegar a participar da conversa, na qual acertaram a saída do país de dois refugiados. Na ocasião, Marighella disse que passaria um mês fora de São Paulo e, na volta, entraria em contato com ele. Pretendia viajar para a área rural. Segundo Jacob Gorender, Marighella havia programado "uma viagem a Mato Grosso para 9 de novembro" (*Combate nas trevas,* São Paulo, Ática, 5ª ed., 1998, p. 190).

Por mais que a repressão torturasse Ivo e Fernando, eles só podiam dizer como haviam sido os encontros anteriores, e a forma de marcá-los. Não conheciam a casa ou o endereço de Marighella, nem tinham meios para tomar a iniciativa de encontrá-lo. Frente à notícia de que o líder revolucionário passaria um mês fora, só restava ao DEOPS manter os religiosos sigilosamente presos, até que Fernando recebesse novo telefonema – pensaram os frades. Não tinham ideia de que a polícia contava com outros elementos e fatores no cerco a Marighella. O sigilo necessário já fora publicamente quebrado pelo sequestro dos dominicanos no Rio, pela invasão do convento de São Paulo, pela ocupação do apartamento da rua Rego Freitas. Já no dia 3 de novembro de 1969, segunda-feira, muitas pessoas sabiam da prisão dos religiosos.

Pode-se aventar a hipótese de que havia um encontro marcado para a noite do dia 4, no mesmo local, a ser confirmado por telefonema à livraria, naquela tarde. Segundo essa hipótese, mediante torturas, Fleury teria arrancado essa informação dos frades.

Ora, seriam os órgãos de segurança tão burros a ponto de arriscarem o êxito da operação invadindo o convento na madrugada anterior? Não teria sido mais conveniente evitar qualquer alarde que pudesse afastar Marighella do cerco?

A maneira segura e progressiva como a repressão se comportava demonstrava que possuía outras pistas de Marighella além da palavra dos religiosos. Jacob Gorender, em seu livro *Combate nas trevas*, afirma que, "nos cárceres – aqui, o testemunho é meu –, era generalizada a convicção dos presos políticos acerca da responsabilidade de Fernando e Yves na tragédia da alameda Casa

IV. MORTE, A CILADA

Branca" (p. 197). E acrescenta mais adiante: "o meu silêncio de historiador significaria conivência com a versão divulgada por Frei Betto, em curso no Brasil e no exterior. Silêncio inadmissível diante do compromisso que o historiador tem com a verdade. (...) Frei Betto preferiu a meia verdade, o que é igual a meia falsidade. Sua versão reconhece que, sob tortura, Fernando e Yves (hoje, ex-frade) denunciaram o dispositivo de ligação com o líder da ALN. Veja-se bem: não sou o primeiro na área de esquerda a trazer isto a público. Precedeu-me Frei Betto. Mas sua versão acumula invencionices..." (pp. 197-198).

Não foram os frades que procuraram a polícia. A polícia prendeu-os e torturou-os. Gorender isenta Paulo de Tarso Venceslau de ter delatado os frades (pp. 198-199) e não esclarece como a repressão soube que um grupo de dominicanos servia de apoio logístico a Marighella. E o que é mais estranho: um historiador jamais despreza uma fonte viva, ainda mais se os dois residem no mesmo país. Gorender nunca demonstrou o menor interesse em entrevistar Ivo e Fernando, mas teve o cuidado de ouvir a versão de Paulo de Tarso Venceslau, como se o visceral anticlericalismo incutido em alguns comunistas brasileiros tivesse ainda o peso capaz de prejudicar a objetividade de quem pretende encarar a história pelo método científico. O compromisso com a verdade deve estar acima de preconceitos.

11

No quarto andar do DEOPS, Ivo e Fernando permaneceram, sem comer e dormir, até o fim da manhã do dia 4 de novembro de 1969, terça-feira. Puderam notar que os agentes policiais estavam de sobreaviso, aguardando alguma coisa. O clima era de nervosa expectativa.

No início da tarde, separaram os dois. Ivo desceu para a carceragem, nos subterrâneos da fortaleza vermelha, uma construção ao estilo dos velhos prédios ingleses. Deram-lhe um sanduíche, o primeiro alimento em quase quarenta e oito horas. Mordeu-o sem apetite, estalando de dor de cabeça, a boca amargando. Bebeu água com avidez. Preencheram sua ficha na antessala do cárcere e tiraram suas impressões digitais. O ambiente era escuro mesmo de dia, quando as lâmpadas permaneciam acesas. Parecia os fundos de um antigo armazém de secos e molhados, povoado de ratos e baratas. Soldados da tropa de choque da PM, armados de metralhadora, conduziram-no por um corredor estreito, sem janelas, impregnado de mofo. Puseram-no na cela 5, junto a mais quinze prisioneiros políticos, quase todos incluídos no processo da ALN. A cela, retangular, tinha as paredes em amarelo pálido, descascado, uma coluna no meio e, ao fundo, privada, pia e chuveiro. Nada de camas, apenas colchões finos e ensebados espalhados pelo chão, derramando palha pelo pano rasgado. Como eram em número insuficiente, à noite os prisioneiros uniam todos os colchões e formavam um único, sobre o qual dormiam enviesados, um com os pés na cabeça do companheiro do lado. Dividiam-se entre os mais friorentos as cinco

IV. MORTE, A CILADA

cobertas gastas e lisas como pano de engraxate de dar lustro. Duas frases, entre as muitas rabiscadas nas paredes da cela, chamaram a atenção de Ivo:

> *Neste punhado de homens que não têm outra alternativa senão a morte ou a vitória, onde a morte é um conceito mil vezes presente, e a vitória, um mito que somente um revolucionário ousa sonhar.*
> (Che Guevara)
>
> *Sem derramamento de sangue não há redenção.*
> (Hebreus 9, 22)

Levaram Frei Fernando para tomar banho e fazer a barba. O asseio não o livrou do torpor que embebia de cansaço e mal-estar seu corpo macerado e faminto. A tensão excitava-o e o mantinha acordado.

Conduziram-no à Livraria Duas Cidades, na rua Bento Freitas, no Centro de São Paulo. Os agentes do DEOPS cercaram todo o quarteirão, espalharam-se pela loja e ordenaram ao padre que ficasse em sua mesa, como se trabalhasse normalmente:

– Vamos pegar os terroristas que vêm aqui falar com você – disse o delegado Roberto Guimarães, responsável pela operação.

Exigiram que o dominicano atendesse os telefonemas. Para testá-lo, dr. Roberto ligou de outro aparelho.

– Alô.
– É Frei Fernando?
– É.
– Aqui é um companheiro que precisa ter um *ponto* com você.

O religioso reconheceu a voz do delegado.
– Pois não.

— Posso passar aí na livraria hoje à tarde?
— Pode.

Convencido da farsa, Fernando atendia as chamadas, dando a impressão de que de nada desconfiara. Supunha que, àquela altura dos acontecimentos, todos já tinham notícia do que ocorrera com os dominicanos. Julgava que Marighella se ausentara de São Paulo, devendo regressar só em meados de novembro. Fora preso há mais de quarenta e oito horas, e os vizinhos do convento assistiram à ocupação da rua pelas viaturas policiais. No Sul, eu já me encontrava foragido, ciente de que ele se encontrava preso.

O telefone tocou mais uma vez.
— Alô.
— Alô, Frei Fernando?
— Sim.
— Aqui é o Ernesto. Vou à gráfica hoje às vinte horas.
— Sim — respondeu o preso, e desligou.

Reconhecera a senha, mas tinha certeza de que a voz não era a de Marighella. Pensou tratar-se de mais um teste do delegado.

Encerrado o expediente comercial, Fernando foi levado de volta ao DEOPS.

12

Carlos Marighella encontrava-se em São Paulo nos primeiros dias de novembro de 1969. Não viajara e decidira, naquela tarde de 4 de novembro, antecipar seu próximo contato com Fernando: exatamente para a noite do mesmo dia.

IV. MORTE, A CILADA

A propósito, numa reportagem sobre a experiência de clandestinidade de militantes políticos, o repórter Sérgio Buarque de Gusmão (*Isto É*, 3 de agosto de 1979, p. 19) registra que Marighella, "duas horas antes do encontro que, na noite de 4 de novembro de 1969, teria com padres dominicanos, em São Paulo, foi alertado de que alguns religiosos colaboradores da ALN estavam presos. Mesmo assim, Marighella foi *cobrir o ponto* – e encontrou o delegado Fleury".

Fui à mesma fonte do repórter. Durante a ditadura, ela preferiu ser mantida no anonimato, pois nunca a repressão soube de suas ligações com Marighella. Por isso, seu nome não consta das edições anteriores desta obra: Antônio Flávio Médici de Camargo, então próspero corretor de imóveis e proprietário da Distribuidora Paulista de Valores, em cujo apartamento Marighella se hospedava, na rua São Vicente de Paulo 360, no elegante bairro de Higienópolis. Camargo possuía um Mercedes-Benz, no qual costumava servir de motorista para o comandante da ALN.

No início da noite de 4 de novembro, Marighella deixou o apartamento de Camargo, ao lado de seu anfitrião, para dirigir-se à alameda Casa Branca. Segundo Camargo, o comandante revolucionário tivera vagas notícias de que algo ocorrera com "dominicanos no Rio". Para certificar-se, pediu a Camargo que telefonasse a Frei Fernando em seu nome, dando-lhe a senha. Portanto, o telefonema à livraria não foi feito, como de costume, pelo próprio Marighella. De um telefone público do centro de São Paulo, Camargo ligou para a livraria, cerca de quatro horas da tarde.

O próprio Camargo ficara de apanhar Marighella, por volta de 20h30, na alameda Casa Branca. Enquanto aguardava num bar das proximidades, deu-se conta da fuzilaria e da morte de seu amigo. Três dias depois, Antônio Flávio Médici de Camargo embarcava com a família para o exílio.

Clara Charf, companheira de Marighella, esteve com o líder da ALN por volta das 19h do mesmo dia, em casa de Camargo, e viu quando ele saiu à rua. Ela ignora, porém, se ele soubera ou não da prisão dos frades. Ela nada sabia.

Na tarde de 4 de novembro, Marighella esteve reunido com dois dirigentes da ALN: Otávio Ângelo, metalúrgico que sabia transformar sucata em armas, e Guiomar Silva Lopes. Em sua obra *Carlos Marighella* (São Paulo, Sol e Chuva, 1997, p. 29), Emiliano José afirma que "durante a reunião fora citada a queda de padres dominicanos no Rio de Janeiro. Não havia precisão, não se sabiam nomes, mas se sabia que dominicanos haviam sido presos. Quando Otávio Ângelo disse isso, Marighella, sem deixá-lo continuar, atalhou: 'Estou sabendo'".

Ao sair da reunião, às 17h, Guiomar cruzou com Jeová de Assis Gomes, que chegava para falar com Marighella. Este foi levado à alameda Casa Branca por Otávio Ângelo, Luís José Cunha e Jeová, que o deixaram na esquina da rua Oscar Freire com alameda Casa Branca. Luís José fez o levantamento do *ponto,* para conferir que não havia indícios de risco, deu o sinal verde para Marighella e, como os demais, retirou-se.

Luís José Cunha viria a morrer, assassinado pelo DOI/CODI, a 13 de julho de 1973, em São Paulo. Jeová de Assis Gomes, preso poucos dias depois, foi

IV. MORTE, A CILADA

nosso companheiro de cárcere no DEOPS e no Presídio Tiradentes.

Em junho de 1970, Jeová foi libertado, junto com outros presos políticos, em troca do embaixador alemão Ehrenfried von Holleben, sequestrado pela VPR. Após treinamento em Cuba, retornou clandestinamente ao Brasil, disposto a implantar as bases rurais da guerrilha. Delatado, foi cercado pela repressão num campo de futebol, em Guará (GO), a 9 de janeiro de 1972, e fuzilado momentos depois.

Otávio Ângelo, o "Tião Armeiro", também não escapou à queda da ALN em fins de 1969. Foi nosso companheiro na cela 7 do Presídio Tiradentes. Libertado em março de 1970, junto com madre Maurina Borges, por ocasião do sequestro do cônsul japonês em São Paulo, realizado pela VPR, rumou para o México e, de lá, para Cuba, integrando o grupo remanescente da ALN que, na ilha, fundou o Molipo.

Há fortes indícios de que Otávio Ângelo, ao deixar o Brasil, já decidira colaborar com a repressão. De Cuba, enviava informações através da embaixada da Suíça, o que possibilitou o cerco e o assassinato de quase todos os militantes do Molipo reingressados clandestinamente no país.

O destino de Otávio Ângelo permanece um mistério. A família assegura não ter nenhuma pista de seu paradeiro. Talvez, como o Cabo Anselmo, viva em algum lugar, protegido por uma nova face e uma nova identidade. Uma indagação fica no ar: desde quando ele passou a colaborar com a repressão, ao ser torturado, como ocorreu a outros, ou antes mesmo de ser preso? Nesta segunda hipótese, fica sob suspeita o encontro que teve com Marighella ao entardecer do dia 4 de novembro de

1969, até deixá-lo na alameda Casa Branca. Note-se que, segundo Guiomar Silva Lopes, que até 1999 vivia em São Paulo, foi Otávio Ângelo quem tomou a iniciativa de comentar com Marighella a notícia da prisão dos frades.
Como soubera?

13

Frei Ivo foi retirado da cela em torno das sete da noite de 4 de novembro de 1969 e conduzido ao segundo andar do DEOPS. Havia grande movimentação de policiais fortemente armados, preparados para a guerra. O clima, no entanto, era de festa, e um champanha foi estourado, repartido como elixir da coragem e prêmio antecipado da vitória.

No térreo, Ivo entrou no Volks azul em que Fernando se encontrava, em companhia de três investigadores. Escoltado por viaturas policiais, o carro conduziu-os à alameda Casa Branca.

Marighella conhecia o veículo. Estava em nome do engenheiro Roberto de Barros Pereira e fora comprado por Frei Ratton, para o apoio à ALN, com a renda que ele recebera de indústrias de sua família, em Juiz de Fora.

Estacionaram à altura do número 806. As chaves foram retiradas, os frades – algemados, mas sem estarem ligados um ao outro –, colocados nos bancos dianteiros. Ivo ao volante e Fernando ao lado. Os policiais afastaram-se.

Ainda não eram oito da noite, e a alameda, sempre movimentada a essa hora, estava deserta, toda cercada pelos agentes do DEOPS, comandados pelo delegado Fleury.

IV. MORTE, A CILADA

Genésio Homem de Oliveira, o "Rabotti", com quem compartilhei a mesma cela de prisão, confirma que Luís José Cunha caminhou lentamente pela área para certificar-se de que estava tudo em ordem. Viu o Volks dos frades, aproximou-se, reconheceu Ivo e Fernando, notou um casal de namorados dentro de um dos carros estacionados por perto e prosseguiu convencido de que o local apresentava condições de segurança para Marighella cobrir o *ponto*.

De dentro do Volks, Ivo reparou quando Marighella, sozinho, caminhava do outro lado da rua. Conhecia-lhe o porte e o passo. Apesar da peruca que usava, o comandante da ALN foi reconhecido pelos policiais antes de aproximar-se do carro. O tiroteio teve início, enquanto policiais abriam a porta do Volks e retiravam bruscamente os religiosos, pelo lado esquerdo. Ivo foi mordido nas nádegas pelo cão do DEOPS. Deitados na calçada, os dois ficaram com o rosto virado para o chão. Não viram Carlos Marighella tombar morto do outro lado da rua. Apenas ouviram o tiroteio intermitente, que não deve ter durado mais de três ou quatro minutos.

Cessada a fuzilaria, Fernando viu sair, de uma caminhonete estacionada perto do Volks, um homem moreno, alto, elegantemente vestido, que foi trazido pelos policiais e algemado com os frades. Os três foram embarcados num camburão e conduzidos ao DEOPS.

Tudo seria simples e confirmaria a versão policial que pesa sobre os dois dominicanos – a exclusiva responsabilidade pelo assassinato do famoso combatente comunista –, se outros episódios e fatores não viessem comprovar, como veremos, que a Operação Bata Branca foi bem mais complexa do que se supõe.

14

O cerco à alameda Casa Branca só foi levantado uma hora após a morte de Marighella. O primeiro repórter a chegar ao local foi José Maria Mayrink, do *Jornal da Tarde*, por coincidência paroquiano da igreja de São Domingos e amigo nosso. Três dias antes, Frei Fernando o havia procurado para que escondesse em sua casa, na rua Caiubi, um casal que vinha do Recife. Como a casa não oferecia condições de segurança, não foi possível.

Por que razões a polícia manteve o local inacessível por esse tempo?

Ao ser liberado o acesso à rua, a imprensa pôde constatar que ali se passara algo mais que o fuzilamento de Marighella: a investigadora Estela Borges Morato fora atingida por um tiro na testa, do mesmo calibre usado pelo delegado Fleury. Veio a falecer três dias depois. O protético alemão Friederich Adolf Rohmann, que se recusara a parar seu Buick (era neurótico de guerra e estivera em campo de concentração), estava morto. O delegado Rubens Cardoso de Mello Tucunduva, um dos responsáveis pela operação, fora baleado na coxa direita. Cinco automóveis estavam crivados de balas, conforme registra a perícia do Instituto de Polícia, assinada em 11 de novembro de 1969 por Vladimir Zubkovsky e José Márcio Miranda Rizzo, perito criminal (incluída nos autos do processo, folhas 388 a 404 ou 1.495 a 1.510 – a numeração é dupla).

IV. MORTE, A CILADA

Tantos feridos e estragos comprovam a hipótese de tiroteio sem alvo fixo. Marighella movia-se quando foi atingido, o que contraria a versão policial de que já se encontrava no interior do carro. Disparos atingiram a investigadora e o delegado. O dentista, ao desobedecer ao sinal de parar, fora tido como membro da segurança do comandante da ALN.

Segundo parecer de Nelson Massini, professor de medicina legal da Faculdade de Direito da Universidade Federal do Rio de Janeiro, Marighella foi mesmo assassinado antes de entrar no carro em que se encontravam Ivo e Fernando. O parecer demonstra que o disparo que atingiu Marighella nas nádegas não ficou alojado em seu corpo nem tem correspondente na lataria do veículo.

Quanto à posição do corpo de Marighella no carro, o professor Massini verificou "que a posição do cadáver não é natural e sim forçada, revelando claramente que o corpo foi colocado no banco traseiro do veículo". São visíveis os sinais de "tracionamento do corpo para dentro do veículo, revelado pelas rugas da calça e seu abaixamento da cintura, bem como a elevação da camisa, indicando que o corpo foi puxado pela mesma", constata o parecer médico-legal. "Pelas fotos, é possível ver que a camisa de Marighella está levantada e a calça um pouco abaixada – como se ele tivesse sido arrastado pelos braços. (...) Jamais [Marighella] teria caído para dentro do veículo na posição em que se encontrava, pela posição dos pés, que indicam que a vítima estava fora do veículo." (*Folha de S. Paulo* (12/5/96). Cf. Emiliano José, *Carlos Marighella* [São Paulo, Sol e Chuva, 1997, pp. 32-33].)

Hoje, não há mais dúvida: Marighella foi abatido fora do carro em que se encontravam os frades. É o que

Yves do Amaral Lesbaupin, o ex-Frei Ivo, confirmou a 12 de maio de 1996, em seu depoimento ao deputado Nilmário Miranda (PT-MG), presidente da Comissão de Direitos Humanos da Câmara dos Deputados, e a Iara Xavier Pereira, da Comissão dos Familiares dos Mortos e Desaparecidos Políticos. Ele se recorda que Marighella subiu a alameda Casa Branca no sentido inverso ao da frente do Fusca e, ao avistar o carro, dirigiu-se a ele andando em diagonal. Então, teve início o tiroteio.

Frei Fernando não guarda a mesma lembrança. Admite que estava aturdido em consequência das torturas. Não viu Marighella chegar. Recorda apenas que alguém empurrou para frente o banco dianteiro ocupado por ele, ao lado do motorista, e se sentou no banco de trás. Em seguida, ele e Ivo foram retirados e deitados na calçada, enquanto se iniciavam os tiroteios.

15

A imprensa fotografou o corpo de Marighella dentro do Volks azul, estacionado em frente ao número 806 da alameda Casa Branca, onde, na época, havia um prédio em construção – o Edifício Christine, sede da Secretaria de Obras e do Meio Ambiente, do Departamento de Águas e Energia, e da Diretoria de Eletrificação e Telefonia Rurais. Segundo a polícia, os frades o haviam atraído até o carro e, ao entrar na parte traseira, recebera voz de prisão. Tentara sacar a arma de dentro da pasta que trazia à mão, tendo sido atingido antes de poder atirar. Seu corpo e o veículo foram crivados de balas, conforme se vê na foto.

IV. MORTE, A CILADA

Naquela mesma noite, o auto de exibição e apreensão dos objetos encontrados em poder de Marighella foi lavrado no DEOPS (processo, folha 427 ou 1.552). De armas, consta apenas "hum (l) revólver de marca 'Taurus' calibre '32', oxidado, cano longo, coronha massa, seis raias destrogeras, com seu número de fabricação raspado, que se *encontra carregado com cinco (5) cápsulas da marca CBC com seus projéteis intactos*". (grifo meu).

Portanto, mesmo considerando a versão policial, não houve tiroteio entre o comandante da ALN e os agentes da repressão. Jamais foi encontrada a pistola Lugger 9mm que, à época, o delegado Fleury lhe atribuiu. Mesmo que algum agente do DEOPS tivesse a intenção de guardá-la como "troféu de caça", ao sonegá-la do auto de exibição e apreensão, a polícia admite que o tiroteio se travou entre seus próprios homens e aceita, com a exibição do Taurus intacto, que foi a única responsável pela morte do alemão da investigadora Estela Morato e pelo disparo que atingiu o delegado Tucunduva.

16

O São Paulo, semanário da arquidiocese paulista, trouxe, em sua edição de 29 de novembro de 1969, o relato da visita que seu redator-chefe, cônego Amaury Castanho – um dos homens mais conservadores da hierarquia da Igreja no Brasil, mais tarde sagrado bispo de Jundiaí –, fez no dia 20 aos dominicanos presos:

> À nossa pergunta se os frades deveriam ser tidos como traidores de Marighella, o Dr. Benedito Nunes nos respondeu, categoricamente, que não. E explicou que o Frei Fernando e Ivo, presentes no local da morte de Marighella, haviam, sim, marcado o encontro, mas ignoravam o cerco policial em que morreria tragicamente o líder terrorista. Nem mesmo era intenção das autoridades policiais a morte de Marighella, mas a sua prisão e enquadramento na Lei de Segurança Nacional. Quando esboçou resistência é que foi baleado. Os dominicanos foram, também eles, envolvidos pela trama muito bem tecida pelos delegados e investigadores do DEOPS.

A 10 de dezembro – mais de um mês após os fatos –, o gabinete do secretário de Segurança de São Paulo, general Viana Moog, distribuiu a seguinte nota oficial, acrescentando mais uma versão da polícia:

> *Publicaram os jornais, há dias, e a notícia teve grande repercussão, que o diretor do DEOPS concedera entrevista a um semanário, afirmando que "os dominicanos não traíram Marighella".*
> *A bem da verdade, a Secretaria de Segurança Pública esclarece que aquela autoridade não deu entrevista a jornal algum. A versão exata das diligências que culminaram com a morte de Carlos Marighella é a seguinte:*
>
> *1. Desde quando Izaías do Vale Almada, integrante da base de informações da Vanguarda Popular Revolucionária, afirmou que os dominicanos mantinham contato com Carlos Marighella – isto no começo do ano – discreta investigação teve início.*

IV. MORTE, A CILADA

2. As suspeitas foram se fortalecendo, até que as declarações de Paulo de Tarso Venceslau – preso após tiroteio na alameda Campinas – de que seu contato com Marighella era feito através de Frei Ivo, residente no convento dos dominicanos, escoimaram as últimas dúvidas da polícia política.

3. Os passos de Frei Ivo (Yves do Amaral Lesbaupin) passaram a ser severamente vigiados, e foi ele seguido até o Rio de Janeiro, para onde fora em companhia de Frei Fernando de Brito, sendo, lá, ambos presos.

4. Trazidos para São Paulo, Frei Fernando revelou ser o coordenador da "base de apoio" de Carlos Marighella nesta capital, e que este – quando desejava manter contatos – telefonava para a Livraria Duas Cidades, onde o referido frei trabalhava.

5. A livraria foi ocupada pelo DEOPS, e Frei Fernando continuou normalmente a atender aos telefonemas, sendo a conversa ouvida por policiais que se utilizavam de uma extensão no interior daquele estabelecimento.

6. No dia 4 de novembro p. passado, por volta das 16h30, recebeu Frei Fernando este telefonema: "É da parte do Ernesto; ele vai à gráfica hoje às 20 horas."

7. Explicou Frei Fernando que "Ernesto" era Marighella e "gráfica" era o ponto de encontro na alameda Casa Branca, em frente ao número 806.

8. *Forte dispositivo policial foi montado nas imediações e, pouco antes da hora aprazada, Frei Ivo, dirigindo um automóvel, tendo ao lado Frei Fernando, seguiu para o encontro com Carlos Marighella.*

9. *Ambos os religiosos foram minuciosamente instruídos sobre como se portar em caso de tiroteio, e seguiram à risca os ensinamentos recebidos, saindo incólumes da refrega em que perderam a vida três pessoas.*

Não cabe à Secretaria de Segurança Pública e nem ao seu Departamento de Ordem Política e Social julgar a atitude dos dominicanos implicados; a polícia apura fatos e informa à Justiça para a aplicação da lei. A autoridade policial – inclusive por questão de técnica jurídica – não opina. Não lhe compete apreciar o aspecto moral da questão suscitada.

No intuito de desmoralizar a Igreja Católica, a nota inicia por chamar o cônego Amaury Castanho e o jornal *O São Paulo* de mentirosos. "Mentiras" como aquela custariam, ao semanário, quase oito anos de severo controle de censura efetuada pela Polícia Federal.

17

Havia interesse do regime militar de jogar a esquerda brasileira contra os militantes cristãos. A inclusão, na nota acima, dos nomes de Izaías do Vale Almada, acusado de ligações com a VPR, e de Paulo de Tarso Venceslau,

IV. MORTE, A CILADA

militante da ALN, o comprova. Ora, Izaías não precisava ser dependurado de cabeça para baixo, com os pés amarrados a uma viga do teto do galpão de torturas da Polícia do Exército, em março de 1969, para confessar, sob pancadas e choques, que conhecia os dominicanos. Entre 1967 e 1968 ele e eu trabalhamos na mesma empresa jornalística, a Folha da Manhã S.A., embora em jornais diferentes, e, juntos, cobríamos o setor de *Variedades*, mormente atividades do meio teatral, no qual exerci a função de crítico por algum tempo. Preso em junho de 1968, em companhia de Ladislaw Dowbor e outros, Izaías recuperou-se das torturas em nosso convento de Perdizes.

Por outro lado, nem mesmo a Scotland Yard, com sua fama de meticulosidade sherlockiana, seria capaz de permanecer dez meses em "discreta investigação" ao saber que os dominicanos mantinham contato com o homem mais procurado do país, quanto mais a repressão brasileira! E mesmo que, no limite de sua resistência, Izaías decidisse confessar que "os dominicanos mantinham contato com Carlos Marighella", isso não teria sido possível, pois ele *ignorava inteiramente esses contatos*.

De acordo com a nota do general Viana Moog, "os passos de Frei Ivo passaram a ser severamente vigiados" *depois* que Paulo de Tarso Venceslau foi preso, a 1º de outubro, "após tiroteio na alameda Campinas", e cujas declarações "escoimaram as últimas dúvidas da polícia política".

Desde o movimento estudantil, Paulo era amigo dos religiosos que estudavam na USP, como Oswaldo e Ivo. Sua família sempre fora amiga dos dominicanos. Eu o conhecera na Faculdade de Filosofia da rua Maria Antônia. Por sua liderança universitária, havia interesse da repressão em desmoralizá-lo e, ao mesmo tempo, jogá-lo contra nós.

No entanto, a nota apressada do secretário de Segurança sequer cuidou de verificar melhor certos detalhes que poderiam revesti-la de aparente veracidade. *Paulo não foi preso na alameda Campinas,* e sim numa casa no litoral paulista, em São Sebastião, quando se encontrava sozinho, a 1º de outubro de 1969. Barbaramente torturado por Fleury – a ponto de mancar durante vários meses –, assegurou-me que nada disse de nossas atividades, e só admitiu conhecer Frei Oswaldo, da faculdade, depois que o DEOPS descobriu, na pensão em que ele morava, o telefone do convento em seu talão de cheques.

Tudo indica que o telefone passou a ser controlado, e foi através dele que a repressão soube que Fernando iria ao Rio encontrar-se com Sinval Itacarambi Leão, no dia 1º de novembro.

Porém, segundo Alípio Freire, que já se encontrava na carceragem do DEOPS quando Paulo de Tarso Venceslau foi preso, após o dia 25 de outubro Venceslau dava sinais de chegar ao limite de sua resistência às torturas. Teria dito a Alípio: "Comecei a falar nomes de pessoas que estão no exterior", entre os quais Frei Oswaldo Rezende e Frei Luiz Felipe Ratton Mascarenhas. Ora, de fato Frei Oswaldo exilara-se na Europa desde julho de 1969, mas Ratton prosseguia em São Paulo e, junto com Magno Vilela, submergiu na clandestinidade após a nossa prisão, até poder sair do país.

Os presos políticos, militantes da ALN, esboçaram um levantamento de como cada um foi preso – o "Quedograma". Nele consta que Venceslau teria se referido, em seus depoimentos, "sobre ligações orgânicas de Frei Oswaldo Rezende e de Frei Betto".

IV. MORTE, A CILADA

Contudo, em entrevista ao *Jornal da Tarde* (2/6/97), Venceslau assegurou que não é o responsável pela informação que vinculou os dominicanos a Marighella. "A única coisa", disse ele, "que caiu comigo, e que eu sempre assumi, foi o telefone do convento, encontrado no talão de cheques no meu *aparelho* da rua Sergipe." E cometeu a injustiça de acusar Denilson Luiz de Oliveira de colaborador da polícia. Denilson, com quem estive preso na mesma cela, no Presídio Tiradentes, fraquejou na tortura, como tantos prisioneiros. Mas nunca foi um traidor.

Após colher, em 1997, o depoimento de dezenas de ex-militantes da ALN, incluindo Frei Fernando, Emiliano José, autor de *Carlos Marighella* (São Paulo, Sol e Chuva, 1997), registra: "Desde o começo, tanto Fernando quanto Ivo assumiram a culpa que tiveram na emboscada. A ditadura matara Marighella, mas eles não deixavam de assumir a responsabilidade de ter, sob torturas terríveis, indicado o caminho para a repressão. E o fato de não negarem nada, de não esconderem o que falaram, deu-lhes credibilidade junto aos demais presos. Nunca se sentiram marginalizados na prisão (...), de onde saíram no dia 4 de outubro de 1973, quase quatro anos depois, no dia de são Francisco de Assis.

"Fernando é muito cauteloso ao falar de outros companheiros. Mas diz que Paulo de Tarso Venceslau, para ele, revelou que forneceu à repressão mais coisas do que o simples número de telefone anotado no talão de cheques." (p. 79). Segundo Fernando, Venceslau lhe teria confessado: "Abri o nome do Ivo, que eu pensava que não sabia muita coisa; abri só ele."

18

Mesmo considerando a versão policial de que o contato de Paulo de Tarso Venceslau "com Marighella era feito através de Frei Ivo", por que o DEOPS não levou Ivo ao convento, para que aguardasse algum telefonema do dirigente da ALN, preferindo conduzir Fernando à livraria?

Marighella sabia que Fernando trabalhava na livraria. Bastava ligar quando desejasse falar ou se encontrar com ele. Não o prevenia, avisando que ligaria a tal dia ou a tal hora. Com a experiência de clandestinidade que possuía, o comunista baiano evitava deixar pistas e detinha a iniciativa. Ninguém era capaz de localizá-lo.

No entanto, é estranho que a repressão, após prender Frei Fernando no domingo, só o tenha levado à livraria exatamente na terça à tarde, como se soubesse *não apenas o dia, mas também o período em que Marighella telefonaria.*

O último ponto da nota da Secretaria de Segurança, além de ridículo, depõe contra a própria polícia: "Ambos os religiosos foram minuciosamente instruídos de como se portar em caso de tiroteio, e seguiram à risca os ensinamentos recebidos, saindo incólumes da refrega em que perderam a vida três pessoas." A investigadora não teria recebido também aquelas minuciosas instruções? O delegado Rubens Tucunduva, atingido na perna, fora mau aluno nessa matéria? E os policiais que atingiram seus colegas, jamais praticaram tiro ao alvo ou será que aproveitaram a "refrega" para resolver, *comme il faut*, divergências na cúpula do DEOPS e silenciar incômodos?

IV. MORTE, A CILADA

19

A sabedoria ensina que, tratando-se de certos acontecimentos, deve-se dar tempo ao tempo. As emoções nem sempre abrem espaço à verdade objetiva e, por vezes, funcionam como lentes desfocadas de velhos binóculos que aproximam as imagens, mas não permitem identificar seus reais contornos.

O impacto de um assassinato, de uma derrota, de uma relação fracassada, produz estímulos contraditórios, como ventos ciclônicos girando em torno do mesmo ponto, levantando poeiras que custam a se assentar. Busca-se, imediatamente, o culpado: o amor ferido exige, no tribunal das paixões, a réplica do ódio ostentando sua verve, espada vingativa que, antes, dilata as cicatrizes que se queria fechadas. O raciocínio, de mãos dadas com a lógica, perde-se nos labirintos indecifráveis dos sentimentos magoados, traídos, roubados, apunhalados. Por mais que se converse à procura de causas e explicações, o calor do fato inflama a objetividade, e o ruído das palavras desconexas, abundantes, espalha-as aos ares, como cinzas de uma fogueira que cega os olhos. A razão humana não conhece remédios para afeições dolorosamente maculadas, nem a dialética resiste ao fluxo da indignação do enterro de um homem que encarna as mais profundas esperanças de um povo.

Só o tempo, que não corre ao sabor de nossa pressa, restitui certos episódios às suas reais dimensões, suturando corações, arejando a mente das paixões, definhando o ódio na medida em que renasce, alvíssara, a força promissora da esperança. No âmago da dor, não se conhece futuro. Acal-

mada a borrasca, secadas as lágrimas, os olhos vislumbram o horizonte onde, no ciclo da vida a encerrar o inverno, florescem primaveras que nos abrem a novos amores e a novas lutas. Nada mais profundo que a saudade do porvir. Peregrinos confiantes, levamos na mochila lembranças que já doeram, mas que agora só nos trazem os frutos doces que saboreamos, e experiências que tiveram o êxito esperado, das quais, contudo, guardamos importantes lições.

Foi como discípulos da sabedoria que, aconselhados por irmãos, Fernando e Ivo se calaram mais de dez anos sobre a exata participação que tiveram nos acontecimentos que resultaram na morte de Carlos Marighella. No cárcere, jamais mereceram o repúdio dos companheiros, e só quem não os conheceu foi capaz de fazer eco às versões policiais. Não se eximiam de terem sucumbido aos limites de suas resistências. Sabiam, entretanto, que havia muito mais atores e figurantes na cena em que apareciam como principais ou quase únicos protagonistas.

Estavam, porém, demasiadamente confinados para dominarem o contexto de todo o drama. Aguardavam silentes, apoiados por aqueles que souberam evitar, nas grades, os riscos de se fazer o jogo do inimigo. Sofreram confidentes, à espera de que o tempo fosse esclarecendo fatos e detalhes pressentidos, mas não imediatamente percebidos. Acreditaram que a verdade está no todo, e não em retalhos episódicos. Confiaram a amigos mais íntimos e a superiores na Igreja aquilo que vivenciaram, deixando interrogações que, mais tarde, encontraram respostas, embora nem tudo esteja meridianamente esclarecido – pois não cabe a eles decifrar os enigmas policiais e as artimanhas concebidas pelos que fazem da morte uma simples medida de profilaxia política.

Aconselhados pela prudência, omitiram, em juízo, aspectos da verdade que, pronunciados, serviriam de armas contra eles. Preferiram o silêncio, como Jesus diante de

IV. MORTE, A CILADA

Pilatos, ao esclarecimento que teria provocado o mesmo efeito de fósforo aceso à noite para se verificar se há gasolina no tanque. Também esperaram amanhecer para tornar pública a real participação que tiveram nos dramáticos acontecimentos de 1969.

20

A novela policial em torno da morte de Carlos Marighella e do envolvimento dos frades é bem mais fantasiosa do que se supõe. Durante dois anos, o Dr. Mário de Passos Simas, nosso advogado, estudou pormenorizadamente o castelo de cartas que encheu as páginas dos jornais, em novembro de 1969, e as folhas do inquérito policial remetido à Justiça Militar.

Sala do tribunal da 2ª Auditoria do Exército, na rua Brigadeiro Luís Antônio, em São Paulo. Dias 13 e 14 de setembro de 1971 – julgamento dos dominicanos. Há vinte e dois meses aguardávamos, presos, aquele momento. O recinto, repleto, ouvia em silêncio o advogado de defesa:

– Esse caso, que tanta repercussão obteve dentro e fora do país, é extremamente confuso, a começar pelas diversas versões que dele se tem. Dos jornais da primeira semana de novembro de 1969, há *duas* versões que se contradizem – afirmou o jovem doutor de rosto redondo, pele morena, ombros largos, a beca escura perfeitamente alinhada em seu corpo robusto, a voz firme e pausada, traindo certo timbre irônico. – Vejamos: 1. Marighella *teria sido morto na rua,* enquanto tentava tirar sua arma da pasta que carregava. 2. Marighella *teria sido morto dentro do Volkswagen*, no banco de trás. No banco da frente estariam os dois frades dominicanos. Quando a polícia deu voz de prisão a Marighella, os dois religiosos teriam saído do carro e se atirado ao chão, enquanto se dava a fuzilaria.

Dom Paulo Evaristo Arns, cardeal-arcebispo de São Paulo, trajava *clergyman* cinza, mordia levemente a ponta do cachimbo, e ouvia atento a argumentação da defesa. Desde que assumira a arquidiocese, sucedendo a dom Agnelo Rossi – que fora nomeado pelo papa para ocupar importante função em Roma, como forma de ficar afastado de São Paulo –, dom Paulo tornara-se nosso defensor e amigo. Quando bispo-auxiliar de São Paulo, responsável pela Região Norte, ele foi proibido pelos militares de nos visitar no Presídio Tiradentes. Nomeado arcebispo, desafiou a ordem e fez questão de estar conosco antes de tomar posse. Sua atividade à frente da Sé paulista nasceu de um gesto concreto em defesa dos direitos humanos. Corajoso, lúcido, dotado de extrema sensibilidade para com as questões sociais, dom Paulo não marcaria data nem hora para nos levar apoio nos momentos mais difíceis do cárcere. Passava longas tardes ao nosso lado, animando-nos na fé, reabastecendo nossas esperanças, celebrando em nossa cela a vitória da vida sobre a morte. Desde então nasceu entre nós uma amizade firmada no sangue que nos banhou nas catacumbas. Sua púrpura foi, de fato, tingida nos subterrâneos da história, lá onde o sofrimento dos confessores e dos mártires da justiça ergue-se como clamor de libertação.

Agora, sem nenhuma deferência especial, o cardeal de São Paulo encontrava-se sentado entre os que assistiam ao julgamento, atento às palavras da defesa.

IV. MORTE, A CILADA

– A versão oficial da polícia é outra – acentuou o dr. Mário Simas, consultando a folha 389 do terceiro volume do processo nº 207/69, e exibindo, pregado à parede, o desenho do local [Anexos 1 e 2].

– Segundo essa versão, Frei Ivo encontrava-se ao volante do Volks estacionado à altura do número 806 da alameda Casa Branca [Anexos 1 e 2]. Frei Fernando ocupava o banco de trás. Marighella aproximou-se e entrou no carro para conversar com Frei Fernando. Imediatamente a polícia lhe deu voz de prisão. Frei Ivo saiu do carro, enquanto teve início a fuzilaria. Frei Fernando lançou-se ao chão do Volks, entre os bancos dianteiro e traseiro, cobrindo-se com o próprio corpo de Marighella, a fim de proteger-se das balas.

Ao lado do cardeal Arns, dom Lucas Moreira Neves, bispo-auxiliar de São Paulo, dom Cândido Padim, bispo de Bauru, e dom Alano Du Noday, bispo de Porto Nacional, acompanhavam interessados as palavras do advogado, o único som que se ouvia, além do ruído provocado por fotógrafos e cinegrafistas:

– Devo, neste momento, relembrar que, na época desses acontecimentos, este advogado que ora vos fala ainda não tinha sido constituído defensor destes jovens. Não me foi possível, portanto, preparar de antemão qualquer montagem. Tomei conhecimento do ocorrido pelos jornais. A própria polícia foi quem forneceu os dados que estamos analisando. Vejamos, pois, as incongruências contidas na versão ou nas versões da morte de Carlos Marighella.

Mário Simas passou a enumerar os vários pontos contraditórios da versão policial:

1º – *Presença do "Gaúcho" ou de guarda-costas de Marighella.*

– O delegado Rubens Cardoso de Melo Tucunduva afirmou, em seu depoimento, que, poucos minutos antes da hora em que Marighella deveria comparecer ao *ponto* vira passar, pela alameda Casa Branca, "o terrorista cognominado 'Gaúcho'". Ora, esse cidadão, Edmur Péricles de Camargo, foi posteriormente preso. Perante esse tribunal, confessou que mantivera ligações com Marighella, rompendo-as no início de 1969. Em julho do mesmo ano, tentara uma reaproximação, por intermédio de um engraxate de São Paulo, sem conseguir. *Não se encontrara nunca mais com Marighella*. Como então poderia estar junto de Marighella no momento em que este foi morto? Os jornais da época, citando informações da polícia, afirmam que Marighella compareceu ao *ponto* protegido por cerca de quinze ou vinte guarda-costas! O delegado Tucunduva, que comandou o cerco, não os viu, e nem soube dizer se havia. É bastante estranho que nenhum deles tenha sido capturado ou, pelo menos, deixado qualquer vestígio. Como é igualmente estranho o fato de "Gaúcho" – segundo Tucunduva – ter passado pelo local quando o cerco já estava montado. Tanto que foi visto pelo delegado e conseguiu escapar ileso...

O Mestre da Ordem dos Pregadores fazia-se representar, no julgamento, pelo padre Nicolas Gobert, provincial dos dominicanos do Peru. Frei Domingos Maia Leite e Frei Edson Braga sentaram-se a seu lado no decorrer da sessão.

2º – *Perua de Marighella.*

– Consta, nos autos, a fotografia de uma perua ou camioneta sem chapa – prosseguiu o advogado – na qual

IV. MORTE, A CILADA

Marighella teria chegado à alameda Casa Branca. Veio dirigindo ou trazido por alguém? Se veio acompanhado, por que não prenderam também seu motorista, uma vez que até um dentista desavisado foi metralhado por transitar no local? Como se conseguiu tirar fotos do carro se o motorista logrou fugir? Se o motorista fugiu a pé ou se Marighella veio sozinho, abandonando o carro junto à calçada, *onde está a perua?* Não foi feito auto de apreensão. Não foi feita perícia técnica. Não se pesquisou qual o seu proprietário. Por quê?

O cônsul geral da Itália em São Paulo, presente em consideração a Frei Giorgio Callegari – que respondia ao processo em liberdade, após um ano de cárcere –, não parecia impressionado com o que ouvia. Dir-se-ia tratar-se de um diplomata britânico que, do alto de sua fleuma, observa a violência dos trópicos.

3º – *A entrada de Marighella no Volks.*

– Nem o delegado Tucunduva, nem o investigador Rubens Pacheco souberam dizer – em seus depoimentos perante este tribunal, como testemunhas de acusação – de que maneira Marighella chegou ao local e *como entrou no carro* em que estavam os frades. No entanto, um era o chefe da operação e o outro fora encarregado de cuidar da vigilância dos frades e tinha como principal responsabilidade não os perder de vista. Como é possível que não saibam explicar esse simples, mas tão importante, detalhe do ocorrido? Se o cerco na alameda Casa Branca já estava montado antes de Marighella chegar, não é possível que a polícia não saiba dizer como ele chegou, e por onde penetrou no cerco!... Aliás, essas testemunhas de acusação nem souberam dizer o nome dos componentes da operação.

O advogado defendia os réus a partir das acusações feitas pela polícia e assumidas pela promotoria. Antes de querer provar a nossa inocência, estava interessado em desmoralizar as acusações que pesavam sobre nós. Fazia da defesa um ataque. Revelava as contradições da argumentação policial. Eram os que nos acusavam que deveriam, primeiro, ser capazes de provar a nossa culpa.

Mário Simas mantinha o tribunal em suspense:

4º – *O Volkswagen em que Marighella aparece morto.*

– Na versão da polícia, consta que os frades compareceram à alameda Casa Branca no mesmo carro em que estavam acostumados a encontrar-se com Marighella, e que esse carro pertencia ao convento dos dominicanos. Ora, segundo declarações do provincial da Ordem, anexada aos autos, nenhum carro da Ordem foi retirado do convento pelos referidos frades ou pela polícia na primeira semana de novembro de 1969. Se é verdade que aquele Volks pertencia aos dominicanos, por que a polícia não fornece a sua chapa? Por que não foi apreendido? De qualquer maneira, ao ser fotografado pela imprensa, o cadáver de Marighella encontrava-se dentro de um Volkswagen. Onde está e a quem pertencia aquele carro? Por que nos autos nada consta a respeito?

O juiz auditor Nelson da Silva Machado Guimarães, de toga preta, brilhante à luz dos refletores, não conseguia disfarçar o nervosismo, exposto em suas contrações faciais. Seu traje destoava do conjunto verde-oliva da farda dos demais membros do Conselho.

O orador trazia o aspecto de quem saíra há pouco do banho, sem demonstrar nenhum sinal de cansaço.

IV. MORTE, A CILADA

5º – *As balas transfixantes.*

– Vejam a fotografia em que Marighella aparece morto dentro do carro. É de se estranhar que Frei Fernando, encontrando-se no banco de trás, no momento em que Marighella foi atingido, tenha escapado ileso. Ora, a perícia constatou que todas as balas foram transfixantes, ou seja, atravessaram o corpo de Marighella. Se Frei Fernando estivesse mesmo por baixo de Marighella, *como poderia não ter sido inevitavelmente atingido por algum projétil?*

6º – *A mortalha.*

– Chamo agora a atenção dos senhores juízes para um detalhe bastante evidente na fotografia – disse Mário Simas, apontando a cópia ampliada da foto afixada no tribunal. – Sobre o banco de trás, junto ao corpo de Marighella, existe um objeto que poderia ser um cobertor, uma lona ou um pano. Ora, a perícia técnica não constatou a presença desse objeto dentro do carro. Por quê? Isso também me deixou intrigado. Fui pesquisar o que poderia ser esse objeto e constatei que se trata de um tipo de mortalha, que o Instituto Médico Legal e a polícia utilizam para embrulhar cadáveres!

A mortalha, provavelmente, servira para retirar o corpo do líder revolucionário do local em que tombara.

O promotor Durval Ayrton Moura de Araújo, que até então permanecera impaciente, calado em sua tribuna, à esquerda do público, não se conteve. Revestido de preto, vociferava como um velho monsenhor indignado:

– Vossa Excelência está querendo concluir que Marighella foi levado morto para o encontro?!

– Vossa Excelência é quem o diz! – replicou o advogado, sem disfarçar o tom irônico. – Não estou afirmando nada. Apenas quero saber a verdade: o que é esse objeto? Por que não consta do levantamento da perícia?

— Mas, nesse caso, quem teria matado a investigadora Estela Morato?
— Não sei — respondeu a defesa. — O ônus da prova cabe à promotoria.

O representante do Ministério Público passou a folhear febrilmente os autos, como quem não encontra o que procura. As gotas de suor escorriam por sua barba dormida. Dr. Simas, esboçando leve sorriso, caminhava tranquilo de um lado para o outro. Enquanto aguardava o promotor achar o que buscava, o advogado exclamou:

— Esses autos queimam-lhe as mãos, Excelência!
— Vossa Excelência só se louva no que diz a polícia... — retrucou o acusador, sem tirar os olhos do calhamaço de papéis que escorria entre seus dedos nervosos.
— Vossa Excelência não apresentou nenhuma prova, no sentido técnico do termo — insistiu a defesa. — Vossa Excelência é tão somente a voz da polícia. Vossa Excelência não consegue encontrar senão Marighella morto.

Em acesso explosivo, o promotor reagiu:
— Marighella era um bandido, um assassino!
— É nosso irmão! — respondeu Mário Simas.
— Não sou irmão de assassino! — protestou com raiva o representante do Ministério Público.
— Nosso irmão, Excelência, nosso irmão — ponderou o advogado, como se pensasse alto, sem se importar com o terror que suas palavras provocavam no responsável pela acusação.

Controlando-se, o promotor Durval Ayrton Moura de Araújo observou:
— Sei muito bem aonde Vossa Excelência quer chegar. Vossa Excelência está querendo concluir que os freis não foram traidores. Eu também afirmo que eles não traíram.

IV. MORTE, A CILADA

Não traíram porque continuam solidários a Marighella e às suas ideias terroristas.

– No momento, estamos discutindo o confronto da fotografia com a versão policial – disse a defesa. – Quero provas e não interpretações – enfatizou. – Se é do interesse da promotoria, ao final poderá fazer uso de seu direito de réplica, mas não uma sustentação paralela.

O promotor acatou a advertência e, sentando-se, declarou que replicaria ao final. Mário Simas prosseguiu enumerando as contradições da versão policial da morte de Marighella:

7º – *A calça aberta.*

– Vemos ainda, na foto, que a calça de Carlos Marighella estava aberta. Vê-se claramente o cinto caído de lado, os botões desabotoados, inclusive o colchete de pressão da cueca. É absolutamente impossível que um homem que recebe voz de prisão e, logo em seguida, é baleado, tenha tempo e motivos para desabotoar a calça e a cueca. No entanto, estão desabotoadas... Ora, sabemos que é uma técnica policial, quando se prende uma pessoa, abrir-lhe a calça, para dificultar-lhe a fuga. Sabe-se também que a decomposição cadavérica inicia-se pelo acúmulo de gases na região abdominal, o que dificulta vestir um cadáver...

8º – *A folhagem.*

– Aos pés de Marighella – observou o orador – há um outro detalhe que aparece mais claramente na fotografia dos autos: uma folha. Uma folha de jardim. Ah, isso não nasce em paralelepípedos... Como teria ela se prendido a seus pés? É curioso que, nos jardins de uma das casas próximas, havia folhagem semelhante...

O público, atento, não escondia seu entusiasmo pelos argumentos da defesa. O dr. Simas caminhava de um lado para o outro, enquanto falava.

9º – *A falange.*

– Outro detalhe, extremamente curioso, observa-se em outra fotografia dos autos. Vê-se claramente a mão de Marighella dependurada. Falta-lhe a última falange do dedo indicador esquerdo. A mão não está estraçalhada. Suponhamos que o dedo tivesse sido cortado por uma bala. Nesse caso, a falange teria caído dentro do carro. Mas não. No dia seguinte, um dedo foi achado a dez metros do local onde Marighella foi fotografado morto. Entregue ao Instituto Médico Legal, foi passado recibo, na devida forma, e inserido nos autos. A perícia constatou ainda que, de fato, o dedo pertencia a Marighella, e enterrou-o com ele. Por que a falange não foi encontrada no carro, mas a dez metros do local? Falange não anda!

O laudo do exame necroscópico, realizado a 5 de novembro de 1969, e assinado pelos médicos-legistas Harry Shibata e Abeylard de Queiroz Orsini, descreve: *Membros – na mão esquerda, verificamos a ausência da terceira falange no segundo quirodátilo, com ferimento lacerocontuso no coto.*

Com o argumento acima, a defesa procurava provar que Marighella foi morto antes de aproximar-se do carro em que se encontravam os frades.

Entre os representantes da imprensa internacional enviados ao julgamento, Charles Antoine fazia a cobertura para jornais e revistas franceses. Posteriormente, ele traduziria para o seu idioma minhas cartas de prisão, editadas pela Desclée de Brouwer (1972) e pela Du Cerf (1979), e a primeira versão desta obra, publicada, pela Du Cerf, sob o título de *Les frères de Tito* (1984).

IV. MORTE, A CILADA

Dr. Mário Simas referiu-se a mais um detalhe controvertido:

10º – *A posição do corpo de Marighella.*

– Analisemos, finalmente, a posição do corpo de Marighella dentro do Volks, conforme aparece em todas as fotos. Seu corpo está reto. A cabeça e os ombros estão apoiados no banco de trás, do lado direito. As pernas saem pela porta do chofer. Vê-se, portanto, que o corpo está rígido sobre o vão entre o banco traseiro e a porta do chofer. Imaginemos, agora, o que poderia ter acontecido: Marighella ingressa no carro para conversar com Frei Fernando. Recebe tiros e morre. Ser-lhe-ia fisicamente impossível estirar as pernas para fora da porta do carro tendo, primeiro, empurrado os dois encostos do banco da frente, imobilizando-se finalmente com uma folha entre os pés. No entanto, é assim que ele aparece nas fotografias... O corpo de um homem recém-falecido não se sustenta dessa forma sobre o vão dos bancos. E os bancos não poderiam estar para a frente. Se os dois frades saíram do carro, os bancos estariam para trás. Se, ao contrário, foi a polícia que abriu as portas, é sinal de que estavam fechadas, o que significa que os religiosos ainda encontravam-se dentro do carro. A posição do corpo de Marighella seria outra e os dominicanos teriam sido fatalmente atingidos pelas balas.

A sustentação da defesa atingira o seu clímax. Dr. Mário Simas recapitulou os pontos controvertidos da versão policial:

– Tome-se o detalhe da posição rígida do corpo, junte-se a falange perdida, acrescente-se a folha a seus pés, somem-se o significativo pormenor da calça aberta, a mortalha esquecida no banco do carro, as balas transfixantes que não atingiram Frei Fernando, a ausência de explicação sobre como Marighella chegou e entrou no carro, a absoluta falta de qualquer informação sobre a origem e o destino do Volkswagen em que Marighella aparece morto, o estranho desaparecimento – como também a total falta de informação – da perua que transportou Marighella, a inexistência de provas sobre a presença de guarda-costas...

Após breve pausa, o advogado dos dominicanos encerrou:

– Tudo isso, senhores juízes, forma um conjunto impressionante. Que conclusão devemos tirar? Onde estão a verdade e a justiça? Cabe a Vossas Excelências concluir!

A tarde atingia as cinco horas. O promotor Durval Ayrton Moura de Araújo comunicou ao juiz-auditor que renunciava a seu direito de réplica.

21

O laudo pericial de exame do Volks em que o cadáver de Marighella foi encontrado (folhas 388 ou 1.495, e seguintes) observa os seguintes danos: "1. Quebra total do para-brisa anterior; 2. Uma perfuração na tampa do porta-malas; 3. Um amolgamento na tampa do porta-malas; 4. Uma perfuração no para-lama anterior direito; 5. Uma perfuração na poltrona anterior direita; 6. Uma perfuração transfixante na poltrona anterior esquerda; 7. Quebra total do para-brisa traseiro (avaria no sentido de dentro para fora)."

Segundo o mesmo relatório, "sentado no banco dianteiro, junto ao volante, achava-se Frei Ivo". Como

IV. MORTE, A CILADA

teria ele escapado ileso à perfuração transfixante em sua poltrona?

É curioso constatar que a poltrona de trás do carro, onde o corpo do dirigente comunista foi fotografado morto, não apresentou nenhum dano, nenhuma perfuração. Tudo indica, pois, que no período aproximado de uma hora, em que a alameda Casa Branca ficou interditada após o assassinato e a retirada dos frades, o veículo foi propositadamente baleado.

O Instituto de Polícia Técnica descreve ainda, em seu relatório de exame do local, que, "segundo informes, o fato desenvolveu-se da seguinte forma: Carlos Marighella *chegou ao local numa camioneta,* o qual após estacioná-la junto ao meio-fio – em correspondência com o nº 805 – desceu do veículo e passou a caminhar em direção ao Volkswagen azul, estacionado junto à calçada oposta, defronte ao prédio de nº 806, onde dois frades o esperavam".

De fato, a referida perua aparece, de frente e de costas, nas fotos anexadas aos autos pela perícia (folhas 403 e 404; cf. desenho Anexo 2). Nas legendas das fotos, a polícia técnica registrou: "camioneta *sem chapa* em que chegou Marighella". No que concerne aos veículos fotografados no local, consta ainda do relatório a descrição da "camioneta *sem placa* (consoante informes, portadora de licença especial nº 1.33.17), da marca Wyllis, do tipo picape, do ano de 1969, da cor azul".

Observe-se que o veículo não tinha placas, mas a polícia estaria informada de sua "licença especial". Conclui o exame: "Cumpre consignar, ademais, que os carros foram examinados na garagem do Departamento de Ordem Política e Social, *com exceção da camioneta que se encontrava em lugar incerto e não sabido*" (todos os grifos são meus).

Frei Fernando vira sair da camioneta, na alameda Casa Branca, um homem moreno que, algemado, foi levado também para o DEOPS. Lá, recusou-se a sentar "junto a terroristas", e levou um soco tão mal representado que Fernando percebeu sua conivência com os policiais. Quem era esse homem? Que papel estaria destinado a representar na cilada? Por que estava na perua atribuída a Marighella? Por que razão desapareceram com aquele veículo? A quem pertencia? O que fazia no local?

A única hipótese, que não merece nenhum crédito, é supor que Marighella, procurado por todos os órgãos de segurança do país, trafegasse pelo centro de São Paulo com uma perua sem placas... Entretanto, as revelações de Antônio Flávio Médici de Camargo, descritas nas páginas anteriores, elucidam as últimas horas de Marighella a 4 de novembro de 1969.

22

Talvez seja fantasiosa a hipótese de envolvimento da CIA com a queda da ALN, embora haja farta documentação sobre os vínculos do governo dos EUA com o golpe de 64 e a ditadura militar brasileira, e a VPR tenha fuzilado, em São Paulo, o capitão Charles Chandler, em outubro de 1968 – e, mais tarde, Dan Mitrione, após adestrar a polícia brasileira, teria o mesmo destino nas mãos dos tupamaros uruguaios.

Ainda não há provas de que, de fato, tenha havido infiltração da CIA na organização liderada por Marighella.

IV. MORTE, A CILADA

Mas é, no mínimo, ingenuidade supor que, após o sequestro do embaixador norte-americano, no Rio, os serviços de espionagem de Tio Sam tenham ficado de braços cruzados. E quem conhece a história da revolução cubana sabe como a CIA atua.

A CIA e o culto da Inteligência, livro de Victor Marchetti e John D. Marks, foi lançado no Brasil em 1974, pela Editora Nova Fronteira. Marchetti havia trabalhado 14 anos para a Agência Central de Inteligência dos Estados Unidos, e Marks desde 1966 estivera a serviço do Departamento de Estado. Desiludidos, pressionados pelos acontecimentos decorrentes do malogro norte-americano no Vietnã, os dois decidiram contar como a CIA funciona por dentro e que tipos de operação realiza no exterior.

Contrariando o mito da "liberdade americana", a Justiça daquele país censurou a obra "por motivos de segurança nacional". Foram feitos 339 cortes no texto. Os editores entraram com recurso e conseguiram reduzi-los para 168. Assim, tanto o original norte-americano quanto a tradução brasileira trazem, em impressão normal, os trechos que não foram censurados; em negrito, as passagens vetadas pela Justiça e, posteriormente, liberadas; e em branco, o que permanece censurado.

O trecho abaixo foi vetado pela CIA, mas a Justiça norte-americana autorizou a sua publicação. Por isso foi editado em negrito (pp. 196 e 197 da 1ª edição brasileira). Nele, como se verá, os autores não estão interessados em elucidar como a polícia brasileira chegou a Marighella. Estão preocupados em denunciar a falta de ética e de escrúpulos do governo de seu país. Mas, indiretamente, confirmam que a captura e a morte do comandante da ALN não dependiam exclusivamente da eventual confissão de algum preso político. Havia um plano ofensivo nesse sentido. Eis a transcrição (grifos meus):

> *No início de outubro de 1969, a CIA, por intermédio de um agente secreto,* soube que um grupo de radicais pretendia sequestrar um avião no Brasil e fugir para Cuba. Essa informação foi transmitida à sede da CIA em Langley, Virgínia, e de lá enviada numa base de "só para ser vista" a Henry Kissinger na Casa Branca e aos superiores do Departamento de Estado, de Defesa e da Agência de Segurança Nacional. Dali a poucos dias, a 8 de outubro, os mesmos radicais identificados no relatório da CIA se apoderaram de arma em punho de um avião comercial brasileiro com 49 pessoas a bordo e, depois de uma parada para reabastecer na Guiana, obrigaram o piloto a seguir para Havana. Nem a CIA nem as outras agências do governo americano, que sabiam de antemão do plano dos radicais, tentaram impedir que o crime fosse cometido, embora naquela época a política oficial dos Estados Unidos – tal como proclamada pelo Presidente – fosse a de tomar todas as providências possíveis para eliminar a pirataria aérea.
> Mais tarde, quando os funcionários do Departamento de Estado perguntaram a seus colegas da CIA por que não haviam tomado medidas preventivas para frustrar o sequestro, *os agentes clandestinos da organização demoraram mais de um mês para responder. Nesse ínterim, as forças de segurança brasileiras conseguiram dissolver o principal grupo revolucionário do país e matar seu*

IV. MORTE, A CILADA

líder, Carlos Marighella. Pouco depois, a 4 de novembro, a CIA comunicou a morte do líder revolucionário em caráter extraoficial ao Departamento de Estado, frisando que, se tivessem tomado qualquer precaução para impedir o sequestro aéreo em outubro, *a infiltração da agência no movimento radical seria desmascarada e a organização de Marighella não ficaria destruída.* Embora jamais se esclarecesse *se o agente que alertou* os manipuladores clandestinos *para o sequestro aéreo era o mesmo que descobriu Marighella,* essa foi a impressão que a CIA quis dar ao Departamento de Estado. A agência insinuou que não tinha impedido o sequestro porque, se fizesse isso, *diminuiria as possibilidades de alcançar o objetivo mais importante de "neutralizar" Marighella e seus adeptos.* Para os manipuladores clandestinos da CIA, os fins – liquidar com o movimento radical brasileiro – aparentemente justificavam os meios, permitindo assim que se efetuasse o sequestro e arriscando inutilmente quarenta e nove vidas inocentes nesse meio-tempo.

Como se deduz, o ex-agente informou que havia uma infiltração da CIA na ALN, cuja principal tarefa era liquidar Marighella. Como serviço de informações, a CIA não costuma realizar operações policiais – quando julga oportuno, passa a informação para a polícia local, responsável pela repressão direta. Nesse caso, havia certamente o interesse de preservar o agente infiltrado na ALN, a fim de que ele pudesse continuar operando no movimento guerrilheiro.

A se dar crédito a essa versão, compreende-se melhor por que cidadãos norte-americanos, falando inglês com delegados brasileiros, participaram de nossos interrogatórios no quinto andar do DEOPS, como ocorreu comigo. Por sua vez, Marcos Alves Morato, marido da investigadora Estela Morato, conta que, durante a agonia de sua esposa, no Hospital das Clínicas, foi advertido por policiais de que não deveria fazer declaração alguma à imprensa, "para não piorar as coisas".

– Até hoje – disse ele a Marco Aurélio Borba, da revista *Playboy* (nº 51, out. 1979) –, estranho o fato de que médicos e autoridades, mesmo sabendo que Estela já estava clinicamente morta, tenham prolongado sua agonia por dois dias. Durante esse tempo, eles se comunicavam permanentemente com alguém, ou com algum escritório, nos Estados Unidos.

A revista *Veja* (nº 59, de 22/10/1969) informava aos leitores, em matéria sobre a guerrilha urbana: "Segundo rumores que correm na polícia paulista, Marighella está em São Paulo, na capital, dentro de um círculo de investigações que se fecha gradativamente. Com todas as saídas para Minas, Rio, Paraná, litoral e oeste paulista vigiadas, Marighella estaria sem chance de escapar. Espera-se mesmo que ele tente uma fuga heroica, e não se acredita que ele venha a ser preso com vida."

Uma coisa é certa: quase todos os combatentes que sucederam Marighella no comando da ALN foram assassinados pelos órgãos de segurança, sem que se saiba exatamente como foram localizados e apanhados.

IV. MORTE, A CILADA

23

Por intermédio de um agente secreto, a CIA soube que um grupo de radicais pretendia sequestrar um avião no Brasil e fugir para Cuba, afirmam Victor Marchetti e John D. Marks. Tudo indica que a CIA não soube apenas do sequestro realizado pelo MR-8, em 8 de outubro – data da morte de Ernesto Che Guevara nas selvas da Bolívia. É provável que o agente secreto tenha conhecido previamente outras ações armadas.

Na terça-feira, 4 de novembro de 1969, um Boeing 707, voo 863 da Varig, com 78 passageiros e 12 tripulantes, decolou do aeroporto do Galeão (hoje, Tom Jobim), no Rio, rumo a Santiago do Chile, com escala em Buenos Aires. A bordo, dois brasileiros com prenomes semelhantes: Ernane Galvêas, diretor do Banco do Brasil em São Paulo, futuro ministro da Fazenda do governo Figueiredo; e padre Ernanne Pinheiro, da arquidiocese de Olinda e Recife, que viajava à capital chilena a fim de participar do curso sobre *Espiritualidade e libertação*, promovido pelo Ilades, graças à bolsa de estudos que lhe fora ofertada por dom Eugenio Sales, então responsável pelo setor de Ação Social do Celam.

Logo após a escala em Buenos Aires, por volta das 13h, os passageiros ouviram o aviso do comandante da aeronave:

– Estamos sendo sequestrados por revolucionários brasileiros, e a nossa rota de voo será desviada para Cuba.

Embora a tripulação falasse em dez sequestradores, apenas cinco foram notados pelos apreensivos passageiros: dois rapazes e uma moça que portavam armas, outro que servia lanches e um quinto que acalmava os exaltados e apelava aos serviços de um médico chileno para atender aos mais aflitos. Este último falava diversos idiomas e dizia-se goiano, professor cassado da Universidade de Brasília. Treinada para a eventualidade, a tripulação agia com desembaraço, solícita às ordens dos sequestradores.

O Boeing desceu em Santiago para abastecer. Uma senhora grávida, sob ameaça de aborto, foi autorizada a desembarcar. Dois passageiros com sotaque gaúcho tentaram convencer os sequestradores a desistirem de seu intento. Padre Ernanne estranhou a interferência decidida desses homens, e guardou a impressão de que eram funcionários da Varig, prevenidos de que algo poderia ocorrer naquele voo.

Foi longa e cansativa a viagem até Havana. A maioria dos passageiros tranquilizou-se perante a gentileza do grupo armado, outros permaneceram tensos e pálidos, enquanto alguns tentaram aliviar o nervosismo no consumo incessante de tabacos. Uma moça alta, tipo nórdica, acendia o próximo cigarro antes que o anterior chegasse à metade. No decorrer do voo, os sequestradores pronunciaram breve discurso contra o bloqueio a Cuba e as torturas em nosso país, anunciando que passariam três meses na ilha de Fidel Castro, a fim de se prepararem para desencadear a revolução no Brasil.

Às 4h30 da manhã de quarta-feira chegaram ao aeroporto José Martí. A funcionária da alfândega de Havana achou graça ao ler nos passaportes brasileiros – *Não é válido para Cuba*. Foram todos levados a um hotel que já se especializara em abrigar vítimas de sequestros: o Riviera, antigo cassino à beira-mar. Souberam que, no mesmo dia, chegara ao país um avião sequestrado na Nicarágua por revolucionários sandinistas. Padre Ernanne jantou com um italiano, funcionário da Fiat, que comemorava seu segundo sequestro aéreo.

IV. MORTE, A CILADA

O episódio foi amplamente noticiado pelos jornais cubanos. Ao fim da manhã do dia 5, os passageiros foram acordados para o almoço. Como presente de Fidel Castro, cada um recebeu uma caixa de charutos. Padre Ernanne soube, então, que o governo brasileiro exigia o retorno de todos os passageiros ao aeroporto internacional do Rio de Janeiro.

O avião decolou às 5h da tarde do mesmo dia. Às 10h da noite, chegou a Caracas. Padre Ernanne leu, estarrecido, a manchete de um jornal venezuelano: "Marighella morto, padres dominicanos implicados."

Em Caracas, os estrangeiros a bordo recusavam-se a retornar ao Brasil. Dois casais chilenos ameaçaram sequestrar o avião até Santiago. Uma moça fez um comício no aeroporto, propondo que todos rejeitassem a exigência do governo brasileiro. Quatro chilenos abandonaram o local e refugiaram-se na embaixada de seu país. Na hora de decolar, faltou um outro chileno: do aeroporto falara com a família pelo telefone e soubera que seu filho acabara de nascer.

Às 12h, o Boeing levantou voo e aterrissou no Galeão, quando a noite já encobria a baía de Guanabara. Apesar da fadiga, todos os passageiros foram levados para depor na base militar próxima ao aeroporto. Padre Ernanne foi interrogado por um homem que se identificou como oficial da Marinha:

– Por que o senhor está sem batina?

– Questão de gosto.

– Conhece os dominicanos?

– Não.

– Dê-me seu endereço no Recife.

O militar anotou e, agressivo, apontou a caneta na cara do padre:

— O senhor tem dois endereços no Recife. Este é frio, quero o outro.

A ira empalideceu a face cansada e nervosa do sacerdote que, de fato, tinha, além do endereço de sua casa, o do secretariado de Pastoral, onde trabalhava.

— Quer dizer que estamos num interrogatório? — indagou o padre.

O oficial conteve-se:

— Desculpe, padre. Dê-me uma descrição dos sequestradores.

Enquanto padre Ernanne discorria sobre o grupo que levara o avião a Cuba, o inquiridor examinava papéis que trazia numa pasta. Quando escutou falar da moça que atuava como relações-públicas, atendendo os passageiros mais intranquilos, o militar tirou uma foto da pasta e exibiu-a ao padre: o papel estava ainda umedecido pela revelação recente e mostrava, no interior do avião, a moça em plena atividade.

O sacerdote, perplexo, não escondeu sua curiosidade:

— Pode me dizer como os senhores conseguiram esta foto?

— Lembra-se de uma moça alta, estrangeira, que fumava muito? É uma aeromoça norte-americana que trabalha para a CIA. O sequestro foi previsto pela CIA e, por isso, ela embarcou nesse voo. O isqueiro que ela usava era uma máquina fotográfica.

O episódio sugeria que, para não prejudicar seus objetivos prioritários, mais uma vez a CIA fora cúmplice de um sequestro aéreo. Por um de seus agentes clandestinos, ela teria captado antecipadamente a operação. Não pretendera evitá-la, talvez temendo "queimar" a

IV. MORTE, A CILADA

sua fonte de informação. O importante era "neutralizar Marighella e seus adeptos".

24

Se fica esclarecida a real participação dos dominicanos no episódio da morte de Carlos Marighella, muitos outros aspectos permanecem obscuros. Quem informou a polícia dos contatos de Fernando e de Ivo com o dirigente revolucionário? Como o delegado Fleury soubera que eles haviam se encontrado em meados de outubro? Por que se evitou deformar o rosto de Frei Fernando e não se teve a mesma preocupação em relação a Ivo? Já teria o DEOPS intenção de só sair, para ir à livraria, com Fernando? De onde Fleury tirara a expressão "base fixa de Marighella", tantas vezes repetida? O que lhe dava tanta segurança para afirmar que o comandante guerrilheiro "está acuado, vai procurar vocês", confirmando a previsão da revista *Veja* de que, segundo informes policiais, o cerco "se fecha gradativamente"? Desde quando Otávio Ângelo, que esteve com Marighella poucas horas antes dele se dirigir à alameda Casa Branca, passou a colaborar com a repressão?

Os indícios de que a CIA dispunha de informações oriundas do movimento revolucionário poderiam propiciar respostas às indagações acima e explicar a encenação montada para que toda a responsabilidade recaísse exclusivamente sobre os dominicanos. Mesmo assim, é de se estranhar a tranquilidade com que a repressão agiu antes da noite do dia 4, pondo em risco seu objetivo de fuzilar Marighella: a tentativa de me prender no Rio Grande do Sul; a prisão de Frei Roberto, no convento do Leme, no Rio; a ocupação do apartamento da rua Rego Freitas; e a invasão do convento de Perdizes, em São Paulo. O que dava à polícia a certeza de que Marighella não saberia de nada disso?

Frei Ivo dissera que os telefonemas eram dados ao convento. Por que não o levaram a Perdizes para aguardá-los? Por que só Frei Fernando foi levado à livraria, e exatamente 48h depois de preso, na tarde de terça-feira, como se houvesse certeza de que Marighella não chamaria na segunda ou na manhã do dia 4? Como a polícia obteve a informação de que o cabeça da ALN não viajara, ao contrário do que dissera a Fernando? Por que, na tortura, não pediram a Ivo a senha utilizada por Marighella para telefonar ao convento? Quem era o homem moreno que ocupava a misteriosa Rural-Willys sem placa, fotografada no local, e posteriormente desaparecida? Por que esse homem não mais foi visto após chegar algemado ao DEOPS? Por que o veículo não foi examinado pela perícia técnica? E como se levantou o número de sua licença especial?

Certamente, essas questões poderiam ser esclarecidas pela suposta "infiltração da agência [CIA] no movimento radical", segundo afirmam Marchetti e Marks. Contudo, é preciso acatar mineiramente esse tipo de informação. Os órgãos de segurança são peritos em fabricar "dissidentes" que dão entrevistas e escrevem livros narrando "suas atividades" para, posteriormente, merecerem a confiança da esquerda e serem aceitos como aliados.

Se desde 24 de setembro de 1969 vários combatentes, acusados de pertencerem à ALN, já se encontravam presos, não é impossível que um deles tenha falado dos sequestros aéreos planejados, e a CIA, para impressionar

IV. MORTE, A CILADA

seus chefes, tenha atribuído a informação a um de seus agentes infiltrados "no movimento radical".

O delegado Fleury já não pode falar, pois em circunstâncias estranhas – aparentemente tropeçou, bêbado, ao tentar entrar em sua lancha, no litoral paulista – morreu afogado, a 1º de maio de 1979. Outros policiais certamente guardam o segredo de como foram montadas as peças do mosaico da Operação Bata Branca. Caberá aos pesquisadores do futuro desvendar os enigmas que estão além da participação dos dominicanos.

Restam-nos a confiança na palavra evangélica de que será proclamado nos telhados o que se passa às escuras, e o consolo de saber que a verdade é filha do tempo.

25

No dia do enterro de Carlos Marighella, o delegado Alcides Cintra Bueno fez questão de que o féretro passasse defronte ao Consulado dos Estados Unidos, instalado então na avenida Paulista. Tratava-se, certamente, de agradecer a colaboração prestada.

Dálias brancas cobriam a cova rasa em que o comandante da ALN foi sepultado, no cemitério de Vila Formosa. Seu filho, Carlos Augusto, operário petroquímico na Bahia, era a única pessoa da família presente. Clara Charf, a companheira, partia para longos anos de exílio em Cuba, retornando com a anistia parcial de 1979.

Dez anos após os trágicos acontecimentos da alameda Casa Branca, os restos mortais de Marighella foram trasladados para Salvador, a 4 de novembro de 1979. Em São Paulo, o Comitê Brasileiro pela Anistia, presidido pelo advogado Luiz Eduardo Greenhalgh, promoveu um ato público na ocasião e, em companhia de pessoas da família, transportou a urna funerária até a capital baiana, onde foi depositada em túmulo projetado pelo arquiteto Oscar Niemeyer.

As comemorações dos 30 anos da morte de Carlos Marighella mereceram, em São Paulo, entre outros eventos, exposição de fotos sobre a sua vida, no Memorial da América Latina; ato festivo no teatro Sérgio Cardoso; publicação do livro *Carlos Marighella – o homem por trás do mito,* coletânea de artigos organizada por Cristiane Nova e Jorge Nóvoa (São Paulo, Unesp, 1999); e inauguração de uma placa comemorativa no local em que foi assassinado. Na manhã de 4 de novembro de 1999, as placas indicativas de rua da alameda Casa Branca apareceram com um adesivo em que se lia: *Alameda Carlos Marighella.*

26

As pessoas que amamos e com quem comungamos a vida, sorvendo alegrias, tristezas, esperanças e riscos, ficam gravadas no coração, como a imagem única do rosto fotografado à luz oblíqua de um raio de sol que não se repete. Impossível reproduzir essa imagem, inútil dissertar sobre ela. Por isso, Clara, compreendo o teu silêncio. Após vinte e um anos de amorosa e militante convivência, Carlos Marighella ocupa em tua vida o espaço indevassável de recordações indecifráveis. A pintura fixa o voo da ave, mas não recria o essencial: o movimento, a velocidade, a inefável beleza do ser vivo. A busca de palavras adequadas para exprimir o amor que os uniu seria tão precária como o esforço dos poetas

IV. MORTE, A CILADA

para traduzir, nos limites do código alfabético, os eflúvios de uma sensibilidade apaixonada. Os mistérios do amor transbordam as palavras. Nada menos apropriado para tratar das coisas do coração que o raciocínio. Ele entende de lógica, mas não produz música, encanto ou magia. Para nós, Marighella foi o revolucionário cujas ideias e ações podemos recuperar pela memória. Para ti, foi também o companheiro que deu vida à tua vida, numa fusão única e rara: o caso de amor transubstanciado em causa de amor.

A esperança libertadora aproximou-os em 1946. A militância no Partido promoveu o teu encontro com o dirigente que trazia, no corpo, os estigmas recentes dos longos anos de prisão. Todavia, as tarefas acertadas eram como o pomar carregado de frutos expostos ao vendaval imprevisto. A atuação ilegal, sob risco permanente, prolongou por dois anos a ansiosa paciência da atração conferida pela prática política. Em 1948, já não era mais possível suportar a convivência paralela. Apesar dos imprevistos e das limitações da vida clandestina, o amor uniu-os, por esses mesmos laços que os ligavam à luta. Estavam os dois sob prisão preventiva decretada, caçados pela polícia e, no entanto, partilhando o pão, a carne e o afeto, no sigilo exigido pelo desempenho rigoroso das tarefas. Tua alegre discrição, Clara, represava as águas férteis da paixão. Não podias dizer aos camaradas que eras a esposa de Marighella. Quantas vezes não participaste de reuniões ao lado dele, forçada a tratá-lo com cerimônia, chamando-o pelo nome de guerra, acertando detalhes, como se fossem passar longo tempo sem se verem! A segurança exigia que essa convivência não fosse conhecida, pois, do contrário, na perseguição que sofrias haveria, ainda, o risco de seres refém do cerco de teu companheiro.

Por vezes, as separações eram demoradas, sem notícias, entregues à confiança de uma sintonia que só os redutos do mistério interior sabem conter. Relações maduras não se fundam na posse da presença física constante, em nome de uma paixão que é, de fato, insegurança e medo. Têm raízes mais profundas, cravadas na mesma luta, voltadas para os largos horizontes do compromisso histórico, feitas de oblação permanente. O amor que não se dá fenece. Só de dom, oferta e busca pode nutrir-se a relação que se queira feliz, na surpreendente conquista mútua que jamais cessa. O rio que não corre polui-se. E essa descoberta contínua do outro nos pequenos detalhes foi uma das tônicas mais fortes de tua convivência com Marighella. Aviva-se, no fluxo de tuas recordações, o jeito despreocupado com que ele tratava os temas mais candentes, ouvindo os companheiros em doutrinárias considerações, enquanto entretinha-se em fazer-lhes a caricatura, arte que dominava com destreza. Em casa, era o homem forjado nas prisões e nos tempo difíceis de estada junto às famílias operárias, acostumado a nada reclamar, disposto a aceitar, sem queixas, as mais duras privações. No domingo de festa, trocava o leitão assado da mesa de um sítio para banquetear-se, à sombra das árvores, de sucessivas laranjas, degustando-as como quem suga da terra a energia imprescindível à existência.

Quando albores do frágil período de democracia burguesa permitiram-lhes maior mobilidade e caminhar juntos pelas ruas, era com alegria que se abrigavam em tua casa as crianças dos companheiros remetidos a longas viagens. Preservas com ternura a maneira como Marighella se relacionava com elas, misturando-se às brincadeiras que deixavam a casa revirada.

IV. MORTE, A CILADA

Tantas e tantas lembranças, Clara, que se guardam em teu coração, e que jamais serão conhecidas, pois pertencem à linguagem que as palavras não traduzem. Ficam o teu silêncio e, à nossa indagação, o teu sorriso que transmite luz sob os olhos marejados de saudade.

V. DEOPS, A CATACUMBA

1

Ao regressarem da alameda Casa Branca, vocês, algemados, ficaram num banco, no segundo andar do DEOPS, expostos à execração dos policiais que se divertiam em ameaçá-los com novas torturas, enquanto comemoravam a morte de Marighella e a gratificação recebida de empresários agenciadores da repressão. Apareceu aquele cara dizendo que era delegado de Brasília, quem sabe homem do SNI, fazendo perguntas sobre a Igreja, nomeando bispos e padres como subversivos, arvorando-se em profundo conhecedor das hostes eclesiásticas, repetindo que "pastoral comunitária não é religião, é subversão", sem dar tempo a que vocês respondessem, só falando, falando, falando nervosamente ante seus olhares perdidos num ponto qualquer do sofrimento e da estafa que os abatia, sem vontade de ouvir ou responder.

Levaram-no, Fernando, para preencher fichas: nome completo, pais, domicílio, cursos, estado civil e outras coisas que a burocracia pergunta sem mesmo saber que utilidade terão. Você abriu as mãos e esticou os dedos, cujas pontas ficaram negras ao contato com o rolo de graxa, deixando as impressões digitais nos cartões brancos. Havia muitas pessoas fazendo fichas, gente que você nunca tinha visto, assustadas, encolhidas de medo, aterrorizadas pelo ambiente, presas nas imediações da alameda Casa Branca. Sumiram como fantasmas na noite, e nunca chegaram às celas, nem se soube o que foi feito delas.

Você, Ivo, chegou à cela 5 quando quase todos os companheiros já dormiam sob a luz vigilante, acesa, e um deles soube que você tinha fome, muita fome, logo atenuada pelo sanduíche que ele lhe estendeu, gesto terno e silencioso de solidariedade no momento em que um delegado gritava alvoroçado pelo corredor do cárcere: "Matamos o chefe de vocês! Os dominicanos entregaram Marighella!"

Eram quase duas da madrugada quando você, Fernando, chegou à cela. Um companheiro acordou, afastou-se um pouco e disse "deita aí", abraçando-o quando você agachou, e isso o tocou por dentro, deu-lhe paz, segurança, facilitando o sono que, pela primeira vez após a prisão, se aproximava como o acalento de um sorriso infantil, logo afugentado pela voz estridente, malévola, do delegado Raul Ferreira, "os dominicanos entregaram Marighella". Grito sem eco, diluído no silêncio que o fez retomar o descanso, enquanto outro companheiro se deitava a seu lado e cochichava "sou da ALN, não se preocupe, fique firme".

Você não sabe a que horas acordou na manhã seguinte, e havia café e pão com manteiga, ingeridos com relutância naquele porão impregnado de cheiro de sebo, como um açougue há muito abandonado com suas carnes apodrecidas expostas aos mosquitos. Só então você notou que eram dezesseis os seus companheiros naquela cela cuja privada, ao fundo, escondida por trás de pequena parede, ficava sob a janela alta, inacessível, avisando que, lá fora, era dia. Com a velha vassoura desdentada, vocês varriam devagar o chão para não levantar muita poeira, e passavam o pano molhado, uma camisa toda

V. DEOPS, A CATACUMBA

rasgada. Você ajudava a preparar os companheiros para os interrogatórios.

Sua cela, Ivo, era uma das maiores naquele corredor em forma de L, cujo lado maior estava dividido em cinco celas, todas ocupadas por homens, e o menor, o fundão, em quatro cubículos, as solitárias, nas quais ficavam as companheiras. O mês que vocês passaram ali foi repleto de tensões, de emoções, de descobertas, de vivência fraterna, e havia momentos incrivelmente calmos, monótonos, lentos, sobretudo à noite, pois os interrogatórios, salvo exceções, eram feitos de dia.

Vocês dois estavam na mesma cela, em companhia de Frei Giorgio, que lhes ensinava canções italianas; de João Caldas, que entrara na prisão ao sair da Ordem; de Frei Tito, que desfazia os momentos de tensão com tiradas anedóticas e gargalhada travessa; de "Rabotti", consolando todos pelo abnegado testemunho de militante operário sofrido; do "Marinheiro", seviciado com requinte por "traição às Forças Armadas"; dos engenheiros Antônio Ribeiro Pena e Roberto de Barros Pereira, o primeiro, versão contemporânea de um São Francisco da Irmã Amizade, o segundo, afoito rapaz transtornado no labirinto que punha em risco sua promissora carreira; do teólogo Francisco Catão, derrubado de sua britânica fleuma no terreno duro e frio de um subterrâneo cujas portas só se abriam por fora; do professor de ioga Nestor, interessado em comprovar, no inferno, teorias e práticas do exercício da paz celestial; e do engenheiro Manoel Carlos Guimarães, dependurado num cachimbo que o acostumara a mais ouvir do que falar.

Vida de pobreza, nove raquíticos e sujos colchões cuspindo palha pelos buracos, comida trazida em latões enferrujados, exalando mau cheiro, e com o sabor do salitre destinado a anestesiar a libido dos presos. Os interrogatórios não tinham fim, e o retrato do regime que se implantara no Brasil desfilava, sem retoques, por fora da pequena grade que lhes permitia acompanhar o movimento no corredor.

Foi no fim da tarde de quarta-feira, 5 de novembro de 1969, que vocês viram, assombrados, silentes, os carcereiros passarem, carregando um preso com braços e pernas tombados no ar, o corpo nu coberto de sangue e hematomas, versão brasileira da *Pietá*. Fecharam Jeová de Assis Gomes numa solitária do fundão e, na tarde do dia seguinte, ele apareceu todo engessado, mas mesmo assim continuaram torturando o jovem estudante de física da USP, acusado de responsável, na ALN, pela implantação da guerrilha rural, o que não se podia comprovar, já que ele nada dizia que pudesse interessar a Fleury e sua equipe, até que decidiram aumentar a dose e ligaram a máquina de choque diretamente num aparelho de TV e ouviram dele apenas um comentário: "Muda de canal, porque este está muito fraco", o que lhe custou a fratura dos braços e das pernas.

Os passos do carcereiro no corredor deixavam todos vocês alertas, apreensivos, imaginando quem seria o próximo. Que alívio quando se tratava de entregar um maço de cigarros, um pacote de biscoitos, uma fruta, enviados por familiares ou amigos, sinal de carinho, companhia, apoio, que só quem está dentro pode saber o que significa, pois em muitas situações críticas da vida um afago vale mais que mil promessas e supera todas as boas intenções.

Tudo era irmãmente dividido, e, certa vez, com um único limão, fizeram uma "limonada" para toda a cela! Se alguém retinha o presente recebido, vocês conversavam

V. DEOPS, A CATACUMBA

com o companheiro, mostravam que todos tinham os mesmos direitos, que ali não se admitiam privilégios, e vida e morte apresentavam-se a todos como duas faces da mesma moeda. Não havia livros, nem mesmo era permitido ler a Bíblia, e o único recurso eram os quadrinhos de Walt Disney, aquele americano que educa nossas crianças para se adequarem, sem violência, ao capitalismo, admitindo que o pobre Donald jamais será como seu tio Patinhas, pois, afinal, nem todos têm a sorte do Gastão, talvez escapemos das ciladas da vida se colaborarmos com a polícia, como o Mickey ou, pelo menos, aprendendo com os sobrinhos do Donald que o importante é cumprirmos o nosso dever como bons escoteiros.

Enquanto o café da manhã não vinha, Nestor os orientava na ioga, relaxando-os naquele antro de pavor, ensinando a vocês a arte de dominar o espírito e o corpo pela respiração cadenciada, pelos movimentos pausados, pela meditação disciplinada. Após varrer a cela, recolher a palha e devolvê-la aos colchões, fazia-se a grande roda e cada um falava do que sabia, contando suas histórias, narrando suas memórias, desfiando seus conhecimentos, o que os levou a improvisar um curso de história da filosofia, dos pré-socráticos a Heidegger, um introduzindo o filósofo do dia, e os demais completando as informações a respeito dele. Foram duas semanas de "curso", mas nem sempre as "aulas" chegavam ao fim, interrompidas pela voz ameaçadora do carcereiro na grade: "Fulano, subir!"

Subir, verbo que se conjugava com infinito terror, a insegurança diante do novo rosário de perguntas, a iminência de torturas, a morte espreitando a dor, a frustração perante as quedas de companheiros, as acareações arriscadas e humilhantes, como um jogo de xadrez no qual os adversários são parceiros em busca do empate, enquanto as pedras se movem pelas mãos de um terceiro, interessado em acuá-los em xeque-mate.

 Embora muitos fossem marxistas e ateus, aceitaram a sugestão de vocês, de rezarem o pai-nosso quando alguém era retirado da cela, chamado para subir, aprontando-se ao som da oração solidária e nervosa, elixir de coragem e conforto naquele buraco onde a fraternidade imediata e simples impunha-se sobre divergências e diferenças que não têm lugar quando a vida se depara com o seu contrário. Ao regressar da tortura, o companheiro era amparado por vocês, moral e fisicamente, cercado de atenções, favorecido na partilha dos alimentos, no uso dos colchões, na divisão dos cigarros, e quantas vezes não se ouviu: "Aguentei porque sabia que vocês torciam aqui por mim", ou "Tive mais coragem porque minha força foi redobrada pela de vocês".

2

Mineiro sai de Minas, mas Minas não sai do mineiro, já disse o mestre Drummond. Em você, Fernando, a roça dos arredores de Visconde do Rio Branco ficou impregnada, como gordura de toucinho em parede de cozinha, cheiro de biscoito em forno de fogão de lenha, curva de rio em saudade de quem já foi menino do interior. Todos os sábados, repicado o último sino da escola, espalhada a criançada na rua, você caminhava seis quilômetros para chegar ao sítio dos tios, sapatos amarrados no cangote, pés na poeira, assobio na alma. Seus amigos eram os filhos dos vaqueiros, e as brincadeiras, o mergulho livre no rio Xopotó, o juntar

V. DEOPS, A CATACUMBA

das vacas, o passeio vadio dos velhos e preguiçosos carros de boi que levavam a cana para a usina.

De noite, encolhido sob o lampião no chão rústico da casa dos vaqueiros e dos peões, você ouvia os casos antigos, aprendia benditas curas vegetais, e era introduzido, assustado, no misterioso mundo dos lobisomens, das mulas sem cabeça, dos sacis-pererês. Café ralo e pipoca distraíam o apetite e, neles, enganava a fome que você não conhecia.

A casa da fazenda era solene, quartos recortados em janelas, comida farta, pomar abundante, contrastando com as choças dos empregados, o telhado vazando na chuva, a família apertada no mesmo cômodo, dormindo em colchões de palha de milho, as crianças misturadas aos porcos e às galinhas, pisando o mundo, o cuspe dos homens de boca desdentada atravessada pelo cigarro de palha e das mulheres pensativas com seus cachimbos de barro. Por que essas diferenças entre a casa-grande e a senzala? A pergunta pairava em sua cabeça, e você não via maldade em seus tios, que pareciam tão bons levando os doentes ao doutor, apadrinhando batismos e casamentos, discutindo como melhorar a alimentação dos trabalhadores.

Suas inquietações, Fernando, o levaram a buscar respostas na igreja local. Porém, o velho vigário, formado pelo seminário de Mariana, não andava tão preocupado com a justiça na Terra ou com a salvação no céu: pragmático, só falava em dinheiro e em grandes festas que aliviavam a consciência dos ricos, solícitos em ofertas, e não minoravam o sofrimento dos pobres, sem recursos para concorrerem, nos bingos e nas rifas, a ganhar bezerros, porcos e galinhas caipiras. Mesmo assim, o sentimento religioso entranhava sua infância, e, contrito, você assistia às liturgias e participava das procissões.

Em 1954, você chega a Belo Horizonte, para estudar com os franciscanos, holandeses expansivos, liberais, que se misturavam aos alunos e gostavam de boa cerveja. Mas também eles não responderam às suas indagações. No ano seguinte, colegas o convidaram à romaria dos estudantes da JEC, rumo à Serra da Piedade, onde o dominicano Frei Rosário Joffily já tinha plantado sua tenda de eremita, revestido de sabedoria, fazendo da mística um explosivo desafio à vida e, especialmente, à soberana arte da política. No caminho, você conheceu jovens diferentes, que contavam piadas entre reflexões cristãs, partilhavam suas angústias e descobertas sexuais com a mesma seriedade com que falavam de estudos e problemas sociais. A surpresa maior, entretanto, foi ver aquele homem de hábito branco metido nas conversas sem inibir os jovens, irradiando simpatia, confiança e argúcia: Frei Mateus Rocha, que se tornaria pai de uma geração mineira, inspirada em seu exemplo e estímulo. Na mesma noite, os ventos frios da serra, assobiando entre as pedras, protegera seu longo papo com Frei Mateus. Toda a sua vida aflorou naquela noite. Se o frade não lhe deu respostas, ao menos abriu pistas a serem seguidas e alargadas. E plantou em você um hábito: a leitura cotidiana do Novo Testamento.

Na JEC, o estudo das encíclicas sociais e a atividade apostólica o fizeram percorrer o caminho que, logo, o levaria ao convento da Serra, onde você assumiu o hábito dominicano. Santo Tomás de Aquino e os místicos tornaram-se seus companheiros diletos, embora a Igreja lhe parecesse uma casa ainda fechada ao mundo. A janela foi aberta pela encíclica Mater et magistra, *do velho e bom papa João que, logo em seguida, escancarou as portas, convocando a Igreja para o Concílio Vaticano II. Você descobria que o fermento não pode ficar fora da massa, a luz não deve ser escon-*

V. DEOPS, A CATACUMBA

dida debaixo da mesa, nem o sal separado da comida. A inserção no social foi consagrada pela encíclica de Paulo VI, a Populorum progressio, *em 1967, na qual se assegura aos oprimidos até mesmo o direito de se defenderem da violência dos opressores. No ano seguinte, a versão latino-americana do Concílio aconteceria na conferência episcopal de Medellín, conclamando todos os cristãos a passarem das palavras à ação.*

Entre os dons que o Pai lhe concedeu, destaca-se a intuição histórica, capaz de captar, como um pioneiro, a iniquidade intrínseca do sistema capitalista. Quando ainda outros padres, seus colegas, consultavam os astros na esperança de reformar o capitalismo, aterrorizados pelo fantasma do comunismo, você já dizia, mineiramente, que o futuro é do socialismo, sem modelos importados, mas onde as sementes do Reino de Deus brotem em forma de justiça, liberdade e paz. Em seus sermões, proferidos como conversa ao pé do fogo, você sublinhava que a vida cristã não é feita de tranquilidade, nem destinada ao conforto espiritual, mas é uma proposta que inclui ascetismo, perseguições, difamações, prisões, torturas e morte. Em seu espírito prenunciava-se a estrada que, mais tarde, o conduziria ao calvário. Familiarizado com a morte, você ressuscitou dos espectros das trevas com a mesma disposição anterior, agora temperado pela experiência e fortalecido na fé. Hoje, retornado às suas origens rurais, você anuncia o Evangelho aos que, por sua própria condição social, são bem-aventurados, porque padecem fome e sede de justiça.

3

— Frei Fernando, subir!

Após tapas, beliscões e puxões de cabelo, você chegou à sala de torturas, no terceiro andar do DEOPS, onde o ar era abafado e quente como numa sauna, e havia uma mulher miúda, morena, a Tiana (Sebastiana Bittencourt Guimarães), que havia sido dirigente nacional da JUC, sentada na cadeira do dragão, versão cabocla da cadeira elétrica, e o marido dela, Pérsio Pereira Guimarães, alto, magro, estava dependurado no pau de arara, levando choque como ela, e os dois gritavam, saía fumaça de seus corpos, o cheiro de carne queimada era forte. Você achou que ver aquilo era pior que sofrer o mesmo suplício e tentou desviar os olhos, mas os policiais o obrigaram a olhar e disseram:

— Foi assim que você ficou dependurado. Se não ficar bonzinho, volta pro pau.

No dia seguinte, você viu Tiana passar no corredor da carceragem, e a perna esquerda dela, inchada, parecia o dobro da outra, o que arrancou um comentário do carcereiro:

— O funcionário que está aprendendo não soube bater e deixou muitas marcas.

Aquele casal não tinha nenhuma implicação, fora encontrado na casa de um amigo procurado pela polícia e só depois de muito apanhar e nada dizer é que o DEOPS se convenceu de sua inocência, "hospedando-o" por quarenta dias no quarto andar, até que pudesse ser solto sem marcas de torturas.

Certo dia, você viu o carcereiro indagar de um rapaz que chegava à cela, todo quebrado:

V. DEOPS, A CATACUMBA

– O que houve?
– Foi choque elétrico – respondeu o preso.
Os investigadores da escolta reagiram:
– Ah, foi choque elétrico? Tem certeza? Então vamos voltar pra cima.

Meia hora depois o rapaz regressou com o rosto todo marcado de pancadas. O carcereiro provocou-o:
– Então, cara, foi choque elétrico?
– Não, eu caí da escada – disse ele, num misto de vergonha e ódio, enquanto os policiais riam.

Cenas assim se repetiam sempre, das nove da manhã às dezoito horas, e a tensão predominava, qualquer um estava sujeito a retornar às torturas, ninguém tinha segurança, e só à noite havia um pouco mais de tranquilidade, pois os torturadores não faziam horas extras. Com certeza afogavam na bebida e no tóxico os gritos pavorosos de dor e ódio que ecoavam pela madrugada em seus ouvidos. Apenas um delegado demonstrava estranha e doentia dedicação ao "trabalho", convocando prisioneiros para depor noite adentro: Fleury. Quando um de vocês era chamado para subir depois do expediente, podia preparar-se para o pior. No DEOPS, o inferno ficava acima, e o céu, abaixo, junto aos companheiros unidos por iguais sofrimentos e esperanças. Os fins de semana eram calmos, funcionário público não trabalha sábado e domingo.

Na sua cela, havia um tal de "Marinheiro", que se dizia ex-fuzileiro naval e antigo militante do PCB, e insistia em ser interrogado pelo Cenimar; ele garantia que, na Marinha, tinha "gente amiga", o que não era o caso do pessoal do DEOPS, que o torturou muito, e ele chegou à cela todo quebrado. Você foi um dos que procuraram aliviar as dores e tratar das feridas dele.

Depois, ele ficou encostado a um canto, conversando longamente com um companheiro, e você reparou que ele insistia em algo que o interlocutor negava com veemência, quem sabe fosse questão de mau procedimento no interrogatório, apuração de responsabilidade, omissão ou covardia. O fato é que o outro foi ficando bravo e se afastou, como se não quisesse mais conversa com o ex-fuzileiro. De madrugada, esse companheiro o acordou e sussurrou em seus ouvidos:

– O "Marinheiro" me propôs complicar ainda mais a situação dos dominicanos. O Cenimar prometeu soltá-lo se assinar que entregou armas a vocês. Se eu confirmar, também saio. Recusei, e vejo que não podemos mais confiar nele.

Toda a cela foi avisada de que o "Marinheiro" decidira fazer o jogo da polícia. Era uma versão antecipada do Cabo Anselmo, oficial da Marinha que, em 1964, liderara a revolta da marujada, vinculando-se à esquerda, mas a partir de 1971 tornou-se agente policial, passando a entregar à morte seus companheiros na luta clandestina.

Fleury tinha muita gana em mim, e não conseguia esconder a frustração quando escapei do cerco policial no Rio Grande do Sul, o que deixou vocês muito satisfeitos ao receberem a notícia dos próprios delegados e dos policiais, que sempre deixavam escapar informações nos interrogatórios, suprindo um pouco a falta de jornais, rádios e visitas naquele período de incomunicabilidade. Mas dia 9 de novembro vocês ficaram sabendo que a repressão marcara um tento me apanhando, o que os deixou apreensivos, e, naquela noite, rezaram por mim; no dia seguinte, Fleury partiu para Porto Alegre e, no final da semana, regressou triunfante:

– Prendemos todo mundo lá!

V. DEOPS, A CATACUMBA

Na tarde em que você foi chamado à sala do delegado Fábio Lessa, viu-o conversando com Vicente Eduardo Gomes Roig, jovem de origem espanhola, preso por atividades políticas e que, devido às pressões do embaixador da Espanha, iria receber visitas dos familiares, desde que escondesse as marcas de tortura e, se alguém notasse algo, dissesse que "caíra da escada"; claro, um argumento imbecil, mas à repressão não importava se sua versão dos fatos era ou não convincente, pois o poder da autoridade sobrepunha-se à verdade, e, ainda que a desculpa de queda da escada fosse ridícula, ninguém ousaria desmenti-la; o poder autocrático é senhor absoluto da verdade, intérprete único do real.

Você recebeu do delegado biscoitos, cigarros, vitamina C e outras coisas que suas irmãs haviam deixado no DEOPS, inclusive uma pequena cruz de madeira presa a um cordão de couro, dessas usadas pelos Irmãozinhos de Foucauld, o que o deixou muito emocionado – era o primeiro sinal de afeto familiar; aquelas coisas sacramentavam a presença de suas irmãs, e você as examinou detidamente, como uma criança contempla seus brinquedos no dia de Natal. Mas o encanto foi quebrado pela presença de um investigador a seu lado, que, em tom suave, perguntou:

– Na sua cela, todo mundo é da ALN?

– Não sei, a gente não conversa sobre isso – você respondeu, sem tirar os olhos dos presentes.

Embora nem todos fossem acusados de pertencer ou colaborar com o mesmo grupo revolucionário, havia grande entrosamento entre o pessoal da cela, todos ouviam com atenção a experiência dos que já haviam passado pelo cárcere. Organizou-se o coletivo e estabeleceram-se critérios mínimos de convivência comunitária. Assim, tudo que afetasse a segurança interna devia ser discutido no coletivo, e quanto menos soubessem do passado um do outro melhor, pois a qualquer momento um de vocês podia regressar à tortura e ser interrogado sobre o que ouvira na cela. Mas era muito importante o apoio mútuo. Havia reuniões todas as noites, todos cantavam, vocês faziam orações e comentários da Bíblia, debatiam a limpeza da cela, quem se encarregaria da privada no dia seguinte, quem varreria, como seria a distribuição de alimentos e cigarros que chegassem.

Acertou-se que todas as manhãs haveria uma palestra sobre um tema qualquer que um de vocês dominasse: os engenheiros falariam de sua área, os operários contariam a vida na fábrica, os estudantes transmitiriam seus conhecimentos. O fundamental era ocupar o tempo com atividades interessantes, impedir a imaginação de divagar sob os fantasmas vivos do medo, e convencer os fumantes a soltarem suas tragadas junto à grade, evitando a poluição no ambiente.

Uma noite, sumiu um limão da "despensa", o que era muito grave, pois, na carência, o mínimo é quase tudo. Alguns sabiam quem tirara o limão sem consulta ao coletivo: fora um rapaz preso por acaso, na casa de um amigo procurado pela polícia, e que sofria de asma. Sem que o nome dele fosse citado, o caso foi levado ao coletivo e todos advertidos de que aquilo não deveria se repetir; se alguém necessitasse de algo, bastava falar. O rapaz fez autocrítica perante os companheiros, falou do seu problema de saúde e da falta que sentia de um remédio específico, e vocês combinaram que caberia a ele a maior quota de vitamina C, e que se tentaria convencer um carcereiro a buscar o remédio na casa dele.

V. DEOPS, A CATACUMBA

Vocês cantavam, certa manhã, enquanto um companheiro se preparava para subir: *Vai trabalhar pelo mundo afora / eu estarei até o fim contigo / está na hora, o Senhor me chamou / Senhor, aqui estou / Senhor, aqui estou.*

O carcereiro gritou à porta:

– Parem com isso! Vocês parecem os cristãos de Roma que iam ser comidos pelos leões. Isso deixa a gente mal.

Havia um dos carcereiros imune à corrupção policial, chegava a chorar quando via um preso regressar sangrando das torturas, e sempre que se via a sós com vocês procurava reanimá-los. Num domingo em que ficou de plantão, vocês decidiram celebrar missa na cela, e conseguiram que ele tirasse um companheiro de cada cela para participar da celebração, inclusive o padre Eduardo Augusti, de Lins, habitante da cela 1 havia vários meses. Improvisou-se uma cruz com os pés de uma velha cadeira. Padre Augusti conseguiu – Deus sabe como – vinho e pão, todos falaram um pouco no momento da homilia, muitos choravam emocionados, sobretudo quando Augusti disse que se encontrava há tempos no DEOPS porque, ao contrário de todos vocês, pedira para não ser transferido dali:

– Quero ser aqui dentro uma presença, um apoio a todos que sofrem torturas, o momento mais difícil da prisão.

Ele mesmo sofrera choques, espancamentos e palmatórias. A celebração durou mais de três horas.

Funcionava no DEOPS a Delegacia de Cultos, dirigida pelo bacharel Alcides Cintra Bueno, que interrogava todos os religiosos e padres presos. Era uma espécie de inquisidor decadente, rosto macilento com a barba por fazer. Considerava-se um cristão exemplar e um delegado bem informado, inclusive por pessoas de dentro da Igreja: vocês viram na sala dele a vice-priora de um convento e um frade.

(Anos após deixar o cárcere, quando o delegado Alcides Cintra Bueno já havia morrido, fui procurado por um filho dele. O rapaz sentia necessidade de resgatar a verdadeira imagem do pai, e queria saber se ele era torturador. Disse-lhe que nunca vira o pai dele torturar, mas ouvira o delegado justificar a tortura, que comparava ao recurso "educativo" de uso da palmatória em seus tempos de colégio marista. Contou-me o rapaz que seu pai recebia, com frequência, correspondência da polícia dos EUA.)

Num sábado, levaram você, Fernando, para tomar banho e fazer a barba, o que o deixou inquieto. Não era hábito esse asseio antes de depor, mas logo depois os investigadores o conduziram à sala do dr. Cintra Bueno. Era fim de tarde, e, lá fora, a noite acendia as luzes da cidade. O recinto era espaçoso, e você ficou junto à porta, o delegado de culto à sua direita, o diretor do DEOPS à frente. À sua esquerda, obliquamente, a luz tênue de um abajur não o deixava ver o rosto da terceira pessoa, enquanto os dois delegados faziam perguntas a respeito de sua vida religiosa, de sua fé, de suas relações com a Igreja, com bispos e padres. Tratava-se de um interrogatório especializado em questões dogmáticas e eclesiais.

Após certo tempo, o estranho personagem escondido na sombra passou, também, a interrogá-lo, com um jeito prepotente de dizer as coisas, o sotaque nordestino ansioso, a fala corrida, o tom magoado e desafiador, o que lhe permitiu identificar a voz. Você o conhecia da televisão, ao que fixou a vista e confirmou a presença do jornalista Lenildo Tabosa Pessoa, do *Jornal da Tarde*, ex-seminarista, agora crítico amargo da Igreja. Você não

V. DEOPS, A CATACUMBA

sabia que ele era assim tão amigo dos órgãos de segurança, a ponto de se dar ao luxo de tirar um preso político da cela, em pleno regime de incomunicabilidade, para saciar sua curiosidade inquisitorial, fazendo-lhe indagações "teológicas", querendo aferir-lhe a ortodoxia católica. Você só se recusava a responder quando ele passava a fatos concretos, como se fosse um delegado de polícia, interessado em saber se vocês fizeram isso ou aquilo.

O que ele não sabia é que, em tempo de atrocidades, os menores detalhes se gravam indelevelmente na memória humana.

4

Sua infância, Ivo, à sombra do Pão de Açúcar, passou-se entre areia e mar e sol, pipas, bolas e sorvetes, quando a Urca abrigava o cassino cujas roletas decidiam a sorte dos amores da República, improvisando fortunas e distribuindo desgraças sobre o feltro verde das mesas de jogo. Aos seis anos, você acompanhou a família na mudança para Copacabana, bairro familiar que ainda não conhecia o anonimato das pessoas, a violência das ruas e a sofisticação das lojas.

Paris ficou dentro de sua casa, nas lembranças de seu pai, nas conversações domésticas em francês. Aluno do Colégio São Bento, o gosto pelo estudo não o afastou das peladas na praia, do basquete e da dança, nem o impregnou do elitismo que inebriava, por condição social, seus colegas de classe. A JEC livrou-o também de fazer da vida o espelho de sua própria imagem – partido o vidro, você descobriu que, do outro lado, havia o apelo de uma vida cristã menos centrada nos ritos, porque mais voltada para os outros, sobretudo para os mais desprovidos de pipas, bolas e sorvetes, os que fazem da areia local de trabalho; do mar, esperança; do sol, suplício.

O Evangelho entrava em sua existência intrusamente, como algo que pega por dentro sem que se queira e vira a gente pelo avesso. Seu livro de cabeceira, Princípios para a ação, *do padre Lebret, aconselhava-o à loucura da fé, lembrando que Cristo também foi chamado de louco, e até pensaram que ele andava possuído pelo demônio. No entanto, a ação deveria brotar da contemplação, dos momentos de aprofundamento, análise e oração. Você aprendia que de nada vale a fé sem o amor como atividade prática e eficaz.*

Seu esforço no colégio foi pela formação do grêmio estudantil, o que amedrontava o diretor, convencido de que entidades de união e representação são armas muito preciosas para estarem em mãos de alunos, operários, lavradores... Prevaleceu, contudo, a vontade de seus colegas, e a semente plantada frutificou um ano depois de sua formatura.

Acostumado à atividade comunitária, na sua rua você incentivou a criação de um clube esportivo, de vida tão animada quanto efêmera. Na verdade, ao se abrirem os anos 60, seu maior interesse voltava-se para a política estudantil, entre publicações da Ação Católica e as promoções culturais da UNE. Palavras que não tinham ressonância direta em seu universo pessoal, como fome, miséria e exploração, passaram a interpelá-lo, como chaves de um mundo real e dramático que a JEC o ajudaria a descobrir. O método de ver-julgar-agir lhe ensinaria que não basta conhecer a realidade, é preciso ir às causas dos problemas, e propor metas concretas de ação para transformá-la.

Em 1962, no congresso da Associação Metropolitana de Estudantes Secundaristas, você venceria, pela primeira vez, seu recato social, e tomaria o microfone para falar em público. O fato de já ter algo a dizer significava, em você, o compromisso efetivo com algo a fazer.

V. DEOPS, A CATACUMBA

Como pequena chama que nasce e se expande lentamente, a vocação religiosa o inquietava. No contato com os dominicanos do Leme, marcou-o a jovialidade dos frades que articulavam a opção cristã com o interesse pelas questões sociais. Frei Emmanuel Retumba, assistente de base na JEC, aparecia a seus olhos como sinal de uma liberdade que a consagração evangélica prometia. Enquanto ele abandonava o asfalto para tornar-se padre-operário na periferia de São Paulo, você deixava o Rio para ingressar no noviciado dominicano em Belo Horizonte. Ao encontrá-lo no claustro, você trazia a bagagem de uma experiência rica como dirigente regional da JEC nos estados do Rio e do Espírito Santo.

Depois, Ivo, fomos para São Paulo, e, juntos, prosseguimos o caminho iniciado no Rio. Houve mar e areia e sol, mas também conhecemos pedras, espinhos e noite. Hoje, retornado ao estado leigo, casado e com filhos, você persegue os mesmos ideais e comunga a mesma fé, na dedicação de sua vida aos trabalhadores urbanos, aos movimentos populares e pastorais e à formação de assistentes sociais.

5

Fernando sugeriu que, após o jantar, todos se sentassem em roda para relatar as reflexões feitas no decorrer do dia. Conseguiram que um carcereiro trouxesse a Bíblia usada naqueles encontros noturnos fundamentais à resistência de vocês, quando então se fazia uma verdadeira teologia da liberdade, da morte, do sofrimento redentor. O primeiro texto lido foi o capítulo 11 do evangelho de são João: a ressurreição de Lázaro, e vocês consideravam jaculatórias as inscrições gravadas nas paredes da cela por companheiros que os precederam.

Vocês promoviam brincadeiras e jogos, adivinhavam palavras a partir da mímica, arrancavam alegria naquele porão de horrores, cantavam, improvisavam roda de samba, faziam serenatas para as *meninas* – como eram chamadas as companheiras presas no fundão do DEOPS. Vocês descobriram que a alegria é algo interior que nem a tortura consegue apagar, e, por vezes, o coletivo pedia para os frades cantarem em gregoriano, puxados por você, Ivo, que tinha a melhor voz e sabia de cor o *Salve Regina*, na melodia dominicana; o *Veni Creator Spiritus*; o *Lumem Ecclesiae*; o cântico de *Completas* em homenagem a são Domingos; e o *Exsultet*, cântico da missa da ressurreição, no sábado de Aleluia.

Cantar quebrava a tensão; um companheiro bancava o locutor de rádio, "Prezados ouvintes, agora ouviremos..."; havia "comerciais", sátiras políticas, e um dos mais animados era o Tito, que gostava de cantar salmos. Com Frei Giorgio, vocês aprenderam o *Bela Ciao*, hino dos guerrilheiros antifascistas italianos, um dos favoritos da cela.

– Frei Ivo, subir!

Havia duas semanas que você estava preso, e o levaram para sentar-se na cadeira do dragão e fornecer "a lista de terroristas", mas não havia nenhuma lista, você de nada sabia, e eles insistiram, ameaçaram ligar os fios, até que o embarcaram num camburão e o conduziram ao convento de Perdizes, invadiram o quarto que você ocupara, e no qual já morava outro frade, revistaram lençóis, livros, papéis e roupas, sem nada encontrar. Ao descer, os frades o cercaram no claustro, impressionados com o seu rosto inchado, deformado. Você estava algemado e eles não sabiam bem o que dizer na frente dos policiais, só manifestavam apoio e carinho, um deles

V. DEOPS, A CATACUMBA

trouxe-lhe café e bolachas, você contou como passava os dias no DEOPS, referiu-se ao "curso" de filosofia, falou que a situação era difícil, mas, ao mesmo tempo, rica em descobertas, fazendo-o entender melhor o mistério da cruz do que toda a biblioteca que lera a respeito, pois o sofrimento clareava passagens do Evangelho que, antes, lhe soavam obscuras.

Um dos frades recordou-lhe Dietrich Bonhöffer, teólogo protestante alemão, assassinado no cárcere pelos nazistas, em 1944, após dois anos de prisão, onde escreveu eruditos textos de teologia – mas nada teve tanto peso e influência quanto a obra *Resistência e submissão*, que reúne as cartas que redigiu na cela. Foi um alívio para você poder comentar essas coisas com os nossos confrades.

Ao regressar do convento, levaram-no à sala do Fleury, no segundo andar do DEOPS, e ele voltou a insistir na "lista dos terroristas", ameaçando:

– Olha, é a coisa mais fácil: a gente te mata, corta os dedos para não descobrirem as impressões digitais e te enterra num lugar qualquer. Acho bom *abrir* logo.

Um dos investigadores deu-lhe violento soco no peito:

– Fala, desgraçado!

Pelas dez da noite, desistiram da lista e conduziram-no de volta à cela. Dia seguinte, novo interrogatório pela equipe do Fleury:

– Você se reuniu com um monge, no mosteiro dos beneditinos, para planejarem ações subversivas! Como é o nome desse padre?

Você nunca fizera reunião com beneditinos, o interrogador jogava verde para colher maduro, era uma técnica de que se utilizava: faziam perguntas genéricas que se aplicavam a qualquer pessoa em oposição ao regime, do tipo "você participou de reuniões! com quem? quantas vezes?", e uma pessoa menos precavida imaginava logo que eles sabiam de tudo, não havia como escapar, não adiantava negar, e faziam ilações a partir de dados fornecidos pelo próprio preso, pois, se tinham a informação de que você escondera um companheiro que estava sendo procurado, indagavam quem ajudou, onde o escondeu posteriormente e outras coisas, sempre em tom afirmativo, como se já soubessem de tudo e quisessem apenas a confirmação.

Na noite de quinta-feira, 20 de novembro de 1969, convocaram todos os dominicanos para subir, e vocês imaginaram logo novos interrogatórios. No quarto andar, na sala do delegado Fábio Lessa – que fazia o papel de "bonzinho" nos interrogatórios –, encontraram Frei Vincent de Couesnongle, representante do Mestre da Ordem Dominicana; Frei Domingos Maia Leite, nosso provincial; Frei Gilberto Gorgulho, nosso professor de Bíblia; e o cônego Amaury Castanho, diretor de *O São Paulo*.

Foi uma imensa alegria, era a primeira vez que se quebrava a incomunicabilidade, mas não foi possível a conversa livre, pois três delegados os cercavam, atentos ao que vocês falavam. Em seguida, foram conduzidos a outra sala, com carpete vermelho, cortinas de veludo nas janelas, e lá estava o cardeal Agnelo Rossi, vestido a caráter, interessado em saber se tinham feito tudo aquilo que a polícia dizia e a imprensa repetia, fazendo perguntas. Como havia muitos delegados à volta, vocês procuraram desconversar, mudar de assunto, ao que o cardeal insistia:

– Podem falar, nada vai acontecer a vocês.

Você teve vontade de indagar se, depois, ele desceria junto para a cela... Mas se conteve, guardou a pergunta no coração, e ficou com a impressão de que o arcebispo o tratara friamente. Mesmo assim, Fernando aproveitou a ocasião e denunciou o tratamento no cárcere, as torturas sofridas, as ameaças constantes. A cada pergunta que dom Agnelo fazia, um delegado se apressava em responder, impedindo o diálogo.

Dias depois, o cardeal deu entrevista à imprensa, dizendo que nada tinha a ver diretamente com o caso dos dominicanos, pois não havíamos sido presos "comungando ou confessando..."

6

Ao sermos transferidos de Porto Alegre, o avião da FAB que nos transportava aterrissou na base aérea de Cumbica, em Guarulhos, onde mais tarde construíram o aeroporto internacional. Fomos cercados pela equipe do Esquadrão da Morte, comandada pelo delegado Fleury, e por jovens de cabelos curtos que não esconderam pertencerem ao CCC (Comando de Caça aos Comunistas). Desconfio de que eram, de fato, militantes da TFP. Dali fomos direto ao setor de identificação do DEOPS, no Largo General Osório, no Centro de São Paulo: fotos, formulários, fichas datiloscópicas etc. Posei de frente, de lado, de outro lado, de costas, de pé, sentado. Tiraram impressões de todos os dedos e das palmas das mãos. Fomos recebidos pelo chefe da carceragem, seu Adão, baixo, inchado, pele enferrujada, cabelos cinza, jeito pastoso de falar. Não seria surpresa se ele dissesse que nascera naquele porão. Revistou-nos os bolsos, tirou-nos cintos, relógios, e o dinheiro foi guardado em envelopes com os nossos nomes. Na minha sacola ficou o Colgate com o diário espiritual escrito em Porto Alegre.

Seu Adão bateu no ombro de padre Marcelo:

– Padre, aqui a gente entra sem nada e sai sem nada. Tenho uma irmã religiosa. Ela diz sempre: "Adão, não maltrate os presos." Aqui embaixo somos todos amigos. Nada temos a ver com o que acontece lá em cima.

Seu Adão tratava melhor os prisioneiros socialmente mais considerados. Mesmo no fundo de um cárcere, certas diferenças de casta e de classe são levadas em conta. Evitou revistar os bolsos de padre Marcelo, apenas perguntou se havia algo a deixar na carceragem.

Fomos levados para uma das solitárias do fundão. Ao atravessar o corredor, encontrei Fernando, Ivo, Tito, Giorgio e Roberto. Pelas grades, apertamo-nos as mãos, emocionados. Nossos olhos se encontraram na muda mas expressiva indagação daquilo que cada um sofrera. Não podíamos ficar parados no corredor, o carcereiro exigia que andássemos. Outras faces amigas espalhavam-se pelas celas escuras do DEOPS. Muitas traziam ainda as marcas roxas e avermelhadas das torturas. Alguns companheiros estava deitados, sem condições de andar, após longas horas no pau de arara. Outros faziam ginástica, preparando-se para as novas sessões prometidas por Fleury e sua equipe.

Aos que comigo chegaram, apresentei o padre Eduardo Augusti, cuja prisão nada tivera com o nosso caso. Eu o conhecera em junho de 1968, em Botucatu, ao cobrir, para a revista *O Cruzeiro*, a "rebelião dos padres": entre os trinta e três sacerdotes da diocese, vinte e quatro recusaram-se a aceitar a nomeação do novo bispo, dom Vicente Marchetto Zioni, em substituição a dom

V. DEOPS, A CATACUMBA

Henrique Golland Trindade. Os padres descontentes mostravam-se dispostos a abandonar a diocese, como de fato fizeram tão logo o núncio, dom Sebastião Baggio, confirmou o bispo nomeado. Augusti era um dos padres que se queixavam de não terem sido consultados a respeito da sucessão episcopal. Transferiu-se, então, para a diocese de Lins, onde veio a morrer, de infarto, nos anos 90, após fundar um centro terapêutico de medicina alternativa.

Ocupamos a última cela do fundão: quatro homens num espaço de três metros por um. No extremo oposto à grade, uma privada descoberta. De outra cela, chegou um lençol, que utilizamos para improvisar uma "parede" em torno do vaso sanitário. No chão, dois ensebados colchões nos serviam de cama. Ao lado da cela, a porta entreaberta permitia-nos ver um rapaz com pernas e braços engessados, o dorso nu, os cabelos finos caídos sobre o rosto anguloso, sorridente. Era Jeová de Assis Gomes, 28 anos. Passara quatorze horas seguidas no pau de arara. Seus olhos reluziam a alegria e a tranquilidade moral de quem não cedera frente aos torturadores; via-se que, por dentro, ele estava inteiro, sem um arranhão, malgrado seu aspecto exterior, lembrando a imagem de Jesus descido da cruz.

Era costume os carcereiros soltarem um dos presos para servir a comida – o boieiro. No início, os presos políticos resistiram, mas logo perceberam que teriam no boieiro um canal de comunicação entre as celas. Foi das mãos de um boieiro que, pouco depois de chegar ao DEOPS, recebi o bilhete no qual Fernando e Ivo me punham a par de seus depoimentos. Logo depois, no mesmo dia, todos os dominicanos que já se encontravam no DEOPS foram transferidos para o Presídio Tiradentes.

Monsenhor Marcelo escapara providencialmente da revista na carceragem – seus bolsos guardavam notas de prisão, redigidas em papel higiênico, e boa parte do meu diário espiritual.

Ao fim do nosso primeiro dia em São Paulo, o delegado Fábio Lessa, responsável pela carceragem, apareceu à porta de nossa solitária. Alto, asseado, seus cabelos bem-penteados deixavam entrever os primeiros fios brancos. Mais parecia um curador de menores, afável no trato e calmo ao falar, que um cúmplice de torturadores. Fingia-se indignado com as sevícias praticadas por seus colegas, tentando ficar bem com os presos políticos.

– Betto, me dê o que você escreveu nos dez primeiros dias de prisão.

Um calafrio percorreu-me por dentro. No tubo de Colgate havia ficado a parte do diário iniciada no 11º dia. Não havia dúvida: a carceragem revistara até mesmo o interior da pasta dental e encontrara meus escritos espirituais.

– Deixei em Porto Alegre – respondi.

Dr. Lessa insistiu, disse que pretendia queimar os papéis antes que o delegado Fleury os visse. Por mim, nenhum inconveniente. Anotações sobre o mistério da manifestação do amor de Deus em minha vida só me comprometeriam ainda mais perante um tribunal da Inquisição.

Logo que o delegado se afastou, chamamos o carcereiro João para nos acender o cigarro. Aos prisioneiros era proibido portar isqueiro ou fósforo. Com a ponta em brasa, padre Marcelo e eu queimamos os papéis atrás da cortina que escondia a privada. Quando só restavam folhas negras e quebradiças, salpicadas de pequeninos

V. DEOPS, A CATACUMBA

pontos luminosos, como estrelas piscando na noite, enfiamos pelo vaso adentro. O cheiro de queimado era forte, temíamos a chegada do carcereiro. A água da privada começou a escassear, o fundo do vaso era uma poça negra de papéis queimados. O calor e o medo faziam-nos suar.

O seminarista jesuíta Francisco Castro, o mais alto dos quatro, subiu na privada, estendeu o corpo e o braço, conseguindo jogar as folhas restantes pela janela que dava para a estação ferroviária. Foi a conta. Chegou o delegado Lessa, acompanhado por soldados da tropa de choque da PM. Puseram-nos fora da cela, fizeram uma revista completa. Nada encontraram e se perceberam a incineração que havíamos feito nada disseram. Retornamos aliviados ao cubículo do fundão.

No dia seguinte, fui transferido para a segunda solitária, entre a ocupada por Jeová e a que dava de frente para o corredor – a das *meninas*. Entre elas, a querida amiga Rose Nogueira, com quem eu trabalhara na *Folha da Tarde*. Havia sido presa com o marido, o jornalista Luiz Roberto Clauset, acusados de esconderem "terroristas". De fato, Marighella dormira algumas vezes sob o teto do casal. Morena, magra, Rose trazia uma energia espiritual nem sempre notada sob seu sorriso doce, o jeito manso de falar e carinhoso de olhar. Mãe de um menino de seis meses – Carlos Guilherme Clauset –, reagira como uma fera ao ver o delegado Fleury aproximar-se da criança. Torturada, fez do silêncio a vingança contra os homens que puseram seu bebê sobre a mesa que, nas mãos deles, parecia uma prancha agitada pelas ondas em alto-mar, ameaçando jogá-lo ao chão. Elza Lobo, sua companheira de cubículo, aguardava temerosa o momento de ser interrogada. Mesmo assim, desdobrava-se em atenções a Jeová, reanimava todos nós, contava histórias como se estivéssemos a bordo de um vagão sem destino.

Havia em minha cela um banco de madeira fixo na parede, coberto por um colchão fino e ensebado. A madeira oca estava toda comida pelos cupins. Ao lado, uma prancha de madeira, que servia de mesa, e um tamborete. Ao fundo, a privada descoberta. O cubículo não tinha mais do que quatro metros quadrados. Pela assinatura e data na prancha, soube que o "hóspede" anterior fora o advogado Leopoldo Heitor.

Eram cinquenta e oito os presos políticos distribuídos pelo subterrâneo do DEOPS, naquele final de novembro de 1969. Quase todos haviam passado pela tortura. Transmitiam suas experiências aos novatos: como tentar suportar o pau de arara, evitar a paralisação do sangue nas mãos, flexionar os músculos, responder aos interrogatórios. Através de sinais e de bilhetes, falávamos de nossas quedas e sofrimentos.

No fundão, padre Marcelo, padre Manuel, Francisco e eu ficamos quatro dias sem ser chamados a interrogatório. Isso aumentava a nossa tensão. Sempre imaginamos o pior quando o perigo iminente afasta-se um pouco, ampliando a expectativa e o nervosismo. No terceiro dia, assistimos chocados, com o coração apertado, Elza Lobo regressar carregada do interrogatório. Tinha as solas dos pés em carne viva, o sangue pingando pelo chão. Fora surrada com palmatória até o limite de suas forças, desmaiando, sem confirmar as acusações que lhe eram feitas pela equipe do delegado Fleury.

No quarto dia, fomos surpreendidos pela visita do juiz Nelson Machado da Silva Guimarães, da 2ª Auditoria do Exército, acompanhado por dois militares do Conselho de Justiça. Feição jovem, séria, cabelos pretos

V. DEOPS, A CATACUMBA

esticados para trás, testa larga, o juiz tinha o rosto flácido e o jeito tímido de intelectual. Formado no Colégio São Bento, no Rio, pertencera à JUC ao cursar Direito, e há pouco assumira a toga militar. Sua visita ao cárcere do DEOPS era efeito das denúncias de tortura que, na Europa, mobilizaram o protesto da Comissão Internacional de Juristas junto ao governo Médici. Dr. Nelson Guimarães garantiu a todos os presos que as sevícias seriam suspensas, como um mestre-escola assegura a seus alunos o fim de insuportáveis castigos. Acreditamos nas palavras do juiz e, sobretudo, no seu poder de intervir no DEOPS.

Dois dias depois, subi. Fui levado, primeiro, à sala do delegado Renato Ribeiro Soares, excomungado pelo bispo de Ribeirão Preto por torturar a madre Maurina Borges, acusada de apoiar a luta armada, e presa na cadeia de Cravinhos (SP). Ameaçado de tortura, presenciei como ele dava socos e pontapés em dois estudantes de Ribeirão Preto, Ary Normanha e Claudinei Nacarato, que tinham as mãos algemadas às costas.

7

Monsenhor Marcelo foi chamado ao quarto andar do DEOPS. Esperavam-no os cardeais Vicente Scherer, Agnelo Rossi e Avelar Brandão, presidente do Celam, e os bispos Eugenio Sales e José Maria Pires. Falou reservadamente com eles. Contou-lhes o que se passava ali dentro, as torturas, os sofrimentos, as provas forjadas pela polícia.

– Há homens aqui dentro que são muito mais Cristo do que nós. Peço aos senhores que falem em nome deles. São os Cristos anônimos.

Narrou o que sofrera Jeová de Assis Gomes e o estado lastimável em que se encontrava, atirado ao fundão, sem assistência médica. Dom Avelar não resistiu e chorou.

– Não sou um anônimo – insistiu o reitor do seminário do Nordeste. – Mas há muitos anônimos aqui dentro, sofrendo torturas. Falem em nome deles. Falem em nome de Jeová. É preciso quebrar a barreira de silêncio em torno dos crimes do governo militar.

A dom Eugenio Sales, arcebispo de Salvador, o prisioneiro pediu alguns exemplares da Bíblia – que, no dia seguinte, foram entregues. Solicitou também licença para celebrar missas, o que jamais foi autorizado pelo DEOPS.

8

Padre Marcelo abrigava, em sua fé, uma vocação mística inquieta. No cárcere, aquele que em 1999 era o arcebispo de João Pessoa contemplou o mistério da vida de um militante comunista: Jeová de Assis Gomes. Gravou-se em minha memória este diálogo entre os dois, através das grades das solitárias:

– Jeová, você foi torturado horas seguidas. Desmaiou várias vezes. Fizeram com você o que não fizeram com Cristo. Quebraram seus braços e pernas. Você podia ter morrido. Não passou por sua cabeça que a morte seria o encontro com o Absoluto, com Alguém? Você se sente realizado? E se tivesse morrido?

– Padre, agora me sinto feliz porque conheço o gosto da morte. Sei, por experiência, que sou capaz de dar a minha vida pela causa revolucionária. Minha vida foi entregue aos oprimidos.

V. DEOPS, A CATACUMBA

– Quem ama passa da morte para a vida. Numa leitura cristã, de fé, quem faz a experiência do dom total, do amor, está salvo e se encontra com Deus. A Bíblia não diz que serão salvos os que têm fé e celebram o culto, mas sim os que são capazes de amar. Para estar aqui neste calabouço, eu arrisquei muito pouca coisa. Mas você arriscou sua juventude, a carreira universitária, a formação de uma família e a própria vida, por amor. Você faz a experiência do dom total. Isso, numa leitura cristã, vale mais que proclamar a fé.

Jeová retrucou enfático:

– Como o senhor arriscou pouco?! O senhor é monsenhor!

– Sou merda, e você é Cristo. O capítulo 25 do evangelho de são Mateus mostra claramente os critérios de salvação: são as respostas eficazes que damos às necessidades econômicas, sociais e espirituais do próximo. Jesus se identifica com quem tem fome, sede, vive no abandono ou aprisionado. O que fazemos ao oprimido para libertá-lo é ao próprio Cristo que o fazemos. Portanto, Jeová, o que você faz pela humanidade, pelo amor dos homens, é por Ele que você o faz.

Criou-se uma afetuosa cumplicidade entre padre Marcelo e Jeová.

Seis anos mais tarde, dom Marcelo Carvalheira me reafirmaria que o testemunho daquele jovem combatente fora a mais forte interpelação que recebera em sua vida.

9

Nossos interrogatórios tiveram início após a visita dos bispos, o que não deixava de ser um curioso indício. Fui o primeiro a ser chamado pelo delegado Ivahir de

Freitas Garcia, um homem gordo, pesado, boca larga, voz estridente, cabeça redonda, cabelos lisos presos com gumex, olhar miúdo atrás das lentes brancas dos óculos. Falava gritado, ameaçador, sem paciência para ouvir – o que favorecia seus interrogados.

Consegui convencê-lo de que nada havia a acrescentar além do que eu dissera em Porto Alegre. Bastaria entregar-me uma máquina e eu reescreveria o depoimento.

No sábado pela manhã, instalaram uma Remington e uma cadeira em minha cela. Refiz o depoimento, explicando como passara os refugiados na fronteira. Sobraram-me tempo e papel. Aproveitei para bater folhas de batalha naval. Francisco Castro jogava comigo, cantando os lances de dentro de sua cela.

– D 13.
– Água – eu respondia, e fazia o meu jogo: – L 5.
– Água. J 8.
– Acertou – eu confirmava.

Não terminamos o jogo. Em pleno bombardeio, os soldados da tropa de choque invadiram nossas fortalezas, apoderaram-se de nossos mapas, navios, torpedos, submarinos, minas e porta-aviões, convencidos de que capturavam um sistema de código altamente subversivo... A máquina de escrever foi retirada da cela.

Encontrei sobre a mesa do delegado, na segunda-feira, toda a coleção da *Folha da Tarde* anterior ao AI-5. O dr. Ivahir queria que eu assumisse a responsabilidade pela "linha subversiva" do jornal. Expliquei-lhe que, na empresa, eu era simples funcionário, pago por um patrão que, todos os dias, examinava as provas da oficina antes de as impressoras rodarem. Ele desistiu dos jornais.

– Eu gostaria de entender melhor a subversão dentro da Igreja.

V. DEOPS, A CATACUMBA

Comecei pelo Evangelho e a prática de Jesus, dando-lhe uma visão da comunidade cristã primitiva. Atento à minha improvisada aula de história da Igreja, dr. Ivahir tirava suas conclusões:

– Os primeiros cristãos subverteram o Império Romano. Com a sua mania de igualdade, arruinaram as bases jurídicas da natural diferença entre as pessoas e as classes, assentadas pelo direito romano.

Meu interrogador mostrava-se com muita gana em padre Marcelo. Rangia os dentes ao referir-se a ele. Pretendia comprometê-lo como cabeça do grupo de padres e religiosos, por deter a função mais alta na hierarquia da Igreja entre os que se encontravam no cárcere.

Na primeira vez que padre Marcelo subiu, o delegado estava inchado de raiva, um balão prestes a estourar:

– Estamos admirados pela aceitação que o senhor tem na Igreja. Cardeais e bispos vêm visitá-lo. Mas que direito tem o senhor de dizer o que acontece aqui dentro? Fique sabendo de uma vez por todas: contra o senhor não temos literatura, temos fatos!

Esmurrou a mesa e fez a primeira pergunta:
– Quem é Frei Leão?

Monsenhor passou por sua memória todos os frades seus conhecidos e só encontrou um Frei Leão: o companheiro de são Francisco de Assis, no século XIII. Mas nada disse, temendo soar como gozação.

– Quem é Frei Leão? – berrou a voz estridente do interrogador.

– Não conheço nenhum Frei Leão, delegado.

– E isto aqui, o senhor conhece? – retrucou o policial, exibindo um maço de cartas de dom Hélder Câmara.

Só então padre Marcelo lembrou-se que "Frei Leão" era o apelido que dom Hélder dera à sua secretária na

CNBB, Cecília Monteiro, mais conhecida como Cecilinha. Considerava-a tão importante na conferência quanto Frei Leão o fora nos primórdios da comunidade franciscana. Mas o sacerdote pernambucano nada disse ao delegado, que, irritado, passou a outra pergunta:

– O que significa Aglae?

O prisioneiro ignorava por completo o significado dessa estranha sigla.

– Não seria Agência Latino-Americana de Esquerda? – sugeriu o delegado.

A "sigla" fora tirada das cartas do arcebispo de Olinda e Recife. Aglae, grande amiga de dom Hélder, era funcionária da CNBB. O mistério, todavia, permaneceu para o DEOPS.

10

A sugestão de celebrarmos missa no cárcere animara todos os presos políticos, inclusive os marxistas ateus. Tratando-se de liturgias, esses companheiros demonstravam aberto espírito ecumênico. Nunca se opuseram às celebrações, embora destituídos da fé capaz de apreender o conteúdo da realidade sacramental.

Isso confirmaria minha opinião de que há no ser humano a tendência inata ao litúrgico, forma de expressão não racional, não discursiva, da intuição espiritual, dos sentimentos mais profundos da vida, dos acontecimentos que, aos nossos olhos, aparecem encobertos pelo brilho do mistério ou pela máscara do absurdo. Pelo ato litúrgico dialogamos com o Inominável. Lançamos interrogações ou damos respostas. Fazemos o mais breve

V. DEOPS, A CATACUMBA

percurso entre a nossa animalidade atávica e o gesto cultural consubstanciado no rito que nos aproxima dos deuses.

A celebração da missa nos subterrâneos do DEOPS quebraria o espesso clima de atrocidades e permitiria, mais um vez, a tentativa de recuperação de nosso espaço vital. Para a maioria dos companheiros, a missa interessava enquanto rito capaz de simbolizar e exprimir a nossa unidade mais radical nos limites do sofrimento e na esperança libertadora que consumia nossas vidas ali dentro. Nesse sentido, a eucaristia – memória atualizadora da paixão e da ressurreição do Senhor – teria lugar privilegiado naquele calabouço, sem o risco de objetiva profanação que ela corre em igrejas frequentadas pelos ricos senhores da terra, que aos domingos comungam o corpo de Jesus e, durante a semana, esmagam aqueles com quem o Senhor mais se identifica (*Mateus* 5,23-24; 25, 31-46).

O carcereiro Adão permitiu que monsenhor Marcelo celebrasse no corredor, onde foi colocada a pequena mesa que serviu de altar. O cálice, uma caneca de alumínio. As hóstias ficaram depositadas num desses pratos de papelão utilizados em pizzas para viagem. Tudo simples e rústico, como as antigas celebrações nas catacumbas romanas.

Os padres e religiosos puderam ficar fora das celas, junto ao altar. Jeová também saiu, carregado numa cadeira. Os companheiros permaneceram espremidos nas grades. Nas pontas do corredor, a tropa de choque da PM apontava-nos metralhadoras. Os carcereiros olhavam espantados. Observavam, curiosos e silentes, as nossas orações e cânticos.

Com seu forte sotaque gaúcho, padre Manuel Valiente leu, pausadamente, o capítulo 11 do livro do profeta Isaías:

*julgará os fracos com equidade,
fará justiça aos pobres da terra,
ferirá o homem impetuoso com uma ordem
  de sua boca,
e com o sopro dos seus lábios fará morrer o ímpio.
A justiça será como cinto de seus rins,
e a lealdade circundará seus flancos.
Então o lobo será hóspede do cordeiro,
a pantera se deitará aos pés do cabrito,
o touro e o leão comerão juntos
e uma criança os conduzirá;
a vaca e o urso se confraternizarão,
suas crias repousarão juntas,
e o leão comerá palha com o boi.
A criança de peito brincará junto à toca da víbora,
e o menino desmamado meterá a mão na caverna da
serpente.*

Era a primeira vez que participávamos de uma celebração na qual predominavam comunistas. Fiz o comentário da leitura:

— Isaías não diz que, no futuro, os pobres da Terra viverão em harmonia com os homens impetuosos. Pelo contrário, a boca do profeta anuncia a justiça de Deus, que sacia a fome dos pobres e faz morrer o ímpio. Do lado de dentro dessas grades encontram-se comunistas e cristãos. O que há de comum entre nós? O mesmo amor à libertação do nosso povo. Não foi em torno de bancas universitárias, dispostos a discutir questões teóricas, que nos encontramos. Foi a luta que nos aproximou, traçando a linha divisória entre os que defendem os interesses da burguesia e os que assumem as aspirações do proletariado. No entanto, cristãos e marxistas sempre foram considerados polos antagônicos. Não haveria entre nós mais coisas em comum do que a luta pela justiça? Temos as mesmas raízes judaicas – Cristo e Marx eram judeus, tributários da historicidade de seu povo. Para o cristianismo houve, no início dos tempos, um paraíso, no qual reinava plena harmonia entre os homens, a natureza e o Criador. Ao escolher-se em detrimento de seu próximo, o homem quebrou, pelo pecado original, a unidade genuína. Ao apropriar-se do que era comum, um grupo cindiu, pela acumulação primitiva, a sociedade em classes antagônicas. Segundo o marxismo, essa igualdade primordial só será recuperada na futura sociedade comunista, ali onde o cristianismo vislumbra a restauração da unidade paradisíaca no Reino de Deus, pois "Deus mesmo estará com seu povo" (*Apocalipse* 21,3). É através da história, configurada em sucessivos modos de produção, que se criam as condições de passagem do reino da necessidade para o reino da liberdade. Na história e pela história, Deus revela-se a seu povo e o convoca a construir o futuro de justiça e liberdade. O sujeito da história, na ótica de Marx, é o oprimido, a classe mais espoliada ou – para usar uma analogia – a mais crucificada pelo sistema capitalista. Na revelação cristã, é o Crucificado quem liberta e salva. No entanto, o pecado impede o ser humano de realizar plenamente os desígnios de Deus. Presente nas estruturas e nas instituições, o pecado desvia o processo histórico de seu rumo libertador, e deita raízes no coração do homem, alienando-o. Do mesmo modo, para Marx, a alienação cria o descompasso entre a nossa existência e a nossa essência. Não vivemos o que somos, e nem podemos ser o que gostaríamos de viver. Para nós, cristãos, essa adequação entre a essência e a existência é a santidade. Sabemos pela fé certas coisas que vocês buscam pela análise dialética. A fé não nos dá a radiografia do movimento histórico, mas sim o sentido último e absoluto da história: o antagonismo de classe será suprimido, e todos viverão como irmãos em torno do mesmo Pai. Haverá igual partilha da comida e da bebida, como aqui na mesa eucarística. Essa dimensão transcendente a teoria marxista não alcança. Todavia, o mais importante, hoje, é amar os oprimidos. No dia da ressurreição, Deus dirá aos que não tiveram fé: "Tive fome e me destes de comer... tive sede e me destes de beber..." Vocês indagarão: "Quando foi, Senhor, que te vimos com fome?... com sede?..." E o Rei lhes responderá: "O que fizestes a um desses pequeninos, foi a mim mesmo que o fizestes."

Terminada a pregação, padre Marcelo leu o evangelho das bem-aventuranças, no *Sermão da Montanha*. Mostrou, em seu comentário, como Jesus ressaltava a importância da prática libertadora. O bem-aventurado é sempre o oprimido que aspira à libertação. Sua esperança nasce da fé capaz de apreender a dialética cruz-ressurreição. Só entregando a própria vida podemos de fato encontrá-la.

O celebrante solicitou que os companheiros manifestassem suas intenções para a missa. Lembro-me que Carlos Guimarães Penafiel, que trabalhara comigo na *Folha da Tarde,* chorava; Takao Amano sorria emocionado; Carlos Eduardo Pires Fleury observava admirado. A litania não tinha fim. Todos tinham muito a dizer e a pedir. Parentes e companheiros eram lembrados. As súplicas transformaram-se num momento de livre

manifestação, no qual os prisioneiros mostraram-se indiferentes à presença dos guardas e dos carcereiros. A cada intenção, todos acrescentavam:
— Senhor, ouvi as nossas preces.

Após a comunhão do celebrante, o papelão com as hóstias e a caneca com o sangue do Senhor passaram de cela em cela. Muitos comungaram, redimidos pelo batismo de sangue. Quando as espécies retornavam ao improvisado altar, monsenhor escutou a voz de Jeová:
— Marcelo, também quero comungar.

Para o sacerdote, aquele jovem assumira, em sua carne e em seu espírito, a dimensão mais vital de união com Cristo. Não se poderia recusar a ele, que experimentava a identificação real com o Crucificado, a presença do Ressuscitado. Padre Marcelo deu-lhe a comunhão, e Jeová, comovido, chorou.

11

Padre Marcelo Carvalheira foi novamente chamado pelo delegado Ivahir, que se vangloriava de possuir três documentos altamente comprometedores para o réu: uma carta de dom Hélder, na qual monsenhor estaria indicado para fazer a ligação Nordeste-Sul do país, e consagrado como "místico das torturas", isto é, coubera-lhe preparar os cristãos para enfrentarem, corajosamente, a repressão policial; um documento, em grego, redigido pelo próprio Marighella, e no qual seu nome estaria citado quatro vezes; e, por fim, a descoberta da amante de padre Marcelo.

O prisioneiro estranhou menos a possibilidade de ser citado num documento de Marighella do que a notícia de que o líder revolucionário soubesse redigir em grego. Sem menosprezo à cultura do morto, preferiu duvidar da inteligência do delegado, incapaz de reconhecer a diferença entre grego e linguagem cifrada... A suposta carta de dom Hélder, contendo as fantasiosas missões subversivas, jamais foi mostrada. Todavia, a amante, segundo o policial, encontrava-se ansiosa à porta do DEOPS, insistindo para avistar-se com o monsenhor.

Padre Marcelo pediu os papéis:

– Me dê oportunidade de constatar a autenticidade desses documentos e analisar o conteúdo. Só então poderei responder às acusações que o senhor me faz.

O delegado insistiu:

– Assine aqui, reconhecendo a existência desses documentos. Quanto à amante, não se preocupe, não divulgaremos nada. Aliás, aqui no DEOPS cada um tem três.

O punho fechado da mão direita do sacerdote desceu agressivo sobre a mesa do inquiridor:

– Desafio qualquer bispo do Nordeste a dizer que pertenço a algum grupo político! A ação da Igreja é de fermento. Mas quero deixar bem claro para o senhor: admiro e respeito Carlos Marighella. Se não o conheci pessoalmente foi por falta de oportunidade. Porém, desafio o senhor a apresentar qualquer prova de ligações minhas com o grupo dele.

O delegado ouvia estarrecido, como se se sentisse diminuído diante de padre Marcelo.

– Quanto à amante, não me interessa se constam ou não provas desse gênero. Isso nada tem a ver com um inquérito policial-militar. Se quiser, envie a acusação a um tribunal eclesiástico – concluiu o sacerdote.

V. DEOPS, A CATACUMBA

Dr. Ivahir mandou recolher o prisioneiro.

O plano do DEOPS era acusar a Igreja de subversão, através da suposta conexão CNBB-dom Hélder-monsenhor Marcelo-Carlos Marighella. No dia seguinte, o religioso pernambucano foi sabatinado das nove da manhã às onze da noite. Mostraram-lhe um crucifixo que ostentava, sobre a imagem, a foice e o martelo. Segundo os policiais, era "o símbolo da arquidiocese comunista". Fizeram um levantamento detalhado de sua vida: queriam saber todos os seus passos, o que já fizera e o que pretendia fazer. Biografia era um dos pontos fracos dos órgãos de segurança. Sempre pediam ao preso para contar ou escrever a sua vida. A certa altura do depoimento, monsenhor ressaltou:

– Fui muito influenciado por Teilhard de Chardin.

Intrigados, os policiais indagaram:

– Quem é esse cara?

– Um padre jesuíta, cientista e místico, que viveu na China.

– Onde ele mora?

Talvez o DEOPS tivesse a intenção de prender o autor de *O fenômeno humano*. Padre Marcelo explicou que ele morrera em Nova York, na Páscoa de 1955, deixando uma obra que lança ponte entre a ciência contemporânea e a fé cristã, ao descrever, baseado em pesquisas antropológicas, e num estilo poético próprio dos místicos, a evolução do Universo e do gênero humano.

Delegados e policiais ouviram, com atenção, a aula improvisada do prisioneiro. Temendo "más" influências, o dr. Ivahir sustou o interesse: abriu uma pasta e espalhou sobre a mesa fotos de orgias sexuais, cujos parceiros, segundo ele, eram padres e freiras. Foram também exibidos papéis que comprovariam a participação de religiosos em contrabando.

— Esta é a sua Igreja? — perguntou o delegado.

— Não sei se essas coisas são falsas ou não — retrucou padre Marcelo. — Porém, quero que os senhores saibam de uma coisa: a patifaria que existe na Igreja é muito maior. Isso é café pequeno. Nós não acreditamos nesse ou naquele padre. Acreditamos numa única realidade: Jesus de Nazaré, ressuscitado e glorioso. Abram as últimas páginas do Evangelho: o que vemos? Um discípulo que traiu e enforcou-se; outro que negou e ficou complexado; um terceiro que só acreditava vendo; dois que caminhavam rumo a Emaús, frustrados em sua esperança. A nossa fraqueza começou cedo.

Constrangido, um investigador ponderou:

— Bem, até que nessa Igreja do senhor eu acreditaria. Não acredito é na Igreja do Frei Betto.

A conhecida tática: jogar um contra o outro. Padre Marcelo deu um murro na mesa:

— Nesse jogo dos senhores eu também não entro!

12

O delegado "Pudim" era o braço direito do dr. Fleury. Alto, aloirado, lembrava a figura de um policial nazista, embora lhe faltasse o porte marcial. Tinha predileção por seviciar mulheres. No entanto, ficara impressionado com a figura de padre Marcelo. Sempre que podia, descia à carceragem, encostava-se na grade e batia longos papos com o prisioneiro. Comentava as frases gravadas nas paredes de nosso cubículo: *Aqui somos torturados em nome*

V. DEOPS, A CATACUMBA

de Deus. Aqui estiveram os cristãos metalúrgicos. Ou a que escrevemos: *A fé é como uma chama: onde ela cai, queima.*

Quando a Justiça militar decretou a nossa prisão preventiva, a 7 de dezembro de 1969, só o nome do padre Marcelo não constava da lista. "Pudim" foi à cela:

— Direi ao diretor do DEOPS para mandá-lo de volta a Porto Alegre. Os outros receberam a preventiva, mas o senhor é apenas um fermentador.

Não entendemos a qualificação, mas o fato é que veio a ordem para o sacerdote ser transferido para Porto Alegre, onde deveria ser solto. Comemoramos com muita alegria e afeto.

Acompanhado do delegado "Pudim" e de um investigador, padre Marcelo embarcou numa perua veraneio. Sob o banco do motorista, levavam um imponente rifle. Mas a viatura não tomou diretamente o caminho da estrada. Embrenhou-se pelas ruas da capital paulista, até parar defronte a uma confortável casa, em bairro de classe média. Retiraram as algemas do prisioneiro, convidado a descer. Monsenhor imaginou o pior: um local secreto de torturas. Entrou desconfiado e, muito confuso, viu-se recebido por uma atenciosa senhora rodeada por três crianças. Eram a esposa e os filhos do homem do Esquadrão da Morte. O ambiente revestia o delegado de uma auréola de pureza. A família esperava o prisioneiro com a mesa posta para o lanche, no qual não faltava o bolo feito pela dona da casa. Padre Marcelo tentava compreender como o marido carinhoso e o pai atencioso podiam coexistir no torturador frio e implacável. Misteriosa a natureza humana! O homem que se deliciava em maltratar mulheres, pelo perverso prazer de vê-las nuas, gemendo indefesas em suas mãos, agora ajudava a esposa a servir o café e brincava com o filho menor no colo. O poder é capaz de dividir assim as pessoas? Deus e o diabo disputam um mesmo ser?

13

Sempre me intrigou o ofício de torturador. Ele espuma de ódio de sua vítima, agride-a, cospe nela, dependura-a no pau de arara, aplica-lhe choques elétricos, enfia-a de cabeça para baixo na latrina, queima-a com cigarro aceso.

No fim do expediente, volta para casa, beija a mulher, afaga as crianças, passeia com o cachorro, faz suas preces e recosta a cabeça no travesseiro como quem sabe que "o homem mau dorme bem".

Um torturador levar à sua casa um sacerdote pareceu-me um capricho profissional, como o motorista passa com o caminhão novo da firma em frente à casa da namorada ou o piloto faz um voo rasante no bairro em que mora.

Marcelo entrou naquela casa não na condição de preso, mas de presa. "Pudim" talvez tivesse o hábito de exibir a sua mulher e filhos às diferentes espécies de bandidos que passavam por suas mãos. Faltava um padre. E ali estava o sacerdote – aos olhos do policial, um terrorista que habilmente se encobria sob a afável aparência de um homem de Deus.

O que impressionou Marcelo foi ver "Pudim" no aconchego do lar: muito diferente daquele homem que, no quinto andar do DEOPS, dependurava homens e mulheres no pau de arara e fazia a corrente elétrica obrigá-los aos estorços de uma dança macabra. Agora era o pai dedicado, cercado por seus filhos, e o esposo afável, como um açougueiro que,

V. DEOPS, A CATACUMBA

em família, já nem se recorda que passou o dia abatendo animais, abrindo vísceras, retalhando postas e sujando as mãos de sangue.

Se uma pessoa querida vai para a mesa de cirurgia, ficamos em sobressalto. A equipe médica, porém, abre o crânio, corta o peito, manipula o coração ou os intestinos do paciente, com a mesma tranquilidade com que os funcionários do Instituto de Medicina Legal lidam com cadáveres destroçados num acidente aéreo ou sufocados pela lama de um desabamento.

Suponho que o convívio diário com certas situações acabe por embotar-nos a sensibilidade. Aos poucos, a dor alheia soa como um ranger de porta, o horror vira rotina, a morte do próximo é vista como uma página virada. É a banalização da tragédia. Para suportá-la, procuramos revesti-la de comédia.

A TV nos submete ininterruptamente a um aluvião de acidentes, assassinatos, guerras, hordas famintas e esquálidas agarradas aos ossos ressaltados de seus filhos de corpo exíguo e cabeça dilatada. Nada disso tira o nosso sono nem provoca a nossa indignação. Aos poucos, vamos admitindo que essa é a normalidade, talvez um erro humanamente justificável, como as bombas atiradas sobre crianças e idosos na guerra. Apenas um nó de tristeza por ver o mundo tão injusto e cruel.

A TV domestica-nos para bem conviver com a tragédia, carnavalizando situações aberrantes e exibindo, no palco, deformações de corpo e espírito, como se fossem meras atrações de interesse público. Torna-se rotina ver a face que desabona os políticos: as diatribes do ministro, a corrupção do deputado, as fanfarronices do senador, a mentira do prefeito, a demagogia do governador, o cinismo do presidente.

Assim, aos nossos olhos, molda-se a impressão de que a política é suja, todos os políticos são malandros, o processo eleitoral, uma farsa. Desiludidos, recolhemo-nos à nossa vida privada, indiferentes à esfera política, onde é decidida – para pior ou melhor – a vida de milhões de pessoas, do preço do ônibus ao acesso ao emprego.

Tudo se banaliza, a ponto de ocorrer uma inversão em nosso enfoque: danem-se os direitos coletivos, as causas sociais, os valores e os ideais. O que importa é a nudez da atriz, a privacidade do ator de telenovela, a filha da rainha dos baixinhos, o féretro da princesa que enterra a nossa ilusão de que a vida, para nobres e ricos, é sempre bela e feliz.

Nas ruas, tropeçamos em mendigos e cruzamos com crianças abandonadas. São moscas na comida. Importam menos que uma dor de dente. Sorte nossa que "não somos como eles". Preferimos acreditar que a desigualdade social é como o inverno e o verão: para uns, as agruras do frio; para outros, o conforto do calor.

Conta a parábola que certo monge retornava a seu mosteiro. Cruzou no caminho com uma criança maltrapilha, abatida pela fome e pelo frio. Na igreja, vociferou contra Deus, que permite sofrimentos tão injustos. "Por que o Senhor nada faz por aquela criança?" De repente, um clarão. Deus mostrou a sua face luminosa e disse a ele: "Eu já fiz: você!"

14

Terminado o lanche, partiram para a capital gaúcha. Conversaram sobre temas religiosos durante a viagem.

V. DEOPS, A CATACUMBA

Os policiais comportavam-se como crianças diante do professor de catecismo.

Antes de entregar o prisioneiro ao DOPS de Porto Alegre, a escolta despediu-se dele em torno de um churrasco. Monsenhor foi visto no restaurante por paroquianos da Piedade, que correram à igreja para tocar o sino. Sábado à noite o sacerdote dormiu na mesma cela que ocupara anteriormente. Foi solto na segunda-feira, 30 de dezembro de 1969, às cinco da tarde, após 51 dias de cárcere.

Absolvido a 14 de setembro de 1971, por absoluta falta de provas, em sentença unânime da Justiça militar, dom Marcelo Pinto Carvalheira foi sagrado bispo aos 27 de dezembro de 1975, tornando-se responsável pela pastoral na região de Guarabira, na Paraíba. Mais tarde, foi nomeado, pelo papa João Paulo II, arcebispo de João Pessoa, e eleito vice-presidente da CNBB.

15

Todos os dominicanos que passaram pelo DEOPS paulista foram levados ao quinto andar do prédio do largo General Osório, onde funcionava o "Ponto IV" – o acordo Brasil-Estados Unidos para atividades repressivas. Desde o início do governo Nixon havia, por parte dos americanos, um interesse especial no trabalho social e na importância política da Igreja Católica na América Latina. O "relatório Rockefeller" diagnosticara que mais ameaçadores à "estabilidade" do continente do que a esquerda eram os cristãos engajados na luta pela justiça.

Ao entrar na sala ampla, arejada, com sofás e uma mesa retangular, vi três norte-americanos, que trajavam camisas brancas de mangas curtas e gravatas, conversavam em inglês com policiais brasileiros e manejavam um equipamento de videoteipe. O delegado advertiu-me:
– Vou "soprar" as respostas. Se não responder direito, vai direto pro pau.

As questões eram genéricas e visavam confirmar nossa colaboração com a esquerda. Não cheguei a dizer mais do que já constava nos depoimentos. Mais tarde essa "prova" de nossa culpa foi mostrada em quartéis e residências episcopais.

16

Na quinta-feira, 11 de dezembro de 1969, eu estava deitado na cela 1 do DEOPS, quando eles foram me buscar. Lia um livro de aventuras, dessas histórias baratas que a gente compra em bancas de estações rodoviárias, capa colorida, a mulher sensual em primeiro plano, policiais atirando ao fundo, sangue escorrendo pelo título. A brochura amarelada, em papel-jornal, continha o drama de um funcionário público subalterno, cuja frustração o levara a planejar um assalto no qual entravam mulheres louras e esguias, tiras de terno e gravata, bandidos com cicatriz no rosto e tarja preta no olho esquerdo, viaturas correndo com sirenas abertas, tiros reboando em garagens abandonadas, o funcionário-assaltante acuado entre tambores enferrujados, os gritos da lei, um estampido, a dor provocada por uma bala no braço direito, a água da chuva ensopando o tempo

V. DEOPS, A CATACUMBA

lá fora, e a noite descendo sobre São Paulo, quando ouvi o tilintar do molho de chaves aproximar-se da cela onde eu lia a história do bandido que sangrava no braço, arrastado pela rua por um grupo de policiais que o embarcaram na viatura parada junto à esquina.

O carcereiro tinha uma ferida aberta na face direita, rodeada por pequenas moscas, exalando um odor fétido, a carne viva apodrecendo entre a barba malfeita estampada no rosto de um sorriso abobado, amarelo, escorado, meia-lua desenhada na boca de poucos dentes cariados e sujos. Meteu a chave na fechadura como se enfiasse a lâmina cega da faca em minha barriga, o sorriso demente esticado sob os olhos mortiços, as pequenas moscas volteando as barras de ferro da grade da porta e disputando lugar no centro da ferida pustulenta que me parecia um sorriso acima do outro, aberta em O.

Disse que pegasse as minhas coisas e saísse, ia ser transferido. Fechei o livro no momento em que o ex-funcionário público, cujo desespero o transformara em assaltante, dava entrada na Central de Polícia, o sangue empapando-lhe a camisa, pingando no chão. Vesti a velha calça Lee sobre o calção, pus a camisa e os sapatos sem cadarços, enquanto a ferida aberta soprava um hálito estragado em meu olfato e o sorriso paspalho ficava a me olhar. Chamou também os companheiros Bernardo Catão, Carlos Eduardo Pires Fleury e Takao Amano. Fomos saindo, ele atrás, rodeado de pequenas moscas e balançando o estridente molho de chaves que o fazia guardião do inferno.

O Chefe tinha o rosto branco como que coberto por uma máscara de neve, e os pelos de seus braços desciam espessos pelas mãos, invadiam os dedos, as unhas, e seus olhos eram amarelados, desse amarelo sumido de lâmpada fraca. Lá fora, no pátio, mais três policiais nos aguardavam na viatura: O Diabo, a Fera e o Energúmeno. Escancaravam os dentes como urubus diante da presa. O trio fúnebre exibia um sorriso macabro que unia e cortava as três bocas. O Chefe abriu as argolas de aço e prendeu uma pulseira em meu braço e outra em Takao Amano. Clique. A perua esperava-nos com o tampão do porta-presos aberto.

– Subam aí – ordenou a Fera.

Ajeitamo-nos espremidos, Catão com suas longas pernas encolhidas de lado, Carlos Eduardo Fleury abraçado aos joelhos junto ao peito, encostado à lataria, Takao apertado ao meu lado, olhando tudo aquilo com expressão ingênua, quase infantil, e eu prensado pelo tampão da viatura. Quando o carro arrancou, bati com a cabeça na porta.

Os pneus cantavam pelo asfalto molhado de São Paulo, a sirene gritava desesperada ziguezagueando entre o trânsito, enquanto, por mim, flutuavam o sol e a praia de Copacabana, o mar derramando-se na linha do horizonte, o suor escorrendo em minha pele, eu caminhando sobre a areia, sentindo o hálito salgado que soprava da água, meu irmão Nando gritando não se aproxime da água senão a onda te pega, você é muito pequeno pra entrar no mar, não sabe nadar. O sol incendiava o dia, translúcido, queimando meus olhos salgados, o corpo suado rodopiando à milanesa e meu irmão dizendo volte aqui senão a onda te pega e te leva pro fundo do oceano!

Cortamos as ruas noturnas da cidade agitada, meu destino atirado num carro de polícia, as recordações da infância rodando na boca da alma com sabor de oração, as frutas-pães estouradas no asfalto da avenida João Pinheiro,

V. DEOPS, A CATACUMBA

comidas pelos pardais enferrujados que nunca aprenderam a melodia da pauta musical que compunham entre os fios dos postes da capital mineira. Meus olhos, na busca curiosa das razões de viver, dos ideais que nos tomam por dentro como o fogo da paixão, sugando nossas últimas resistências. Belo Horizonte era luminosa, despudorada para quem conhecia suas intimidades, toda respeito para os de fora, resguardada pelo berço de montanhas, enfeitada de brincos suaves, colorida ao entardecer como uma donzela ruborizada surpreendida pela chegada inesperada da noite prenhe de sonhos. São Paulo, ao contrário, era toda ferro, os poros entulhados de cimento, o piche negro cobrindo suas artérias largas e compridas, a fumaça cinza como véu de luto a esconder o brilho das estrelas e a nudez reflexa da lua, os habitantes triturados entre prédios altivos, sentinelas maciças erguidas de prepotência, babel insaciável na qual o dialeto econômico estabelece a única ponte entre um povo destinado a gerar capital, como os pássaros da madrugada chocam seus ovos para o simples prazer de mastigá-los entre seus dentes metálicos, abortando a vida embrionária.

Desfibravam-se em minhas entranhas lembranças provincianas, convite à morte numa rede avarandada, cercada de samambaias e periquitos azuis, o balanço entre a sombra de parreiras de uva despertando-nos o apetite telúrico capaz de banquetear-se de terra, de musgos e de algas, embriagando-se nas chuvas de junho que intumescem o solo regurgitante de vida e lavam o tempo para receber o frio. A viatura dançava célere ao som de sua própria agonia, quebrando-se nas esquinas.

Fui acordado pelo estalo dos braços de ferro do portão aberto do Presídio Tiradentes, o carro num solavanco ganhando o pátio da carceragem. Ouvi a Fera urrar e tive a impressão de que, de sua boca, escapulia uma rosa de fogo que ressoava em meus ouvidos, como impropérios demoníacos ecoando na garganta do inferno. Enquanto os carcereiros conferiam os papéis, deixei a memória fluir através de meus músculos tesos, bálsamo no tronco castrado pelo golpe voraz do machado, e refugiei-me nos quintais espaçosos dos casarões de minha infância, entre goiabeiras escaladas ao ímpeto de Tarzan, as folhagens abrigando excitadas nossas brincadeiras de esconder, o tronco ereto da palmeira tapando os olhos ao ritmo da contagem regressiva, de dez a zero, enquanto Arthur, Maurício, Sérgio, Dudu, Nando, Chico e Paulo desapareciam no amplo quintal, contendo a ansiedade de serem encontrados entre galinhas e galos assustados, escondidos na palha de embalar ampolas do pequeno laboratório de meu avô. O Diabo quebrou o encanto ao cutucar-me com a ponta da metralhadora, o ódio quis explodir em meu peito, arrebentar os limites da emoção, descosturar as fibras do medo que me amarrava, injetar em meu ser uma força descomunal capaz de erguer o tigre em pulo selvagem e iniciar, ali, a luta na qual a derrota era minha certeza. Meus braços deixavam entrever as veias dilatadas, o pescoço tecia-se em cordas, o peito arfava, os poros transbordavam de suor. A cada palavra dos policiais um arrepio atravessava-me como um raio. Olhei o velho presídio, antiga senzala dos escravos da lavoura cafeeira: cinza-escuro, desbotado, as grossas paredes rachadas, as grades negras descascadas, comidas pela ferrugem. Ao entrar na carceragem, um suspiro agônico inundou o meu peito. A vida parecia querer fluir para fora do corpo, como se ali não fosse o seu lugar, leve ímpeto que regia vagas em meu

V. DEOPS, A CATACUMBA

ser feito inimigo e vítima. Fazia frio em mim, embora a noite paulistana fosse quente e tenebrosa. Ficamos perfilados no balcão da carceragem, enquanto o responsável pelo plantão sentou-se à velha máquina Remington, virou-se para mim e disse:
— *Nome completo!*

VI. TITO, A PAIXÃO

1

Tudo surpreendentemente calmo. No ar, boiava a expectativa dos próximos minutos. Na prisão, os próximos minutos assustam mais que o feixe de anos da sentença de condenação. O juiz raciocina em anos, o prisioneiro, em minutos. O próximo minuto pode ser o início de uma fuga, a lâmina de uma faca retalhando a carne, a visita inesperada.

Há cinco dias, Frei Tito escrevera ao nosso confrade, Frei Paulo Domingos:

> *Muitas vezes somos arrastados para onde não queremos ir. Temo que isso venha a acontecer com o conjunto da Igreja do Brasil. Se vier, e se for como consequência de uma fidelidade e de uma responsabilidade mais profundas ao Evangelho, que seja bem-vinda esta hora.*
>
> *Na cadeia, tenho descoberto o Evangelho de S. Mateus. O troço tem que ser ou pão ou pedra. Noutras palavras, acho que ele nos convida a sermos simplesmente homens. É impressionante como tantos não cristãos aqui vivem isso até as últimas consequências. Outro dia dizia-me um jovem: "Não falei nada porque fiz a opção, e diante dela morrer ou não é secundário."*

Os trabalhos manuais prosseguiam na cela 7 do Presídio Tiradentes: a longa e fina agulha prateada enroscando fios coloridos de lã na tela do tapete, seguindo o desenho projetado; dedos ágeis dando nós em fios de plástico das sacolas de compras; o couro cedendo ao corte e à ponta incandescente do pirógrafo, ganhando a forma de bolsas e carteiras.

Pela manhã, o pequeno grupo de cristãos, entre os cinquenta habitantes da cela, rezara os salmos. Nestor lera uma passagem do Evangelho, Frei Giorgio fizera o comentário. Sem tristeza, havia aperto em nosso coração. Os minutos eram vagarosos, longos, como em qualquer espera indefinida. As informações, precárias, pedaços incompletos de uma figura recortada: fora preso o dono do sítio em que a UNE realizara, em 1968, seu congresso clandestino em Ibiúna. Por que só agora, após tanto tempo? Um simples esclarecimento policial? O local havia sido conseguido por Frei Tito, amigo do proprietário.

Sobre o beliche, Tito consumia o tempo numa leitura desatenta, as pernas dobradas como asas de borboleta, os olhos baixos escondidos sob as lentes brancas dos óculos.

– *Fui levado do Presídio Tiradentes para a Operação Bandeirantes – Oban (Polícia do Exército) – no dia 17 de fevereiro de 1970, terça-feira, às 14 horas. O capitão Maurício veio buscar-me em companhia de dois policiais e disse: "Você agora vai conhecer a sucursal do inferno." Algemaram minhas mãos, jogaram-me no porta-malas da perua. No caminho, as torturas tiveram início: cutiladas na cabeça e no pescoço, e apontavam-me seus revólveres.*

Tito partiu sob os nossos protestos: meia centena de presos tinha o rosto espremido no alambrado estendido entre as grades, o peito ferido pela dor de assistir, impotentes, a um companheiro regressar à Oban, o grito

VI. TITO, A PAIXÃO

uníssono de "assassinos, assassinos!", entrecortado por expressões confiantes: "coragem, Tito", "firme, companheiro". A perua manobrou no pátio, ocultando o rosto redondo de Frei Tito, sua cabeça chata de cearense, o corpo baixo e robusto. Indignados, queríamos saber com que autoridade os homens do Exército retiravam do presídio um preso sob custódia da Justiça militar.

– *Preso desde novembro de 1969, eu já havia sido torturado no DEOPS. Em dezembro, tive minha prisão preventiva decretada pela 2ª Auditoria de Guerra da 2ª Região Militar. Fiquei sob responsabilidade do juiz-auditor dr. Nelson Guimarães. Soube, posteriormente, que esse juiz autorizara minha ida para a Oban sob "garantias de integridade física".*

Denunciado incontáveis vezes nos tribunais militares brasileiros, o crime de torturar jamais foi apurado ou punido. À luz da Justiça sobrepõe-se, no juiz, a força do interesse. Sua estabilidade depende da confiança dos militares: qualquer suspeita significa o fim de sua carreira. Por isso, ao espanto inicial provocado pelos relatos de atrocidades prevalece, no magistrado, a adequação de sua sensibilidade e consciência à tortura como método de interrogatório, o assassinato como recurso de profilaxia política, a crueldade do poder como exigência de segurança e firmeza de autoridade. Para os torturadores, porém, o juiz não passa de um pobre coitado obrigado a dar cobertura legal aos crimes cometidos pelo Estado.

– *Ao chegar à Oban, fui conduzido à sala de interrogatórios. A equipe do capitão Maurício passou a acarear-me com duas pessoas. O assunto era o congresso da UNE em Ibiúna, em outubro de 1968. Queriam que eu esclarecesse fatos ocorridos naquela época. Apesar de declarar nada saber, insistiram para que eu "confessasse". Pouco depois, levaram-me para o pau de arara. Dependurado, nu, com mãos e pés amarrados, recebi choques elétricos, de pilha seca, nos tendões dos pés e na cabeça. Eram seis os torturadores, comandados pelo capitão Maurício. Davam-me "telefones" [tapas nos ouvidos] e berravam impropérios. Isso durou cerca de uma hora. Descansei quinze minutos ao ser retirado do pau de arara. O interrogatório reiniciou. As mesmas perguntas, sob cutiladas e ameaças. Quanto mais eu negava, mais fortes as pancadas. A tortura, alternada de perguntas, prosseguiu até as vinte e duas horas. Ao sair da sala, tinha o corpo marcado por hematomas, o rosto inchado, a cabeça pesada e dolorida. Um soldado carregou-me até a cela 3, onde fiquei sozinho. Era uma cela de 3 x 2,5 m, cheia de pulgas e baratas. Terrível mau cheiro, sem colchão e cobertor. Dormi de barriga vazia sobre o cimento frio e sujo.*

Para certos militares, todo réu é culpado, até prova em contrário – princípio emanado da Doutrina de Segurança Nacional, e infundido na cabeça de todos que, durante anos, comandaram a repressão no Brasil. Parte-se da ideia de que ninguém confessa os seus "crimes", a menos que seja forçado a falar. E para isso só há um recurso: a tortura. A dor física, o pânico psíquico e o medo desencadeiam no prisioneiro o instinto de sobrevivência, sob ameaça de levá-lo a dizer ou assinar o que querem seus carrascos. Troca-se a dignidade pela preservação da vida. Nesse momento, a escolha é crucial entre ceder à ânsia de sobreviver ou aceitar a dor e a morte por fidelidade aos princípios assumidos.

Em liberdade, quando ainda a nova geração de combatentes não conhecia a fúria repressiva, alimentava-se o mito do herói indomável, capaz de abraçar a morte sem um gemido, como quem encontra o prêmio de seus

VI. TITO, A PAIXÃO

sacrifícios pelo advento da nova sociedade. No cárcere, os instrumentos de suplício reduziram essas pretensões aos limites da fragilidade humana, embora não tenham faltado testemunhos exemplares, como os de Frei Tito, Virgílio Gomes da Silva, Apolônio de Carvalho, Manuel da Conceição e de tantos outros. A maioria, porém, sucumbiu às atrocidades sofridas. Sabia-se a diferença entre a resistência quebrada e a delação assumida, voluntária. Havia compreensão e perdão para os que falavam sob tortura; discriminavam-se punitivamente os que colaboravam com a polícia em pleno domínio de suas faculdades.

A escola carcerária ensinava que a fidelidade não se reveste apenas de maturidade ideológica adquirida na prática social, mas, sobretudo, de amor à causa e às pessoas pelas quais e com as quais se luta. O coração é a raiz da vontade. O bom comportamento tido por Mário Alves, Vladimir Herzog, Marcos Arruda, Carlos Eduardo Pires Fleury e outros resultou de um longo processo de autoeducação, disciplina e humildade, que não os deixou se iludirem por esse voluntarismo esquerdizante revestido de autossuficiência que caracteriza certos militantes – que, de tão centrados em si mesmos, quando presos são os primeiros a delatar os outros.

– *Na quarta-feira, fui acordado às oito horas. Subi para a sala de interrogatórios, onde a equipe do capitão Homero me esperava. Repetiram as mesmas perguntas do dia anterior. A cada resposta negativa eu recebia cutiladas na cabeça, nos braços e no peito. Nesse ritmo, prosseguiram até o início da noite, quando me serviram a primeira refeição naquelas 48 horas: arroz, feijão e um pedaço de carne. Um preso, na cela ao lado da minha, ofereceu-me copo, água e cobertor. Fui dormir com a advertência do capitão Homero de que, no dia seguinte, enfrentaria a "equipe da pesada".*

Na Oban, os militares procuravam "quebrar" as resistências do preso, alternando torturas, perguntas, ameaças. O medo de sofrer novamente as mesmas dores era, por vezes, mais pavoroso que as próprias dores. Naquele inferno, não faltavam os gestos de solidariedade: um copo d'água ou um cobertor significavam companheirismo, presença amiga, solidariedade. Saber que alguém nos apoia é vencer a solidão que nos torna vulneráveis. Por isso, a percepção, na fé, da presença de Deus em suas vidas tanto encorajava os primeiros mártires cristãos.

– *Na quinta-feira, três policiais acordaram-me à mesma hora do dia anterior. De estômago vazio, fui para a sala de interrogatórios. Um capitão, cercado por sua equipe, voltou às mesmas perguntas: "Vai ter que falar senão só sai morto daqui!", gritou. Logo vi que isso não era apenas uma ameaça, era quase uma certeza. Sentaram-me na cadeira do dragão, com chapas metálicas e fios, descarregaram choques nas mãos, nos pés, nos ouvidos e na cabeça. Dois fios foram amarrados em minhas mãos, e um na orelha esquerda. A cada descarga, eu estremecia todo, como se o organismo fosse se decompor. Da sessão de choques passaram-me ao pau de arara. Mais choques, pauladas no peito e nas pernas, que cada vez mais se curvavam para aliviar a dor. Uma hora depois, com o corpo todo ferido e sangrando, desmaiei. Fui desamarrado e reanimado. Conduziram-me a outra sala, dizendo que passariam a descarga elétrica para 220 volts, a fim de que eu falasse "antes de morrer". Não chegaram a fazê-lo. Voltaram às perguntas, bateram em minhas mãos com palmatórias. As mãos ficaram roxas e inchadas, a ponto de não poder fechá-las. Novas pauladas. Era impossível saber qual parte do corpo doía mais; tudo parecia massacrado. Mesmo que quisesse, não poderia responder às perguntas: o raciocínio não*

VI. TITO, A PAIXÃO

se ordenava mais, restava apenas o desejo de perder novamente os sentidos. Isso durou até as dez da manhã, quando chegou o capitão Albernaz.

2

Venceste, amigo, os limites da vida, rasgando o véu do tempo, da lógica e do espaço, mergulhando no círculo hermético do mistério, espelhos reflexos do Nada e do Tudo. Cavalgaste a própria dor pelas estradas sinuosas da fragilidade, barco sobre as ondas, ancorado no porto seguro do compromisso. O corpo lanhado, espancado, eletrificado, não profanou a tua intimidade, e a tua verdade, acesa, não perdeu o brilho, estrela solitária acima da manada de nuvens rugindo tempestades e estalando raios no atropelo de pesadas patas. Servo contemporâneo de Javé, tua integridade deixou-se fascinar pelo êxtase que decifra o jogo da morte. Um, apenas um de teus gritos resistentes bastaria para quebrar os cristais de nossos encantos mesquinhos, a profissão embrulhada por interesses no tráfico de compra e venda do mercado de trabalho, as ideias adornadas pelos cabeleireiros da moda, os hábitos sob a coleira da vaidade, espumas perfumadas que se diluem à clarividência da água lavando nossos corpos mortais, cápsulas rudimentares do espírito que não se rende às nossas conveniências, nem se dobra aos nosso vícios; antes, é como os pássaros que só pousados à mão dos deuses se sentem livres. Provaste aos verdugos que ainda não se inventaram armas ou se erigiu poder suficientemente forte para derrotar a consciência humana – arma muito perigosa, confidenciou-nos Dostoievski.

– *"Nosso assunto agora é especial", disse o capitão Albernaz, ligando os fios em meus membros. "Quando venho para a Oban, deixo o coração em casa. Tenho verdadeiro pavor a padre, e, para matar terrorista, nada me impede... Guerra é guerra, ou se mata ou se morre. Você deve conhecer fulano e sicrano (citou os nomes de dois presos políticos que foram torturados por ele). Darei a você o mesmo tratamento que dei a eles: choques o dia todo. Todo 'não' que você disser, maior a descarga elétrica que vai receber."*

Estavam três militares na sala. Um deles gritou: "Quero nomes e aparelhos." Quando respondi: "Não sei", recebi uma descarga elétrica tão forte, diretamente ligada à tomada, que houve um descontrole em minhas funções fisiológicas. O capitão Albernaz queria que eu dissesse onde estava Frei Ratton. Como não soubesse, levei choques durante quarenta minutos. Queria os nomes de outros padres de São Paulo, Rio e Belo Horizonte "metidos na subversão". Partiu para a ofensa moral: "Quais os padres que têm amantes?", "Por que a Igreja não expulsou vocês?", "Quem são os outros padres terroristas?" Declarou que o interrogatório dos dominicanos, feito pelo DEOPS, tinha sido "a toque de caixa", e que todos os religiosos presos iriam à Oban prestar novos depoimentos. Receberiam também o mesmo "tratamento". Disse que "a Igreja é corrupta, pratica agiotagem, o Vaticano é dono das maiores empresas do mundo".

Diante de minhas negativas, aplicaram-me choques, davam-me socos, pontapés e pauladas nas costas. Revestidos de paramentos litúrgicos, os policiais fizeram-me abrir a boca "para receber a hóstia sagrada". Introduziram um fio elétrico. Fiquei com a boca toda inchada, sem poder

VI. TITO, A PAIXÃO

falar direito. Gritavam difamações contra a Igreja, e berravam que os padres são homossexuais porque não se casam. Às 14 horas, encerraram a sessão. Carregado, voltei à cela, e fiquei estirado no chão.

A tua agonia, irmão, dobra os joelhos da Igreja em atitude penitencial. Ela confessa ao teu testemunho as atribulações de quem, fecundada pelo Espírito, destinada às núpcias com o Rei, entrega-se excitada ao poder repressor, dança ao tilintar de moedas falsas, escuta arrepiada, prazerosa, as bajuladoras promessas de autoridades públicas. Nos becos escuros da história, a prostituta oferece-se ao primeiro que lhe promete brincos de ouro, colares de pedra e anéis cravejados. Joia preciosa, resguarda o coração, cofre lacrado do amor que só se abre ao seu Senhor, por quem ela não macula na sarjeta os sentimentos e as emoções. Regressa à casa, despe-se dos adornos, lava-se no sangue de Bartolomeu de las Casas, de Antonio Valdivieso, de Morellos, de Camilo Torres, de Henrique Pereira Neto, de João Bosco Penido Burnier, de Rudolf Lukembein, de Oscar Romero, e em teu sangue, Tito. Flor do campo, criança solta livre na manhã vadia, atira-se aos braços de seu Amor, e já não abraços, são laços. São dois em um.

– Às dezoito horas, serviram o jantar, mas não consegui comer. Minha boca era uma ferida só. Pouco depois, levaram-me para uma "explicação". Encontrei a mesma equipe do capitão Albernaz. Voltaram às mesmas perguntas. Repetiram as difamações. Disseram que, em vista de minha resistência à tortura, concluíram que eu era um guerrilheiro e deveria estar escondendo minha participação em assaltos a bancos. O "interrogatório" reiniciou para que eu "confessasse" os assaltos: choques, pontapés nos órgãos genitais e no estômago, palmatória, ponta de cigarro acesa em meu

corpo. Durante cinco horas, apanhei como um cachorro. No fim, fizeram-me passar pelo "corredor polonês". Avisaram que aquilo era a estreia do que iria ocorrer com os outros dominicanos. Quiseram deixar-me dependurado toda a noite no pau de arara. Mas o capitão Albernaz objetou: "Não é preciso, vamos ficar com ele aqui mais dias. Se não falar, será quebrado por dentro, pois sabemos fazer as coisas sem deixar marcas visíveis. Se sobreviver, jamais esquecerá o preço da valentia."

Na sucursal do inferno, demônios afoitos competiam pelo poder de partir a resistência de suas vítimas. Morcegos vorazes borboleteavam céleres de brasões em brasões, sequiosos de sangue. Erguer a alma do réu na ponta do espadim era o supremo gozo, vitória macabra de uma equipe que recusava passar o preso a outra sem o trunfo de vê-lo falar. A morte era o salário do silêncio. O ritual, porém, dera aos duendes o domínio sobre o espírito humano, navios fantasmas construídos no interior de garrafas atiradas às vagas da noite. O capitão Albernaz sabia o que estava dizendo. Filho de bruxos, sua profecia, estigma maligno, haveria de se confirmar no futuro atordoado de Frei Tito.

— *Na cela, eu não conseguia dormir. A dor crescia a cada momento. Sentia a cabeça dez vezes maior que o corpo. Angustiava-me a possibilidade de os outros religiosos sofrerem o mesmo. Era preciso pôr um fim àquilo. Sentia que não iria aguentar mais o sofrimento prolongado. Só havia uma solução: matar-me.*

Oblativa, emergiu em ti a sombra da morte. Recolhias em teu dom o risco que sobre nós pairava. Resgatava-nos das florestas do medo, pela tua coragem de abrir as portas dos jardins do Éden, anjo sentinela do cálice que te foi dado beber no Horto das Oliveiras, sorvendo-o

VI. TITO, A PAIXÃO

sofregamente, até a última gota. Clamaste ao Pai para afastá-lo de nós, entregando-te a copa na qual nos deste teu corpo e teu sangue.

— *Na cela cheia de lixo, encontrei uma lata vazia. Comecei a amolar sua ponta no cimento. O preso ao lado pressentiu minha decisão e pediu que eu me acalmasse. Havia sofrido mais do que eu (teve os testículos esmagados) e não chegara ao desespero. Mas, no meu caso, tratava-se de impedir que outros viessem a ser torturados, e de denunciar à opinião pública e à Igreja o que se passa nos cárceres brasileiros. Só com o sacrifício de minha vida isso seria possível, pensei.*

Como havia um Novo Testamento na cela, li a Paixão Segundo São Mateus. O Pai havia exigido o sacrifício do Filho como prova de amor aos homens. Desmaiei envolto em dor e febre.

O preso ao lado era o ex-cabo Mariani, do Exército, que não apoiara seus comandantes no assalto ao poder constituído, em 1964. Cassado e caçado, abrigou-se na clandestinidade, lona puída de um velho e precário circo, com tão poucos espectadores que os atores acabavam por representar para si próprios. As massas condensavam-se sonoras, pujantes, num conceito teórico que nos escapava na concretude oca da história. O circo era feito de palhaços, seus números arriscados dispensavam redes, a arte era toda audácia; só não se previu a rebelião das feras a abater caçadores e domadores.

O ex-cabo Mariani foi preso nos primeiros dias de 1970, próximo a Teófilo Otoni. Transportado para o DOPS de Belo Horizonte, ingeriu velha cápsula de cianureto que trazia consigo. O veneno queimou-lhe as vísceras, corroeu-lhe os intestinos e, da morte, só provou o sabor amargo. Trazido para São Paulo e entregue ao Exército, recebeu "tratamento exemplar".

Outro companheiro soube o que é isso e estendeu-te, Tito, a mão, a paz, o pão: Fernando Gabeira. Ave insolente, um tiro atravessou-lhe o voo para a liberdade, devolvendo-a à gaiola de ferros. Não lhe cortaram as asas impetuosas, o amor à vida e o fascínio pela utopia. Contudo, ao retornar do exílio, diria adeus às armas e, por cima de abnegados sacrifícios, faria entender que o circo não passou de uma grande aventura, como se o sonho fosse fruto e não matriz da realidade.

Estranho enlace entre a fé e as feras: o Novo Testamento que tu leste fora presente do capitão Roberto, crente obcecado em difundir a Palavra, sem no entanto reconhecer-se cúmplice da profanação sacrílega que se pratica ali dentro sobre os verdadeiros templos de Deus.

– *Na sexta-feira, fui acordado por um policial. Havia a meu lado um novo preso: um rapaz português que chorava pelas torturas sofridas durante a madrugada. O policial advertiu-me: "O senhor tem hoje e amanhã para se decidir a falar. Senão a turma da pesada repete o mesmo pau. Já perderam a paciência e estão dispostos e matá-lo aos pouquinhos."*

Voltei aos meus pensamentos da noite anterior. Nos pulsos, eu havia marcado o lugar dos cortes. Continuei amolando a lata. Ao meio-dia, tiraram-me para fazer a barba. Disseram que eu iria para a penitenciária. Raspei mal a barba, voltei à cela. Passou um soldado. Pedi que me emprestasse a gilete para terminar a barba. O português dormia. Tomei a gilete, enfiei-a com força na dobra interna do cotovelo, no braço esquerdo. O corte fundo atingiu a artéria. O jato de sangue manchou o chão da cela. Aproximei-me da privada, apertei o braço para que o sangue jorrasse mais depressa.

Mais tarde, recobrei os sentidos no leito do pronto-socorro do Hospital das Clínicas. No mesmo dia, transferiram-me

VI. TITO, A PAIXÃO

para o Hospital Militar. O Exército temia a repercussão, não avisaram a ninguém o que ocorrera comigo. No corredor do Hospital Militar, o capitão Maurício dizia desesperado aos médicos: "Doutor, este padre não pode morrer de jeito nenhum. Temos que fazer tudo, senão estamos perdidos." No meu quarto, a Oban deixou seis soldados de guarda.

Enquanto padecias, buscávamos desesperados meios de mobilizar as pessoas. Adivinhamos o teu calvário atingido em penosas estações. Nosso apelo chegou ao advogado, dr. Mário Simas, e aos nossos superiores, Frei Domingos e Frei Edson. Era um tempo em que o relógio marcava, a cada segundo, o jogo da vida, e a vitória exigia muita presteza.

O núncio apostólico, dom Umberto Mozzoni, voou de Brasília para a capital paulista, tão logo foi avisado. Ele e dom Paulo Evaristo Arns jamais se esconderam dos momentos difíceis; bons pastores, não abandonaram as ovelhas atacadas pelos lobos. Faziam de sua autoridade serviço. Nas vestes vermelhas, traziam as insígnias do martírio; nas mãos, o sangue de feridas alheias. Acompanhado por Frei Domingos, o núncio foi à Operação Bandeirantes, à tua procura. Queria ver-te. Todavia, a prepotência cospe na verdade. Na porta, o policial de plantão informou que o teu nome não constava na lista de presos. O convívio com a perversidade habituara-os à mentirosa indiferença perante a aflição de tantas e tantas famílias que, ainda hoje, buscam seus mortos e desaparecidos.

– No sábado, teve início a tortura psicológica. "A situação agora vai piorar para você, que é um padre suicida e terrorista", diziam eles. "A Igreja vai expulsá-lo." Não deixavam que eu repousasse. Falavam o tempo todo, jogavam, contavam-me estranhas histórias. Percebi logo que, a fim

de fugirem à responsabilidade de meu ato, e o justificarem, queriam que eu enlouquecesse.

O quarto que ocupaste no Hospital Militar do Cambuci era, de fato, uma cela, a mesma na qual Gabeira ficara após ser ferido a bala por tentar fugir da Oban. Se o carrossel da loucura não te apanhou mais depressa, foi graças à carinhosa atenção das irmãs que trabalhavam no hospital, santas marias da consolação.

– *Na segunda noite, recebi a visita do juiz-auditor, acompanhado de Frei Domingos Maia Leite e de dom Lucas Moreira Neves, bispo-auxiliar de São Paulo. Haviam sido avisados pelos presos políticos do Presídio Tiradentes. O médico do hospital examinou-me à frente deles, mostrando os hematomas e as cicatrizes, os pontos recebidos no Hospital das Clínicas, as marcas de tortura. O juiz declarou que aquilo era "uma estupidez" e que iria apurar responsabilidades. Pedi a ele garantias de vida, e que eu não voltasse à Oban, o que prometeu fazer.*

Tão logo soube o que ocorrera contigo, o provincial dos dominicanos, Frei Domingos, entrou em contato com dom Agnelo Rossi, arcebispo de São Paulo. Frente a casos como o seu, os bispos se dividiam em duas atitudes: os que socorriam os oprimidos e os que acreditavam que só os poderosos podem salvá-los... O cardeal telefonou ao governador Abreu Sodré e encarregou seu bispo-auxiliar, dom Lucas Moreira Neves, dominicano, de falar com o juiz-auditor. O bispo e o juiz eram velhos conhecidos desde a antiga JUC carioca, nos anos 50. Por insistência de Frei Domingos, esse pequeno grande homem, dr. Nelson Guimarães decidiu ir ao Hospital Militar, acompanhado também por dom Lucas. Antes, porém, impôs uma condição: não se revelaria nada do que veriam e ouviriam.

VI. TITO, A PAIXÃO

No hospital do Cambuci, o major-oficial do dia e o capitão-médico de plantão acompanharam os visitantes ao teu leito. Teus olhos exultaram ao ver o rosto de pessoas que poderiam salvar-te. Sem receio, disseste que tentaras matar-te, cortando a artéria do braço esquerdo, por não mais suportares o tratamento recebido na Oban. Denunciaste as ameaças que pesavam sobre nós. Solicitado pelo juiz, o capitão-médico examinou-te, constatando escoriações e hematomas em várias partes do corpo, e suspeita de fratura nas mãos. Imploraste ao magistrado que te desse garantias de vida e não permitisse teu retorno à sucursal do inferno. Querias viver, Tito, livrar-te dos fantasmas das trevas que povoavam os corredores lúgubres do aparelho repressivo.

Dia seguinte, Frei Domingos, munido de uma autorização do juiz, tentou nova visita. Foi barrado, sob a alegação de que necessitava de uma autorização especial das autoridades da 2ª Região Militar.

Por ocasião do teu julgamento, irmão, a província dominicana do Brasil pediu a dom Lucas Moreira Neves um depoimento sobre o estado em que te encontravas ao visitar-te. Não uma denúncia, um protesto, um salmo de indignação. Um simples relato, fiel à verdade, de tuas dores. Dom Lucas, para nosso espanto, se recusou, alegando não querer prejudicar suas atividades pastorais. E as responsabilidades jamais foram apuradas.

– De fato, fui bem tratado pelo militares do Hospital Militar, exceto os da Oban, que montavam guarda em meu quarto. As irmãs vicentinas deram-me toda a assistência necessária. Mas não se cumpriu a promessa do juiz. Na sexta-feira, 27 de fevereiro de 1970, fui levado de manhã para a Oban. Fiquei numa cela até o fim da tarde,

sem comer. Sentia-me tonto e fraco, havia perdido muito sangue, e os ferimentos começavam a cicatrizar. À noite, entregaram-me de volta ao Presídio Tiradentes.

3

No sábado, dr. Mário Simas solicitou ao juiz apurar a veracidade dos fatos, localizar Frei Tito, colher seu depoimento e adotar as medidas cabíveis e legais diante do que fosse constatado. Dr. Nelson Guimarães concedeu ao advogado autorização para visitar o religioso no Hospital Militar. Recebido à porta pelo coronel-comandante do hospital, nosso defensor foi barrado:

– O senhor não pode entrar – disse-lhe o oficial.
– Mas trago autorização do juiz-auditor.
– Para mim, isso nada significa. Só admito sua entrada nessas dependências com autorização especial fornecida pela 2ª Região Militar.

Dr. Simas ponderou:
– Trata-se de um preso da Justiça militar. Não se pode mais cercear seu direito de comunicação.
– Sem autorização escrita do meu comando, o senhor não entra aqui – repetiu o coronel.

No quartel da 2ª Região Militar, o advogado foi recebido pelo coronel Albuquerque:
– Isso não é comigo – asseverou o militar. – É da alçada do II Exército. Procure lá o coronel Erard ou o tenente-coronel Souza Aguiar.

No comando do II Exército, no Ibirapuera, dr. Mário Simas apresentou-se ao oficial de dia:

VI. TITO, A PAIXÃO

— Sou advogado na Justiça militar, e gostaria de falar com o tenente-coronel Souza Aguiar.
— Impossível, ele está de férias.
— E o coronel Erard?
O atendente deu um telefonema e, em seguida, informou:
— O coronel Erard não se encontra na casa, passe aqui amanhã.
No dia seguinte, dr. Simas foi recebido pelo coronel Erard. Após expor os motivos de sua visita, ouviu do oficial:
— Isso é com o coronel Albuquerque, da 2ª Região Militar. Vou mandar chamá-lo.
Ao comparecer o coronel Albuquerque, seu companheiro de farda fez o advogado repetir o pedido:
— Sem dúvida — retrucou o militar —, desde que obedecidas as condições e os horários do hospital. O senhor aguarde que vou tentar comunicar-me com o comandante do hospital.
Perdido na burocracia kafkiana, submetido à humilhação meticulosa e fria, após longa espera o advogado retirou-se do quartel.

4

Afeto e admiração cercaram o retorno de Frei Tito à cela 7. Nossa alegria foi contida pelo lastimável estado em que ele se encontrava: o rosto inchado, o corpo coberto de hematomas e de queimaduras de cigarro, o braço esquerdo enfaixado (ver exame clínico no Anexo 3). Estava fraco, pálido. Carregado, subiu as escadas, e, na cela, os médicos Davi Unovich e Antônio Carlos Madeira, presos políticos, improvisaram a aplicação de soro glicosado.

Apesar de tudo, estávamos orgulhosos da coragem de Tito. Ele parecia todo feito de luz: seus olhos miúdos irradiavam alegria, o moral revelava-se alto, e seu silêncio traduzia paz. Como todos os prisioneiros que não cedem às torturas, estava possuído por uma força que exprimia modéstia e dignidade.

Seu relato de torturas, redigido na prisão, foi divulgado pela primeira vez no jornal *Publik*, da Alemanha, e, posteriormente, mereceu prêmio especial de reportagem da revista norte-americana *Look*, em 1970. Correu o mundo em diversos idiomas. Em seu parágrafo final, alerta Frei Tito:

– É preciso dizer que o que ocorreu comigo não é exceção, é regra. Raros os presos políticos brasileiros que não sofreram torturas. Muitos, como Schael Schreiber e Virgílio Gomes da Silva, morreram na sala de torturas. Outros ficaram surdos, estéreis ou com outros defeitos físicos. A esperança desses presos coloca-se na Igreja, única instituição brasileira fora do controle estatal-militar. Sua missão é defender e promover a dignidade humana. Onde houver um homem sofrendo, é o Mestre que sofre. É hora de nossos bispos dizerem BASTA às torturas e injustiças promovidas pelo regime, antes que seja tarde. A Igreja não pode omitir-se. As provas das torturas trazemos no corpo. Se a Igreja não se manifestar contra esta situação, quem o fará? Ou seria necessário que eu morresse para que alguma atitude fosse tomada? Num momento como este, o silêncio é omissão. Se falar é um risco, é muito mais um testemunho. A Igreja existe como sinal e sacramento da justiça de Deus no mundo.

VI. TITO, A PAIXÃO

"Não queremos, irmãos, que ignoreis a tribulação que nos sobreveio. Fomos maltratados desmedidamente, além das nossas forças, a ponto de termos perdido a esperança de sairmos com vida. Sentíamos dentro de nós mesmos a sentença de morte: deu-se isso para que saibamos pôr a nossa confiança, não em nós, mas em Deus, que ressuscita os mortos" (2 Coríntios 1, 8 e 9).

Faço esta denúncia e este apelo a fim de que se evite, amanhã, a triste notícia de mais um morto pelas torturas.

Em julho de 1970, Tito recebeu, no Presídio Tiradentes, esta carta do arcebispo de Fortaleza, datada de 28 de junho:

> *Caríssimo Frei Tito,*
>
> *Enquanto nos movemos no escuro e nem sempre possuímos toda serenidade diante dos acontecimentos da Salvação, somos conduzidos por Deus dentro dos planos infalíveis que nos levam a contribuir para a vitória dela. Como na hora máxima da operação salvífica, em cada instante da sua História haverá sempre uma cruz na qual alguém, mais próximo do Salvador, se purifica no amor aos homens.*
>
> *Este é o grande recurso interior querido pela fé. Ela é a "nossa vitória", conforme a revelação ensina.*
>
> *Acredito que das provas de fogo você sairá maior e poderá pregar a todos nós, seus irmãos, a verdadeira doutrina do amor crucificado, em cuja eficácia o mundo não crê.*
>
> *É este amor e somente ele que nos converterá em "espetáculo oferecido aos homens e aos anjos". A maioria dos nossos irmãos não se converterá sem contemplações espetaculares. Seja digno da vocação*

de mártir da caridade. Para mim nela se resume a significação de muitas vidas humanas e cristãs.
Do seu servo e pastor amigo,

Dom José Delgado.

5

Caçula entre onze irmãos, Tito de Alencar Lima nasceu em Fortaleza, a 14 de setembro de 1945. Aluno dos jesuítas, ingressou na JEC, afirmando-se logo como um dos seus mais ativos militantes. Nomeado dirigente regional em 1963, transferiu-se para o Recife. No velho casarão da rua do Leite, onde moravam os dirigentes dos movimentos da Ação Católica, encontrei-o em minhas viagens pelo Nordeste. Ele era membro da equipe que coordenava a JEC, do Maranhão à Bahia.

A fé cristã o inquietava. Deus irrompera em sua vida como apelo, desafio e paixão. Perseguia-o a ideia de consagrar-se integralmente à causa do Evangelho. Espírito místico, afeito ao silêncio e à oração, considerou a hipótese de tornar-se Irmãozinho de Foucauld, decidindo-se porém pelos dominicanos, mais vinculados aos militantes da JEC.

Nos primeiros dias de 1966, entrou no noviciado, no convento da Serra, em Belo Horizonte. Após a profissão simples, a 10 de fevereiro de 1967, quando assumiu por três anos os votos de obediência, pobreza e castidade, Frei Tito transferiu-se para a capital paulista. Residia no convento de Perdizes e cursava filosofia na USP.

Como em todo o país, também em São Paulo o movimento estudantil era o setor da sociedade civil que

VI. TITO, A PAIXÃO

melhor expressava o descontentamento frente ao regime militar. Na faculdade, Tito participava de reuniões e manifestações, colocando-se a serviço de seus companheiros, o que lhe permitiu obter o local em Ibiúna para o 30º congresso da UNE, em 1968. Preso com os congressistas, passou pela triagem do DEOPS sem que percebessem sua condição religiosa.

Frei Tito foi novamente preso na madrugada de 3 para 4 de novembro de 1969, quando a equipe do delegado Fleury invadiu o convento da rua Caiubi 126. Vasculharam seu quarto, e, no DEOPS, o próprio Fleury encarregou-se de torturá-lo com choques, palmatória e pancadas na cabeça. Três meses depois, ele retornou ao suplício, na Oban.

Em fevereiro de 1970, Tito deveria renovar seus votos religiosos. O provincial solicitou à auditoria militar licença para celebrar missa no presídio. O juiz chamou-o para uma conversa e explicou que não daria a autorização porque a missa poderia ser entendida como afronta ao governo.

Frei Domingos, falecido em 1998, com mais de 90 anos de idade, era o tipo de homem difícil de envergar, impossível de quebrar. No primeiro dia de visita aos presos, em março de 1970, Tito desceu ao pátio carregado pelos companheiros. Ali mesmo, como nas catacumbas, o provincial recebeu os votos religiosos de Tito, indiferente às preocupações do juiz.

Em outubro, nós, dominicanos presos, fomos acusados de liderar manifestação carcerária contra o Esquadrão da Morte, que tirava suas vítimas dentre os presos comuns recolhidos na parte térrea do Presídio Tiradentes. Punidos, distribuíram-nos por solitárias de quartéis. Como todos nós, Tito passou um mês sozinho numa cela vazia, sob ameaça constante de soldados e oficiais. Ao sair, foi convocado para prestar depoimento no tribunal militar. O juiz Nelson Guimarães repreendeu-o por divulgar no exterior a narrativa dos suplícios que sofrera em fevereiro. Ficamos felizes pela advertência, pois, através dela, soubemos que o relato fora publicado nas revistas *L'Europeo* e *Look*, tendo merecido o prêmio de 1970 do New York Overseas Press Club, importante associação de jornalistas norte-americanos e estrangeiros nos Estados Unidos.

– Além do mais, tudo o que você escreveu é falso! – disse o magistrado.

Dr. Nelson Guimarães vira Frei Tito dilacerado no Hospital Militar e considerara aquilo "uma estupidez". Nos regimes ditatoriais, porém, a palavra da autoridade é a verdade. Tito não se fez de rogado: descreveu novamente todos os detalhes das torturas sofridas. Com o rosto vermelho de raiva e os gestos trêmulos, o juiz proibiu o escrevente de incluir a denúncia no depoimento do réu. O advogado de defesa interferiu e insistiu para que as palavras do religioso fossem transcritas no processo.

– Vocês compreendem, a tortura é uma coisa de tal modo horrível que é melhor não falar dela – esquivou-se o magistrado.

Em dezembro de 1970, um comando da VPR sequestrou, no Rio, o embaixador suíço, Giovanni Enrico Bücher. Na lista dos setenta prisioneiros políticos que deveriam ser soltos em troca da vida do diplomata, figurava o nome de Frei Tito. Celebramos eufóricos a possibilidade de vê-lo em liberdade, "graças ao grande advogado, o *doutor embaixador*, o único que promove solturas coletivas, independentemente do peso das condenações", dizia na cela Daniel José de Carvalho.

VI. TITO, A PAIXÃO

Tito, porém, reagiu de modo diferente. Não queria deixar o Brasil. Lamentava constar da lista, sobretudo por não poder recusar a oferta, sob pena de fazer o jogo da repressão, interessada em desmoralizar os sequestradores. Nos vários sequestros de diplomatas – americano, japonês, alemão e suíço –, alguns presos preferiram permanecer no cárcere, tendo seus nomes e fotos estampados na imprensa como se fossem aliados do regime militar.

Tito preferia ser banido – punição automática a todos que saíam mediante sequestros – a ver-se utilizado pelo governo. As negociações foram demoradas, os militares insistiam, pela primeira vez, em não liberar certos prisioneiros considerados mais perigosos. Da cela 17 do pavilhão 2, acompanhamos tensos o noticiário, através do rádio que, clandestinamente, conseguimos introduzir no Presídio Tiradentes. Era um período em que os rádios estavam proibidos, só entravam jornais. No entanto, tínhamos um de cinco faixas, escondido no colchão.

Temerosa de ver a sua ação frustrada, a VPR refazia a lista sob pressão do governo. O nome de Frei Tito, todavia, permanecia em pauta. Seus planos para o exílio consistiam em buscar uma forma de vida religiosa mais radical e estudar a fundo os clássicos políticos. Desde a tortura, ele nos parecia mais introvertido, cercado de silêncio, mergulhado em oração. Em janeiro de 1971, o governo aceitou a lista definitiva. Tito iniciou as despedidas e redigiu esta pequena carta ao advogado e preso político Vanderley Caixe:

Companheiro Vanderley

Para mim, foi motivo de grande satisfação ter convivido com você durante 12 meses no Presídio Tiradentes. Sob o signo deste herói que, infelizmente, virou nome de cárcere, reuniremos os grandes ideais que o futuro do povo brasileiro tanto anseia: a construção do socialismo. E só os verdadeiros homens é que foram chamados para este grande ideal. Contra isso, nada vence; nem tortura e nem perseguições.

Companheiro, aqui no exterior estaremos sempre reunidos pelos mesmos princípios. Até a vitória final!

S.Paulo, 10/1/71

f. Tito de Alencar Lima o.p.

Quatro dias depois dessa carta, Tito foi retirado da cela para viajar. Na carceragem do Tiradentes encontravam-se equipes do DEOPS e da Oban, criticando abertamente o governo por ceder aos sequestradores e ameaçando de fuzilamento os escolhidos. Ordenaram a Tito que tirasse a roupa. Nu, foi fotografado de todos os ângulos. Ao preencher a ficha, indagaram a que organização política ele pertencia:

– À Igreja – respondeu ele.

A última vez que o vi na vida foi no dia em que deixou o Presídio Tiradentes, 11 de janeiro de 1971. Do pátio, ele abanou a mão e ergueu o polegar, em sinal de otimismo, antes de entrar na viatura que o conduziu ao aeroporto, em companhia de outros companheiros incluídos na lista. Com gritos de alegria e cantos, saudamos, em uníssono, a libertação inesperada. Pelas galerias do presídio ressoava impetuoso o Hino da Independência:

Ou ficar a Pátria livre
Ou morrer pelo Brasil.

VI. TITO, A PAIXÃO

No mesmo dia, o ministro da Justiça, Alfredo Buzaid, assinou o decreto banindo do país os companheiros libertados.

6

Horas depois, ao desembarcar no Chile de Allende, Cristóvão Ribeiro comentou eufórico, ao ver a multidão alegre no aeroporto para recebê-los:
– Tito, eis finalmente a liberdade!
– Não, não é esta a liberdade – ponderou o dominicano, deixando seu companheiro intrigado.
Em 20 de fevereiro de 1971, Frei Tito escreveu ao nosso provincial, Frei Domingos Maia Leite:

> *Caro Fr. Domingos*
>
> *(...) Espero deixar Santiago logo logo, pois a documentação já começou a "andar".*
> *Tive uma vida muito movimentada aqui no Chile. Por eleição ou delegação, fui eleito para fazer parte da comissão de imprensa. Fiz bastante declarações aos jornais latino-americanos, europeus, dentro da linha que combinamos com os 3 no Presídio Tiradentes. Procurei ser moderado naquilo que disse, evitei questões de organização e pautei-me a apresentar a linha da nova Igreja no Brasil, as decisões dos encontros de Mendes e Medellín estiveram bem vivas nas minhas declarações. Participei do 2º encontro latino-americano em comemoração à morte de Camilo Torres. Sua mãe,*

Isabel Restrepo, não pôde comparecer, mas enviou a mãe de "Inti" e "Coco" Peredo em seu lugar.

Encontro-me bem do ponto de vista físico e psicológico. Todavia, chegando na Europa, farei exames médicos, inclusive um neurológico.

(...)

Estamos com poucas notícias do Brasil e de vocês. Soubemos da morte do Coqueiro, através dos jornais de Santiago. Ele havia passado por Santiago e foi visto por outros brasileiros residentes aqui.

A "infiltração" na colônia está crescendo. O Fleury esteve há poucos dias no Chile. Está montando seu esquema por aqui.

Um padre italiano, de Salvador, que se diz amigo do Callegari, procurou-me recentemente; chama-se Paulo. Não me senti à vontade diante dele. Algumas de suas atitudes pareceram-me bastante liberais... É preciso cuidado com os padres de esquerda que andam entre os asilados brasileiros aqui, ou na Europa. Confiar desconfiando, foi sempre o meu lema. Diga ao Betto que escreverei da Europa. Nesse momento, acho cedo.

Um abraço do filho e irmão em S. Domingos,

Tito

7

Santiago do Chile era, no verão de 1971, o lugar apropriado para exilados dispostos a participar do sonho de construir o socialismo pela via pacífica e legal, mas não

VI. TITO, A PAIXÃO

era o lugar que Frei Tito queria. A proximidade com o Brasil permitia contatos mais fáceis, notícias mais frequentes, mormente para os que se empenhavam em restaurar suas organizações duramente atingidas pela repressão, mas esse também não era o interesse de Tito.

Dentro de poucas semanas, voou para Roma e bateu, em vão, às portas do Colégio Pio Brasileiro, o seminário destinado a formar a elite de nosso clero. A fama de "terrorista" do dominicano assustou os padres do Pio Brasileiro. Tito partiu, então, para Paris.

Na capital francesa, encontravam-se exilados nossos colegas dominicanos Oswaldo Rezende, Magno Vilela e Luiz Felipe Ratton Mascarenhas. Até junho de 1973, Frei Tito desfrutou da companhia deles no convento de Saint Jacques, em cuja entrada, à rue des Tanneries, há a placa que recorda sua invasão pelos nazistas, em 1943, e o martírio de dois dominicanos levados pela Gestapo. Prosseguiu ali seus estudos de teologia.

Durante os primeiros seis meses sentia-se bem, relacionando-se sem dificuldades com as pessoas. Aos poucos, entretanto, ressurgiram os sinais das torturas que sofrera, estigmas psíquicos de sua subjetividade conflitada, a introjeção depressiva alternando-se aos momentos de euforia. Sua personalidade avariada exigia tratamento psiquiátrico. Apesar da dedicação dos médicos, os fantasmas não se apagavam: a mente atordoada de Frei Tito projetava sobre Paris a imagem onipresente da repressão brasileira, o rosto diabólico do delegado Fleury aparecia-lhe em cada café dos Champs Elysées, os olhos injetados de ódio dos militares da Oban tentavam, agora, esconder-se entre as folhas do Jardim des Tuilleries, dentro de cada vagão do metrô havia um homem do

DEOPS, todo cuidado era pouco, e a desconfiança obsessiva recomendava a Tito marcar *pontos* para poder encontrar seus amigos brasileiros condenados ao exílio. Não seria o Arco do Triunfo um monumento ao pau de arara?

Em 7 de dezembro de 1971, três meses depois que, no Chile, Salvador Allende foi derrubado e assassinado pelo golpe militar liderado pelo general Augusto Pinochet, Tito escreveu a Frei Daniel Ulhôa, cearense como ele:

Daniel:

Imagino como o teu tempo deve estar absolutamente tomado. A longa ausência que tiveste da América Latina te trouxe forte acúmulo de trabalhos. Sei também o quanto é difícil pôr a vida em ordem nos primeiros dias.

Aos poucos vou me acostumando à solidão europeia. Da América Latina, só guardo lembrança de algumas belas canções do Altiplano Andino, ou algumas equatorianas (Vajira de barro).

Alimento continuamente meu espírito terceiro-mundista para não ser tragado pela corrente contagiosa do velho mundo. Ainda verei a chama do espírito latino-americano brilhar bem alto, para dar ao novo mundo que nasce o testemunho vivo do verdadeiro humanismo. Ainda hei de ver o esplendor de nossa cultura dizer bem forte o quanto tínhamos para dar mas, infelizmente, os donos do mundo impediram-nos.

É assim que sinto minha responsabilidade como cristão e dominicano. Nossa geração terá que ser profundamente criadora.

Gostaria de não repetir o espírito pusilânime de que foram vítimas alguns de minha geração que

VI. TITO, A PAIXÃO

também tinham os mesmos ideais, mas que, muito cedo, sucumbiram diante das tentações. Os que combateram a Igreja comprometida com o sistema estão hoje comprometidos com o mesmo sistema que tanto atacaram.

Na medida do possível, procuro estar em dia com as novidades do nosso continente, através de alguns amigos que estão sempre a me enviar notícias. Vivi os últimos acontecimentos do Chile como se fosse meu próprio país.

Apesar de ainda angustiado, estou cheio de esperança. Nem um só momento de minha vida lamentei o que fiz. Estou exilado, banido e longe de minha pátria, mas estou firme e disposto a continuar a lutar, embora minha resistência psicológica tenha se reduzido bastante após os 14 meses de prisão. Iniciarei uma psicoterapia para ver se a recupero o mais rápido possível. Meu provincial já respondeu favoravelmente ao meu pedido. Aguardo um lugar, pois, no momento, estão todos lotados (llenos).

Estou estudando firme a teologia. Nas horas vagas, aproveito o tempo para ler os clássicos do marxismo. Esta tarefa parece-me de extrema urgência, tendo em vista a forte influência que ele exerce nos países subdesenvolvidos, particularmente na América Latina.

Após meu longo sejour *na Europa, penso regressar para os meus, com os quais sinto-me virtualmente comprometido. México está nos planos. Tudo irá depender de vocês, ou você. Sei o quanto será difícil este sonho, pois minha situação pessoal é delicada. São poucos os países que aceitam dar asilo político às pessoas trocadas* (canjeadas) *por embaixadores. Estou na França graças ao prestígio dos dominicanos da província de Paris.*

Zamagna continua em Roma e, como sempre, muito dedicado aos estudos. Espera ficar por mais um bom tempo. Tudo indica que tenha desistido de ir a Jerusalém. Frei Pinto de Oliveira continua no mesmo lugar de sempre. Acho que este vai morrer europeu. Oswaldo é o próprio cidadão estrasbourgense.

Bem, querido hermano, *aqui fica meu grande abraço de amizade.*
Até breve

Fray Tito de Alencar op.

8

A terapia parisiense não conseguiu colar os pedaços da interioridade quebrada de Tito, como prenunciara o capitão Albernaz. A Torre Eiffel erguia-se como um gigantesco eletrodo. Acuado pelas sombras que se acumulavam em seu cérebro, Tito interrompeu, sem explicações, o tratamento. Sentia-se angustiado, oprimido, perseguido. Só a voz telúrica de Milton Nascimento, a poesia irreverente de Chico Buarque e as longas horas abraçado ao violão que aprendera a dedilhar aliviavam suas saudades do Brasil.

– Veja, estou agonizando. Há agonias que servem para alguma coisa, como a de Cristo. A minha não servirá para nada.

VI. TITO, A PAIXÃO

O padre Charles Antoine era muito amigo de Tito. Ouviu-o angustiado. Antigo capelão do Centro Residencial da Cidade Universitária de São Paulo, viu-se obrigado a deixar o Brasil quando a polícia ocupou os alojamentos estudantis, em 1969. Credenciado pela imprensa francesa, acompanhou todo o nosso processo.
Em junho de 1973, Tito acertou com seus superiores transferir-se para Lyon, em busca de um ambiente mais tranquilo para viver e estudar. Construído por Le Corbusier, o convento de Eveux abriu suas portas a ele; novos amigos o cercavam: os padres dominicanos Belaud, prior da comunidade, Roland Ducret, Xavier Plassat, e o dr. Jean-Claude Rolland, psiquiatra do hospital Edouard Herriot, de Lyon.
Em meados de setembro de 1973, um acontecimento político muito distante repercutiu na cabeça, na alma, nos sentimentos e no inconsciente de Frei Tito, fragmentando suas frágeis esperanças, mutilando suas ideias, apagando seu horizonte: a queda e o assassinato do presidente Salvador Allende, no Chile. Enquanto o general Augusto Pinochet entrava para a galeria dos ditadores latino-americanos, Tito abandonava suas atividades normais e tornava-se ausente, impenetrável, sufocado por seus fantasmas interiores. O silêncio de sua quietude mística, povoada pela presença inefável do Pai, rompia-se por efeito de um pavoroso delírio: ele ouvia continuamente a voz rouca e autoritária do delegado Fleury, hóspede intruso do cérebro, do medo e dos porões da consciência de Frei Tito. Queria que ele confessasse e dissesse as coisas que sabia e inventasse o que pudesse e desse vivas aos generais brasileiros e delatasse todos os seus amigos e acusasse os dominicanos, a Igre-

ja, o papa, e assinasse depoimentos falsos. Tito resistia, não falava, suportava estoicamente todos os sofrimentos experimentados na Oban, agora introjetados em seu espírito. Fleury ameaçava torturar cada um dos membros de sua família: o velho pai, a mãe, as irmãs, os irmãos. Tito preferia morrer do que ceder. Ainda que sua família padecesse, havia nele uma força descomunal que o impedia de trair seus ideais. O chefe do Esquadrão da Morte cumpria a promessa: em seu estreito quarto no convento de L'Arbresle – que visitei no outono de 1980 –, Frei Tito estremecia aos gritos do pai espancado no DOPS, gemia aos berros da mãe dependurada no pau de arara, arrepiava-se de pavor aos espasmos de seus irmãos eletrocutados, contorcia-se com calafrios ao ver as irmãs despidas pelos homens do Esquadrão.

Todavia, a dor, o pânico, a subjetividade como palco de intenso conflito entre o Absoluto e o absurdo não quebraram a sua fidelidade. Ele tudo suportava, como quem mastiga o fruto amargo coberto de espinhos.

Vinte frades integravam a comunidade de Lyon. Perceberam, certo dia, a ausência de Tito no almoço. Padre Belaud dirigiu-se ao quarto dele:

– Você não vem comer conosco?

– Você notou que eu não estava? – retrucou com satisfação o religioso brasileiro.

– Claro!

– Então você se interessa por mim?

– Você duvida disso? – indagou o prior.

Uma sombra cobriu a luz que se abrira no rosto de Tito:

– Sim, duvido. Não estou seguro disso.

Malgrado todos os esforços, os médicos reconheceram que o tratamento não apresentava melhoras. Uma noite, após o jantar, os frades caminhavam pelo jardim do

VI. TITO, A PAIXÃO

convento quando o céu se abriu à chuva que os obrigou a retornarem ao claustro. Só Tito prosseguiu a caminhada, indiferente à água que lhe encharcava o hábito. Xavier Plassat, um de seus melhores amigos, convidou-o a entrar:

— Não posso — respondeu Tito.
— Por quê?
— Ele me proíbe...
— ?! ... Quem te proíbe, Tito?
— O Fleury, ele não quer que eu entre.
— Mas ele não está aqui, Tito; está no Brasil.
— Mentira. Está lá dentro do convento. Se eu entrar, ele me espanca.

Tito ficou um dia e meio sentado sob uma árvore. Xavier tentava compreendê-lo e, de alguma forma, evitar que ele sofresse sozinho. Sentou-se ao lado dele durante seis horas, embora nada entendesse do que ele falava em português. Apenas percebia a angústia profunda, dilacerante, opressiva. Finalmente, Tito falou-lhe em francês, entre choros e gemidos:

— Tenho que obedecer à ordem dele.
— Dele quem, meu irmão?
— Do Fleury.
— Mas ele não está aqui, está no Brasil.
— Não, ele está aqui perto — insistiu o dominicano brasileiro.
— Onde, Tito?
— Em Saint Paul la *Police*.

Saint Paul la Palue é uma pequena cidade a cinco quilômetros de Lyon que, na mente assombrada de Tito, ganhara outra ressonância.

Tito convencera-se de que, se não fosse se entregar, Fleury viria buscá-lo no dia seguinte. Se resistisse, toda a sua família seria torturada. Impassível durante horas, sua firmeza eclodiu em gritos sob as árvores de L'Arbresle:

– Por favor, ele nunca fez nada, é inocente!
– Pelo amor de Deus, não faça isso!

Na mente de Tito, as fotos do horror se sobrepunham rápidas, como se, expostas numa sala escura, só pudessem ser vistas graças ao breve clarão dos relâmpagos que lhe atordoavam o espírito. A visão do inferno consumia-lhe os olhos. Seus gritos ecoavam diante das imagens pavorosas que a loucura produzia.

Apesar dos esforços de Xavier, Tito recusou-se a entrar no convento. Confidenciou-lhe a ordem que recebera de Fleury:

– "Você é indigno de entrar no convento dos dominicanos, de se sentar com eles à mesa, de comer com eles. Eu te proíbo de entrar!"

Xavier decidiu abraçar a lógica do desvario, e passou a dar ordens a Tito:

– Está bem, você pode ficar aqui, mas deve se abrigar.

Encostou a caminhonete junto à árvore, e conseguiu que ele entrasse e tomasse a sopa com os comprimidos para dormir. Quando Tito adormeceu, Xavier retirou-se para seu quarto. Quatro horas depois, retornou e encontrou Tito, de novo, sob a árvore, semiadormecido sob efeito dos remédios, mas fiel às ordens do policial brasileiro.

Xavier convenceu-o a caminharem até Saint Paul la Palue, para se certificarem da presença do delegado. Pelas ruas, indagaram dos moradores se ali residia alguém com o nome de Fleury, informaram-se nos bares, consultaram a lista dos hotéis. Não, em Saint Paul la Palue não havia nenhum Fleury. Nem o nome Fleury constava no catálogo de telefones da cidade. Sérgio Paranhos

VI. TITO, A PAIXÃO

Fleury encontrava-se hospedado na alma de Frei Tito de Alencar Lima.

Na mesma noite, Tito foi internado no hospital Edouard Herriot, no pavilhão N.

A primeira manhã ele passou de pé na enfermaria, o rosto colado à parede, os braços abertos em cruz, sem se mover. A enfermeira perguntou por que se encontrava assim, e ele respondeu que não podia deixar a parede porque esperava ser fuzilado. Nos dias seguintes, não se alimentava e mostrava-se tomado por esmagador sentimento de culpa: sobre sua alma recaía o peso da responsabilidade pelo fracasso da luta armada no Brasil, pelo golpe militar no Chile, pela ascensão da direita na América Latina... Frei Tito buscava ansioso uma companheira com quem já se familiarizara e que, despida de sua máscara, seria capaz de aliviá-lo, absorvendo-o na paz definitiva: a morte. O dr. Roland e sua equipe o acompanhavam com amizade e redobrada atenção profissional. Graças ao repouso e à psicoterapia, o tratamento quimioterápico foi interrompido e o delírio cessou. Permanecia, contudo, a angústia. A tristeza encerrava-o em completo silêncio.

Após três semanas, Tito retornou ao convento. Não acalentava projetos de futuro, evitava contatos, armava-se de defesas, falava pouco. Teria preferido continuar no hospital, onde se sentia mais seguro. O médico o revia duas vezes por semana, e, durante o inverno, ele retornou periodicamente ao hospital.

9

No Natal de 1973, sua irmã, Nildes, deixou Fortaleza para visitá-lo. Tito sempre fora muito apegado à família, e as saudades reforçavam seu sofrimento. Todos esperavam que a chegada da irmã o aliviasse da angústia abissal. No entanto, durante as três semanas que ela passou em L'Arbresle, hospedada no convento, Tito parecia ignorá-la. Esforçava-se por disfarçar seu desequilíbrio e aparentar segurança, tentando recompor a imagem que outrora projetara à irmã. Nildes procurou abordá-lo, mas ele recuou:

– Não fale comigo de dia, venha ao meu quarto à noite.
– Mas... por quê?
– Estamos sendo vigiados pelo Fleury.

De madrugada, ela bateu à porta do irmão. Iniciada a conversa, Tito mostrava-se tenso, assustado:

– O que foi, mano?
– É melhor você voltar a seu quarto.
– O que houve?
– Vá embora, o Fleury pode chegar e encontrar-nos aqui.

Aos poucos, Nildes conseguiu que o irmão se aproximasse um pouco mais dela. Decidiram ir juntos ao dr. Roland, com quem conversaram abertamente sobre o caso.

Ao despedir-se de Tito, no momento de iniciar viagem de retorno ao Brasil, Nildes pressentiu que era a última vez que via seu irmão vivo.

Ao desembarcar em Fortaleza, ela não escondeu da família suas impressões:

– Tito já está morto. O psiquiatra acha que ele se recomporá. Eu tenho minhas dúvidas.

VI. TITO, A PAIXÃO

Recordou que, com dificuldade, conversara muitas coisas com o irmão, que nunca falava de si mesmo, bloqueio rompido apenas uma vez, quando ele desabafou:

– Eu não aguento mais, preciso voltar. Morro de saudades, me sinto só. Quero minhas raízes, quero meu povo, é por ele que eu lutei.

Nildes relembrou seus passeios com Tito pelas cercanias de L'Arbresle:

– Andávamos pelos bosques quando vi, de relance, o cemitério dos dominicanos. Tive a certeza de sua morte. Súbito, imaginei seu túmulo.

No dia em que abriu seu coração, Tito disse à irmã, que lhe servira de babá na infância:

– Sou uma pessoa inutilizada, mas tenho que vencer isso. Meu problema não é mental, é de superação. Preciso encontrar uma força.

Pediu a ela que lesse em voz alta a ressurreição de Lázaro, no capítulo 11 do evangelho de são João. Queria meditar sobre o sentido da outra vida. Após a leitura, ela ponderou:

– Olha, o sentido para mim é que Lázaro, morto, foi ressuscitado para viver aqui.

10

No decorrer do primeiro semestre de 1974, os dominicanos de L'Arbresle esforçaram-se para que Tito reassumisse seu lugar na comunidade, participasse das atividades normais, se sentisse integrado. Não obstante, ele desejava ser tratado como o menor de todos, e pedia que o incumbissem das mais difíceis e ingratas tarefas. No que fazia, procurava um meio de se autopunir, pois a voz de Fleury ecoava em sua cabeça, convencendo-o de que era culpado, merecia ser rejeitado, não servia senão para humilhar-se perante os outros. A angústia o consumia.

Na primavera, após um dia de exaustivas tarefas, Tito ingeriu um tubo de Valium. Voltou ao hospital. A psicóloga que o acompanhava não sabia como fazê-lo comer ou falar. Xavier Plassat visitava-o quando o capelão do hospital entrou no quarto.

– Você quer rezar, Tito? – perguntou o dominicano francês.

– Quero muito.

O capelão estendeu-lhe o livro e ele escolheu um salmo de lamentação e desespero, que termina com uma palavra de esperança.

– E você Tito, o que espera? – indagou Xavier.

– Sim, eu espero viver, mas só depois da minha morte.

Ao receber alta, retornou ao convento como se estivesse curado. Dialogava com as pessoas, interessava-se pelos acontecimentos, entretinha-se em prolongados debates teóricos, especialmente com o padre Jolif, a quem tanto estimava. Tito estava diferente, a vida corria em seu sangue, os fantasmas adormeciam em seu cérebro, ele já não se fechava em longos períodos de mutismo, aceitava a presença do médico e ingeria normalmente os alimentos. Aquela fase, propícia à orientação do dr. Roland, o impelia a conquistar autonomia, ocupar-se utilmente, ganhar o seu próprio sustento, como os demais frades.

Padre Belaud, o superior do convento, compreendeu que Tito queria viver independente, recuperar a confiança em si, mas não via razão para que ele quisesse também desligar-se da Ordem, alegando que constituía um peso

VI. TITO, A PAIXÃO

para a comunidade, na qual se sentia suportado, mas não amado. No entanto, não era hora de exigir de Tito a dimensão proporcional das coisas. O importante é que ele se assumisse e evitasse regressar ao hospital, dedicando-se a atividades que lhe servissem de laborterapia.

O fim da primavera revigorava os campos do Sul da França; a natureza, luminosa, florescia exuberante. Daniel Beghin convidou Frei Tito e Xavier Plassat para trabalharem na colheita de cerejas do pequeno pomar de um militante sindical, próximo a Eveux. Tito empenhava-se no ofício, colhia as frutas saboreando-as, expunha o corpo ao sol do verão que se aproximava, a pele suada, o sorriso derramado, as noites alegres em torno da mesa de refeições. Antes de encerrarem o trabalho, Daniel acertou com Tito um novo passeio para dali a alguns dias.

Na data combinada, partiram para as montanhas, Daniel com a sua barraca, Tito com o violão ao ombro. À beira de um lago, o tempo fluía à música suave das cordas do instrumento de Tito, que cantarolava melodias brasileiras, curtindo a nostalgia impregnada em sua sensibilidade.

Tito sorria e renascia nos rios que inundaram sua infância. Junto à água, divertia-se em pescar as moedas que corriam do bolso da camisa ao se agachar para lavar as mãos. Daniel percebeu, contudo, que Tito não olhava as flores, virava os olhos como se fugisse de uma maldição. Não, não eram floridos os delírios de Frei Tito. Em francês, o perfume das flores o asfixiava como um gás letal – Fleury, *fleurir*.

Na volta, Tito parecia embriagado de liberdade. Agradeceu a Daniel, ofertando-lhe o disco *Construção*, de Chico Buarque, e um outro de emboladas da Bahia. Oito dias nas montanhas fizeram dele um homem saudável e bronzeado. Retomara as leituras, interessava-se de novo pelos jornais, deleitava-se com a música.

Não era fácil encontrar um emprego estável para alguém na situação de Tito. Às vezes, a disposição naufragava em prolongada ausência de realidade, como se à beira de nova depressão. Trabalhou alguns dias como entregador, na adega da cooperativa de St. Bel, mas sem êxito, pois logo foi despedido. Não teve sorte também como explorador florestal do Haut Beaujolais. Cada fracasso o deixava abatido, desligado do real, encerrado em seu próprio círculo hermético.

Tito já não se sentia como alguém que é. O que ele era não o afirmava, antes o negava em seus direitos mais elementares: banido, exilado, desempregado. Seus laços se cortaram. Estava distante, muito distante, de seu Ceará, de seus amigos, de sua pátria e de sua luta. Dentro dele navegavam o terror, a voz ameaçadora do chefe do Esquadrão da Morte, o silêncio angustiante, a interrogação permanente, sem resposta. Em julho, o dr. Roland o examinou e marcou nova consulta para setembro.

11

A última estação da via-sacra de Frei Tito situa-se em Villefranche-sur-Saône. Através de uma agência de empregos, ele conseguiu ser admitido como horticultor. Alugou um pequeno quarto numa pensão para imigrantes, Foyer Sonacotra, cujas despesas pagava com seu salário. Instalou-se com alguns utensílios de cozinha e poucas provisões, mostrando-se feliz em sua independência.

VI. TITO, A PAIXÃO

Porém, ao fim de uma semana repleta de visitas dos frades de Eveux, o patrão o percebeu indolente, ausente, povoado por fantasmas, e decidiu afastá-lo do emprego.

São noites de silêncio
Vozes que clamam num espaço infinito.
Um silêncio do homem e um silêncio de Deus.

O horticultor reclamou com Xavier:
— Assim não dá. Ele fica lá, sentado no chão, olhando o céu. Num momento está rindo, noutro está chorando. Assim não dá.

Despedido, Tito permaneceu no mesmo quarto. Logo conseguiu trabalho no entreposto de Villefranche. Na primeira semana de agosto de 1974, recebeu a visita de Roland Ducret e, por duas vezes, de Michel Saillard, que estava de viagem marcada para o Brasil. A Michel, Tito confidenciou:

— Já não creio em nada, nem Cristo, nem Marx, nem Freud.

As três grandes vertentes da cultura contemporânea atravessavam, como línguas de afiadas espadas, o coração atormentado de Frei Tito. Jesus fora sempre a razão fundamental de sua vida e de sua luta; mergulhado no caos interior, ele provava o sabor amargo do cálice e, como o jovem carpinteiro de Nazaré, sentia-se abandonado pelo Pai. Marx o introduzira na racionalidade política, na crítica ao capitalismo, fornecendo-lhe bases teóricas à sua utopia social. Agora, porém, Marx nada tinha a dizer à sua subjetividade atribulada, alienada, a existência cruelmente amputada de sua essência. Freud parecia incapaz para dissecar seu inconsciente torturado, introjetado de generais brasileiros, de oficiais da Oban, de policiais do DEOPS, da onipresença do delegado Fleury. Todos os recursos da ciência freudiana dissolviam-se em meio a seu desespero interior.

> *Em luzes e trevas derrama o sangue de minha existência*
> *Quem me dirá como é o existir*
> *Experiência do visível ou do invisível?*

Antes de partir para as férias de verão, Xavier foi visitá-lo. Tito estava triste, falava pouco, mas parecia lúcido:
– Sabe, Xavier, a loucura está me dominando.

O amigo francês sabia que era verdade. Mas, agora, a verdade aparecia materializada, concreta, iminente: sobre o guarda-roupa havia uma corda. Xavier tentou levá-la, mas Tito alegou que ela pertencia ao patrão.

Na segunda semana de agosto, Roland Ducret dirigiu-se ao pequeno quarto de Tito, na zona rural: bateu, bateu, ninguém respondeu. Um estranho silêncio pairava sob o céu azul do verão francês, envolvendo folhas, vento, flores e pássaros. Nada se movia. Balançando entre o céu e a terra, sob a copa de um álamo, o corpo de Frei Tito de Alencar Lima foi descoberto no sábado, 10 de agosto de 1974.

Do outro lado da vida, ele encontrara a unidade perdida.

Dois meses antes, Tito anotara num cartão que marcava um de seus livros: *é melhor morrer do que perder a vida*. Seu mergulho na morte foi uma deliberada atitude de quem buscou, desesperadamente, a vida em

VI. TITO, A PAIXÃO

plenitude, lá onde ela se situa além de nossos limites físicos, biológicos e históricos. Suas exéquias foram solenemente celebradas na França e no Brasil.

Na fria e luminosa manhã de domingo, 10 de novembro de 1980, Oswaldo Rezende e eu depositamos flores sobre o repouso de Frei Tito, no cemitério dominicano de Sainte Marie de la Tourette, sem tumbas nem túmulos. Simples covas de terra com pequenas cruzes de madeira, entre os bosques de L'Arbresle. Na cruz que coube a Tito há esta inscrição:

> *Frei da Província do Brasil. Encarcerado, torturado, banido, atormentado... até a morte, por ter proclamado o Evangelho, lutando pela libertação de seus irmãos.*
> *Tito descansa nesta terra estrangeira.*
> *"Digo-vos que, se os discípulos se calarem, as próprias pedras clamarão"* (Lucas 19,40).

12

Entre os papéis deixados por Tito, algumas anotações refletem suas últimas concepções políticas. Avaliam a luta travada no Brasil à luz das derrotas sofridas e da experiência acumulada. São provas evidentes de que Frei Tito nada tinha dessa loucura que significa demissão frente às exigências do real. Ele levou a fidelidade ao extremo. Jamais cedeu. Por isso, revestia-se de autoridade suficiente para nos abrir novas esperanças:

> *A violência revolucionária é necessariamente a violência de uma classe e não de uma vanguarda. A vanguarda destina-se a orientar politicamente essa violência. No Brasil, foi a vanguarda que decretou a violência revolucionária, sem orientar politicamente a classe operária. E o que aconteceu? A guerra tornou-se uma guerra de vanguardas confusas e desorientadas. Não foi a guerra do povo, mas a guerra pelo povo. Nesse sentido, teve um papel eminentemente ético (a guerra é justa). Mas não teve um papel político (a guerra é correta).*

Em outro papel, uma proposta:

> *O que é principal hoje? Construir uma frente democrática; dar às lutas de massas o caráter principal e primordial desta etapa. Finalidade: unir o povo e os patriotas em geral; objetivo das lutas de massas – criar uma consciência política e uma consciência de classe, dando destaque à construção, a longo prazo, de um partido dos trabalhadores.*

A maioria dos textos deixados por Frei Tito não tem data. Foram recolhidos por Magno Vilela e Xavier Plassat. Este último anotou pacientemente todos os versículos sublinhados por Tito em seu exemplar da Bíblia.

Dois textos refletem a tormenta interior em que Tito vivia. O primeiro foi escrito, provavelmente, ainda em Paris, devido à referência à universidade.

VI. TITO, A PAIXÃO

XADREZ
*medo de deixar a Ordem e sofrer atentado à
   vida*
(estou sendo perseguido);
não posso voltar ao Brasil;
medo de estar sendo difamado;
*medo de não poder ser mais aceito na esquerda
   brasileira;*
medo de ser morto ou torturado no Brasil;
medo de passar necessidade fora da Ordem;
não encontrei uma mulher;
medo de desestruturar psicologicamente;
medo de fracassar na universidade;
*pessimismo face à minha resistência física e
   psicológica;*
incapaz.

Sempre fui conhecido como um cara de esquerda; tenho um longo passado de militância; tenho fama de haver resistido às torturas e de tê-las denunciado; tenho certa cobertura. Resistir e lutar contra tudo e todos.

O segundo texto foi encontrado num livro que Xavier emprestara a Tito em junho de 1974, dois meses antes da morte dele. Não se sabe o significado das datas, mas as frases comprovam que ele se preparava para atravessar o limite da vida, escolhendo o modo:

1947 – Vietnam
1954 : R.D.V.
É melhor morrer do que perder a vida.

*Corda (suicídio) 60". opção vizinha
tortura prolongada – opção Bacuri
1918 – 1920 – 1974.*

Tito defrontava-se com duas opções: matar-se por enforcamento, o que levaria cerca de sessenta segundos, ou suportar a "opção Bacuri", a "tortura prolongada" em que vivia. "Bacuri" era o nome de guerra do combatente Eduardo Leite, do Movimento Revolucionário Tiradentes. Preso pelo delegado Fleury em 1970, esteve no cárcere do DEOPS, de onde foi retirado de madrugada pelo chefe do Esquadrão – que teve o cuidado de olear as dobradiças das portas para que os demais prisioneiros não ouvissem nenhum ruído. Levado a uma fazenda, onde a repressão mantinha um *aparelho* de torturas, "Bacuri" foi seviciado semanas seguidas, pelo sádico prazer de o verem morrer atroz e lentamente. A família abriu o caixão quando o corpo lhe foi entregue: seus olhos haviam sido arrancados, e as orelhas, cortadas. Parecia insuportável a Tito seguir sofrendo, no espírito, essa "tortura prolongada".

13

De modo exemplar, Frei Tito encarnou todos os horrores do regime militar brasileiro. Este é, para sempre, um cadáver insepulto. Seu testemunho sobreviverá à noite que nos abate, aos tempos que nos obrigam a sonhar, à historiografia oficial que insiste em ignorá-lo. Permanecerá como símbolo das atrocidades infindáveis do poder ilimitado,

VI. TITO, A PAIXÃO

prepotente, arbitrário. Ficará, sobretudo, como exemplo a todos que resistem à opressão, lutam por justiça e liberdade, aprendendo, na difícil escola da esperança, que é preferível "morrer do que perder a vida".

Nele a tortura não foi apenas um método para se obter confissões ou informações, como é hábito nos cárceres administrados por homens formados pelos serviços de inteligência norte-americanos. Nem consistiu numa espécie de vingança, de castigo que se aplica ao marginal derrotado nas disputas que o crime estabelece entre ele e a polícia. Tito foi sangrado na carne até que a dor e o pânico atingissem o âmago de sua alma. Como fiéis guardiães de um sistema iníquo, delegados e militares esvaziaram a humanidade do jovem dominicano. Destruíram-lhe o universo psíquico, roubaram-lhe a paz, inocularam em sua subjetividade o veneno do medo e da angústia, profanaram seus símbolos religiosos, fizeram-no órfão da própria loucura. Viraram-no pelo avesso. Como uma fruta madura, ele foi sugado até que restasse apenas o bagaço triturado. Deixaram-no sobreviver para que experimentasse o horror de si mesmo. Dentro dele alojaram-se torturadores, cujas vozes infernais ecoavam pela boca da legião de fantasmas. Sua consciência derreteu-se sob a pressão do delírio que, emergindo dos corredores profundos do inconsciente, reboava terríveis ameaças. Sua interioridade foi devassada como o lar sem portas e janelas exposto à ventania que traz a tempestade, a neblina e, por fim, a noite implacável.

Em busca de si mesmo, Frei Tito peregrinou pelo exílio. Encontrava-se banido também de seu próprio ser. Procurou-se em Santiago do Chile, Roma, Paris, Lyon. O espelho mágico distorcia a sua face límpida, terna, suave, exibindo-

lhe os afiados dentes da expressão satânica de seus verdugos. A espada do poder seccionara a personalidade de Frei Tito. Havia uma lâmina de fogo atravessada em seu ego, e extensa cerca de arame farpado, toda eletrificada, estendia-se por dentro dele, impedindo-o de encontrar-se do outro lado. Ele era outro. Ele era muitos, na complexa dessemelhança do desamor, da solidão, da perda irreparável de si mesmo. Carregava no coração o próprio inferno, no qual descera antes de morrer.

A morte foi seu último ato de coragem e protesto. Sua extrema chance de ressuscitar na plenitude da semelhança divina que, originalmente, lhe fora conferida pelo Pai. Ao morrer, Tito matou seus algozes e recuperou a paz duradoura que lhe haviam sequestrado. Libertou-se em definitivo da onipresença que o dividia e atormentava, reencontrando a unidade e renascendo na totalidade do Amor. Lavado no sangue do Cordeiro, Frei Tito de Alencar Lima deixou-nos, entre outros, o poema "Quando Secar o Rio de Minha Infância":

Quando secar o rio de minha infância
secará toda dor.
Quando os regatos límpidos de meu ser secarem
minh'alma perderá sua força.
Buscarei, então, pastagens distantes
– lá onde o ódio não tem teto para repousar.
Ali erguerei uma tenda junto aos bosques.
Todas as tardes me deitarei na relva
e nos dias silenciosos farei minha oração.
Meu eterno canto de amor:
expressão pura de minha mais profunda angústia.

VI. TITO, A PAIXÃO

Nos dias primaveris, colherei flores
para meu jardim da saudade.
Assim exterminarei a lembrança de um passado sombrio.

Paris, 12 de outubro de 1972.

ANEXOS

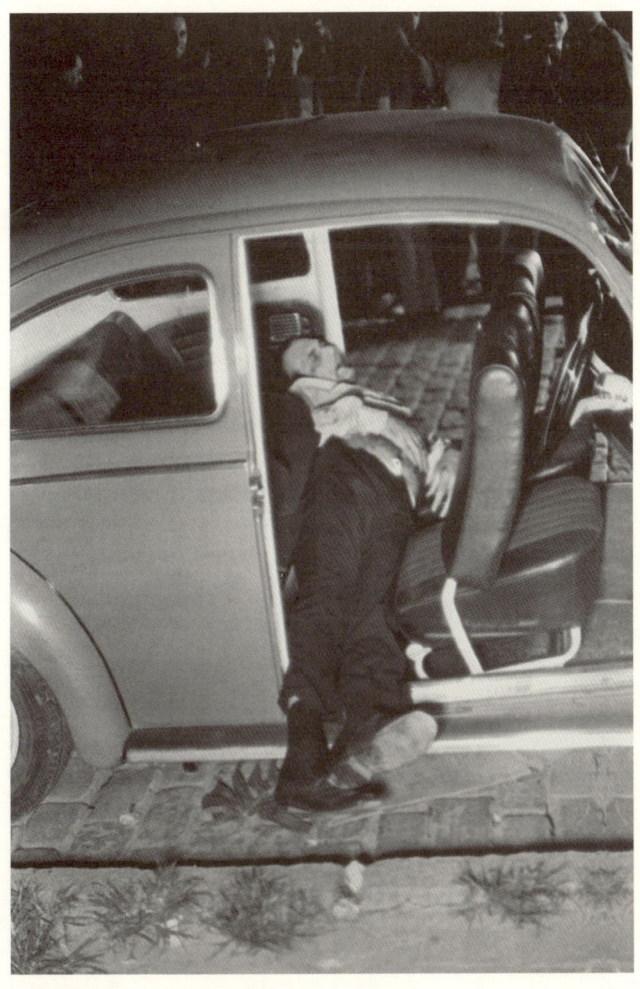

Noite de 4 de novembro de 1969, o fim da emboscada. Marighella fuzilado.

Foto © Agência JB / Ariovaldo Santos.

ANEXO 1

CROQUI DO LOCAL DE ENCONTRO DOS CADÁVERES

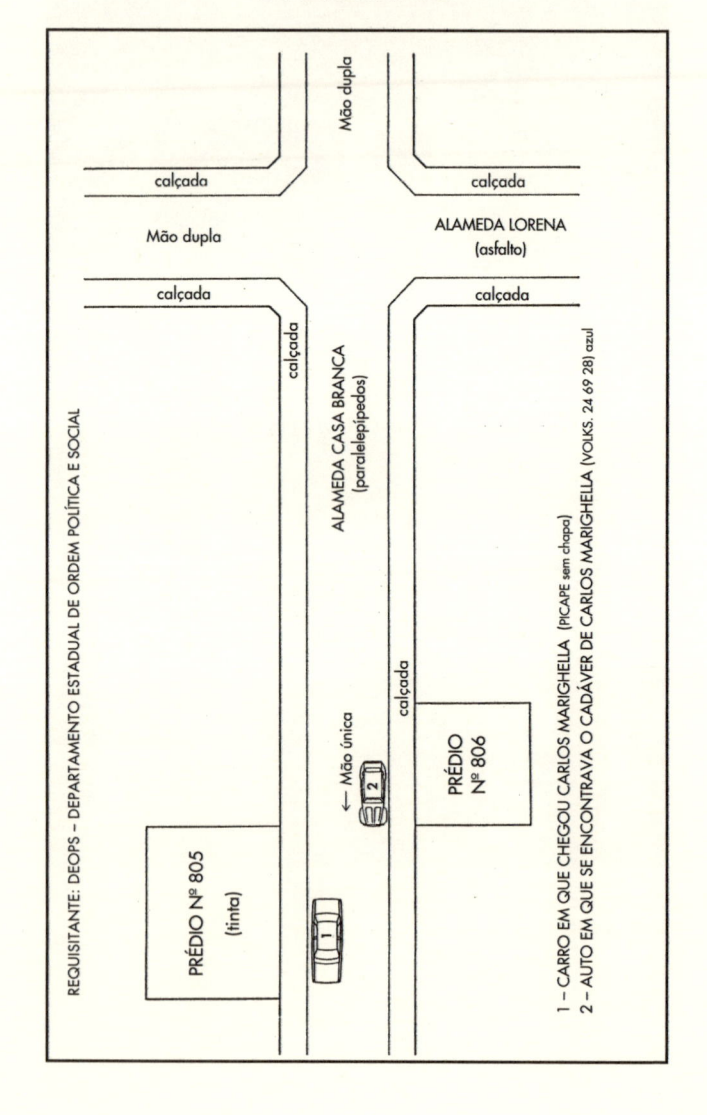

ANEXO 2

CROQUI DO LOCAL

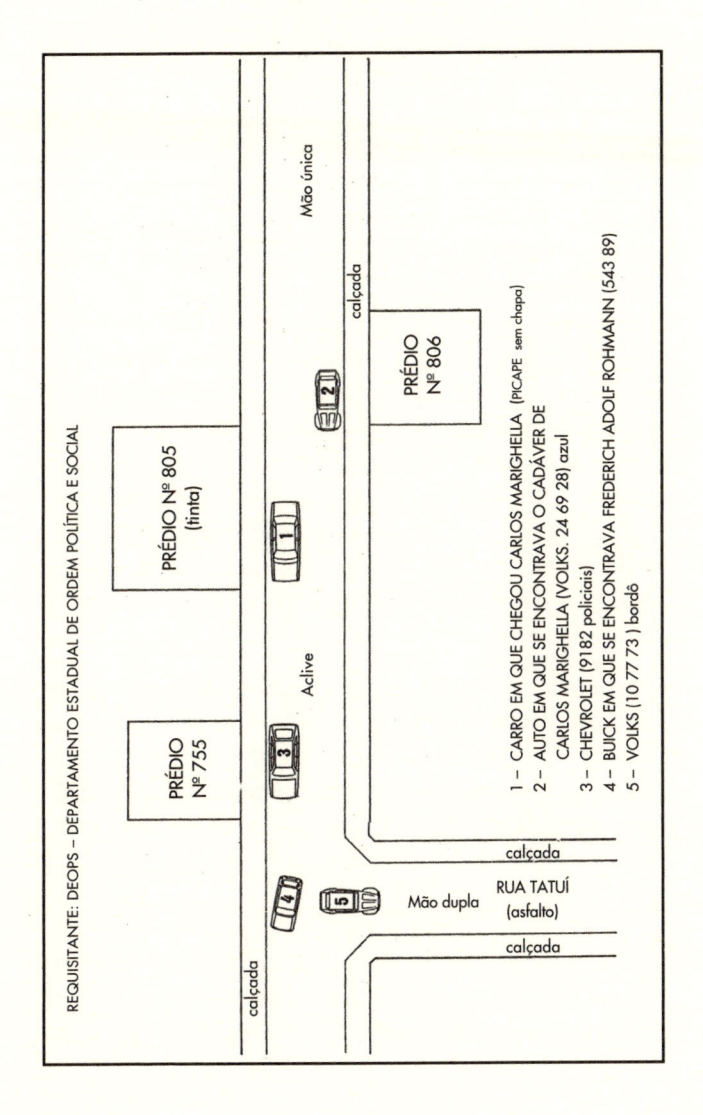

REQUISITANTE: DEOPS – DEPARTAMENTO ESTADUAL DE ORDEM POLÍTICA E SOCIAL

PRÉDIO Nº 755

PRÉDIO Nº 805 (tinta)

PRÉDIO Nº 806

Mão única

Aclive

RUA TATUÍ (asfalto)

Mão dupla

calçada

1 – CARRO EM QUE CHEGOU CARLOS MARIGHELLA (PICAPE sem chapa)
2 – AUTO EM QUE SE ENCONTRAVA O CADÁVER DE CARLOS MARIGHELLA (VOLKS. 24 69 28) azul
3 – CHEVROLET (9182 policiais)
4 – BUICK EM QUE SE ENCONTRAVA FREDERICH ADOLF ROHMANN (543 89)
5 – VOLKS (10 77 73) bordô

ANEXO 3

EXAME CLÍNICO GERAL FEITO EM FREI TITO
DE ALENCAR NO RECOLHIMENTO TIRADENTES,
NO DIA 27 DE FEVEREIRO DE 1970

Interrogatório: Paciente queixando-se de dores generalizadas pelo corpo, sendo mais acentuadas em todo o tórax, principalmente na região esternal, ombros, D e E, pescoço, região das lojas renais D e E, região coccígea, membros superiores e inferiores, principalmente perna e pé. Refere-se, além disso, a tonturas quando se levanta, sem condições para se manter de pé; relata apresentar fraqueza intensa. Refere, como causa desses sintomas, as torturas que sofreu na Oban, bem como a tentativa de pôr termo à vida para livrar-se das torturas, com ferimento provocado por gilete na prega do cotovelo, com grande perda de sangue, que acarretou a perda de consciência. Refere ainda ter sido medicado no dia vinte (20), no Hospital das Clínicas e no Hospital Militar, em São Paulo, onde recebeu massagens, novalgina injetável e tranquilizantes, que não sabe precisamente quais.

Exame clínico geral: Estado geral debilitado, fácies de sofrimento, palidez, mucosas descoradas, dificuldade de permanecer em posição ortostática, tornando-se mais pálido quando nesta posição. Na tentativa de caminhar, sente dificuldade de apoiar o pé esquerdo, devido à grande dor na planta do pé referido.

Estado psíquico: Normal.

Exame clínico especial: Segmento cefálico, olhos encovados com dor à apalpação da região orbicular D. Dor à apalpação da face anterior do pescoço na região da laringe.

Tórax – reliquat de hematoma nas regiões escapuloumeral D e E, apresentando no lado E extensa área com descamação da pele e hipercromia. Algumas lesões cicatrizadas do tamanho de um confete, provavelmente devido a queimaduras. Dor acentuada à apalpação do hemitórax E, região esternal e regiões escapuloumerais D e E. Não há indícios clínicos de fratura de costelas.

Percussão e ausculta – Nada digno de nota.

Coração – ausculta: bulhas normais. P.A. 11,5 x 7,5. Pulso rítmico 80 batimentos por minuto.

Abdômen: Apresenta alguns pontos cicatrizados do tamanho de um confete, provavelmente devido a queimaduras.

Apalpação – Dor na região umbilical e flancos, assim como no percurso dos músculos retos do abdômen. Região coccígea dolorosa à apalpação.

Segmentos Intestinais – Nada digno de nota. Hipogastro levemente doloroso à apalpação.

Membros Superiores: Direito, pequenas cicatrizes do tamanho de um confete, provavelmente devido a queimaduras. Esquerdo, apresenta as mesmas cicatrizes que encontramos no D, além do extenso ferimento produzido por objeto cortante com marcas evidentes de sutura, num total de dez (10) pontos cirúrgicos. Edema da palma de ambas as mãos em fase de resolução. Há marcas evidentes de lesões circulares em ambos os pulsos, já cicatrizadas.

Inferiores: Pequenas cicatrizes do mesmo tamanho e formato das encontradas nos membros superiores, provavelmente produzidas por queimaduras. Edema de planta de ambos os pés, mais acentuado na planta do pé E. Hematomas em fase de resolução nos 1º e 2º pododáctilos dos pés D. e E. Lesões de forma circular em ambos os tornozelos, em fase de cicatrização.

Conclusão: EVIDENTE ANEMIA AGUDA PRODUZIDA POR HEMORRAGIA ABUNDANTE. SINAIS EVIDENTES DE LESÕES PRODUZIDAS POR OBJETOS CONTUNDENTES; SINAIS EVIDENTES DE LESÕES PRODUZIDAS POR FONTES DE CALOR (QUEIMADURAS).

Assinam:*
    Dr. Antônio Carlos Madeira. CRM 9922
    Dr. David Unovich. CRM 5847
    Dr. Aytan Miranda Sipahi. CRM 13443
    Dr. Benedito Arthur Sampaio. CRM 10514

---

* Os médicos que assinaram o exame clínico de Frei Tito encontravam-se, na época, no Presídio Tiradentes, como prisioneiros políticos.

ANEXO 4
ELE LUTOU CONTRA A OPRESSÃO

Depoimento do Dr. Rolland, assistente-chefe da Clínica de Serviços de Urgências Médicas e Psiquiatria do Hospital Edouard Herriot, Lyon, França.

Tito de Alencar, prejudicado em suas faculdades mentais: isso não faz com que o destino desse homem perca a sua força e o seu direito de questionamento. Uma estada no hospital, uma morte suicida... lidos literalmente, esses acontecimentos bastam para assegurar a desdramatização.

Ora, afirmamos a força do "drama" na vida de Tito de Alencar. Pode ser mesmo a mais evidente mensagem que ele desejou transmitir. Sem discursos – salvo os de seus tormentos. Há situações que não necessitam de outras palavras senão sua própria tragédia e seu irremediável desenlace:

Quando secar o rio da minha infância secará toda dor.

Transcreveremos aqui o que nos foi possível compreender do drama do Tito. Sem certeza alguma. Como o drama de qualquer um de nós defrontando-se com o seu destino – não podemos reduzi-lo a algumas explicações. Para Tito, como para todos nós, permanece uma grande margem de impenetrável mistério, à sombra de uma opacidade que talvez nos inquiete, mas que também nos edifica.

Acreditamos que Tito descobriu, através das provas que teve de enfrentar, algo que não se possa exprimir de outra forma senão por essa incapacidade de viver. O quê?

Somos tentados a dizer logo: a dúvida. Mas não a dúvida que se opõe à fé, mas aquela que se opõe à evidência. Para Tito de Alencar, não havia mais, a partir de um determinado momento, a evidência do existir ou do sobreviver. Não somente porque algo havia morrido dentro dele, destruído por seus torturadores, mas porque, através da experiência que ele viveu, produziu-se uma ruptura em relação ao mundo, uma inversão da ordem das coisas, uma visão radicalmente outra, sardônica, ameaçadora. Inominável para nós, a quem não é dada essa experiência, o que nos impede de ter empatia com o mais íntimo de seu desgosto.

Daí o silêncio que sempre pesou entre ele e nós, no qual adivinhávamos angústia, medo, tormento, ruído... E que não podemos imaginar e recompor senão metaforicamente, sob a forma de cenas infernais povoadas de malignos e do monstro que a Idade Média esculpia com impaciência sobre os capitéis das igrejas romanas.

Submetido à tortura física, às sevícias corporais, à tortura moral, vendo caluniados e ridicularizados os símbolos de sua família espiritual, ele teve o testemunho de amigos que, com ele, partilharam dessas provas. Mas sob o furor de seus torturadores, sob sua estupidez, Tito descobriu algo que o distinguiria de seus companheiros: a imagem inimaginável, monstruosa, do homem – esse torturador que o desfigura é feito à sua imagem e semelhança, é da mesma carne, um compatriota, um irmão talvez, mas que se mostra sob uma luz tão louca, como um animal a despedaçar sua presa... Essa imagem o assaltava muitas vezes, destruindo com violência a sua própria imagem, agindo como uma revelação negativa, apagando a diferença que outros puderam manter entre o homem e o carrasco. Tito duvidará então do homem, dos outros, de si mesmo.

Foi essa revelação que ele fez em seu primeiro gesto suicida, cuidadosamente preparado e executado, mas impedido pela vigilância e obstinação de seus torturadores. Haveria muito a se refletir sobre esse gesto, cuja culminância será o enforcamento num galho de álamo, na periferia de uma cidade operária.

Tito de Alencar morreu para a vida, em fevereiro de 1970, quando, sobre o vaso sanitário de sua cela, seccionou uma artéria? Ordinariamente, os carrascos aliviam seu ódio matando sua vítima. Por um tremendo paradoxo, é obrigando a sobreviver que os carrascos se satisfazem com Tito. Certamente, havia ali também motivos políticos. Mas sabemos que entre o carrasco e sua vítima se estabelece uma osmose, uma interpenetração, onde cada um adivinha o outro num gesto, num pensamento mal formulado. O carrasco teria que se guiar apenas por sua intuição para saber o que quebraria melhor seu parceiro, excetuando a morte.

Só uma relação fundada exclusivamente no ódio poderia gerar um tal gênio destruidor, e não desejaríamos deixar de sublinhar a conivência das forças reacionárias e do sadismo, nutrindo-se mutuamente e mutuamente se ocultando. Só o sadismo pode explicar tal regressão ética da relação inter-humana, injustificada pelo simples jogo político. É o que se deve entender das palavras tão comoventes de Tito:

Eles quiseram me deixar dependurado a noite toda no pau de arara, mas o capitão Albernaz objetou: não é preciso, vamos ficar com ele aqui mais dias. Se não falar, será quebrado por dentro, pois sabemos fazer as coisas sem deixar marcas visíveis. Se sobreviver, jamais esquecerá o preço de sua valentia.

Essa proximidade psicológica do carrasco e de sua vítima, essa comunhão satânica que reduz tudo num golpe, tornando a pessoa sem forças, constituiu para Tito a experiência destruidora fundamental de sua existência. Mesmo no limiar da morte, ele não pôde escapar desses maquiavélicos planos, por isso não deixará de sentir-se bloqueado pelo delegado Fleury, mesmo na França, mesmo em L'Arbresle. Quem estava louco: Fleury ou Tito? Não desejamos jamais recordar o caráter alucinatório das últimas experiências de Tito. Com efeito, Fleury apossara-se do corpo e do destino de Tito, e continuava a torturá-lo. Não se trata apenas de uma metáfora: graças ao ódio, o carrasco havia se introduzido na pessoa de sua vítima. É por isso que Tito nos parecia tão longe, tão desconfiado e, ao mesmo tempo, tão comovido e tão sofrido.

A expatriação não libertou Tito de seus torturadores. Sempre pensamos que um novo expatriamento (num hospital psiquiátrico ou numa clínica) não o teria libertado também. Uma tal decisão não teria aliviado senão a nós mesmos, pois o drama vivido por Tito nos absorvia violentamente.

Quem era louco: Tito ou seus torturadores?

Parece-nos ser a questão essencial pela qual o processo iniciado no Brasil se prolongava na França. Pareceu-nos que os distúrbios que ele demonstrava entre nós tinham uma continuidade política a que seria perigoso responder. Tito, a seu modo, diferente dos demais refugiados, testemunhou a opressão no Brasil na sua dramatizante conduta. Era dessa maneira que ele podia mostrar o modo insidioso e injusto com que a opressão o trabalhava por dentro, submetendo-o às vozes (em Eveux, Tito não deixava de obedecer as ordens de Fleury) e derrubando suas convicções e a autenticidade de sua práxis (nem padre, nem revolucionário). E seus amigos sabem quão dolorosas foram suas confusões e inversão de valores determinadas pela ação de seus torturadores.

Se afirmamos que através da conduta de Tito na França o processo continuava, é que o último esforço da repressão consistiu em fazê-lo passar por louco, e o intento foi alcançado quando Tito, entregue aos torturadores, assumiu sua própria loucura.

Dependia de seus amigos na França assumirem sua conduta como sinal ou testemunho. Ao confirmar a autenticidade de seu testemunho, seus amigos também resistiram à opressão.

Frei Tito de Alencar Lima

Foto © Arquivo Frades Dominicanos.

ANEXOS

ANEXO 5
POEMAS DE FREI TITO

O RETIRANTE

Longe vem o retirante
Calmo e tranquilo com seu passo cadente.
Vem de muito longe, de terras sem fim.
Quem dará abrigo a ele?
Sua túnica precisa ser mudada,
seus olhos, estar limpos,
suas mãos, asseadas.
Precisa de repouso,
de paz.
Chega para anunciar a vida,
vem dizer que nos esquecemos de amar.
Ah, quem me dera estar com ele para...

(Paris, 1972 ou 73.)

POR QUE FOGES?

Por que foges, quando todo meu corpo te procura?
Por que não me respondes?
Minha voz está rouca de te chamar.
Onde estás?
Talvez, foste embora bem longe.
Mas, para onde?
Em qual estrela refulgiste?
Se lá estivesses, transformaria meus olhos em telescópio
todas as noites falaria contigo, pertinho de ti.
No jardim de teu planeta colheria as mais belas flores
para fazer de teu corpo puro perfume. E ser desejado
com todo o ardor de meu sexo.

(Paris, 1972 ou 73.)

À MULHER

Vestiste de brancas nuvens e de sol azul
foste musa dos deuses;
de Baco, foste a primeira-dama.
Alegraste corações, criaste profundezas.
Nos teus seios, pousou a mais bela borboleta
porque os tornaste esplendorosos como uma Rosa.
Rosa que cheira;
Rosa que atenta;
Rosa que ama.
Sois toda pura,
Ó formosa e bela mulher.

(L'Arbresle, 12 de junho de 1973.)

(SEM TÍTULO)

Francisco, Francisco
Minha Igreja está em ruínas
Minha Igreja está em ruínas

Eu levanto os olhos para os montes
E procuro o Deus da minh'alma
Minha casa é sua casa
Minha vida é seu tabernáculo
Andarei na sua presença
Seus caminhos são minha luz
Em suas mãos encontro abrigo
Pois o Senhor é misericórdia
Vós sois o sal da terra;
Vós sois a luz do mundo.

(L'Arbresle, 4 de agosto de 1973.)

SE O CÉU E A TERRA

Se minh'alma é morta, quem a ressuscitará?
De noites sombrias,
de luzes opacas.
Meu espírito geme em dores.
Meu coração bate como o tique-taque de um relógio
em busca do ser quando este ser é o nada.
Minha vida encerra-se em um eterno dilema:
O ser e o não ser,
viver é ver,
ver estrelas,
ver flores,
ver a infinita beleza de um ser criador.
Não busco o céu, mas talvez a terra,
um paraíso perdido.
Se o céu é terra, nele eu me movo como um ser
moribundo: experiência, experiência do meu viver.
Em luzes e trevas derrama o sangue da minha existência.
Quem me dirá como é o existir
Experiência do visível ou do invisível?
Se o invisível é visível, para que ver?
Meu ver é sofrer, num mundo oculto
de minha profundeza: minha singularidade.
Talvez minha simplicidade complicada.
Há razões para o não ser,
pois no nada, no vazio,
encontre uma chama que apanhe um absoluto.
Mas aonde?
Em que terra?
Olho todos os dias as estrelas, olhar singelo
de um infinito, tão vasto quanto a distância de seu brilho.
Talvez elas sejam os olhos de Deus, do Deus criador.

                              (Sem data.)

"LASCIATE OGNI SPERANZA, VOI CH' ENTRATE!"
("Deixai toda esperança, ó vós que entrais" – Dante)

São noites de silêncio
Vozes que clamam num espaço infinito
Um silêncio do homem e um silêncio de Deus.
Talvez seja esta a voz humana de nosso tempo.
Quem o entende?
Como se faz entender?
E quando fala, o que diz?
Senhor, viveste esta hora junto a teu pai amado.
Para que buscaste esta forma de vida?
Por que oraste? Por acaso não és tu Deus?
Que pedias? Por que não disseste aos teus amigos
teus encontros em noites escuras e de trevas?
Afastado num monte, belo, simples como toda beleza
tu pediste ao teu Pai, a tua paz, o teu sentido
Da tua missão,
Da tua paixão,
Da tua solidão.
Algumas vezes, quando te encontro te vejo só. Incom-
                                            [preendido.
Também abandonado.
Meu pai, meu pai, por que me abandonaste? Senhor,
será que teu Pai te abandonou?
Quanto a mim, estou só. Num mundo; não sei qual
                                               [mundo.
Talvez da incerteza, mas também da Esperança:
de um dia ver-te face a face.
Como gostaria de ver
e de perguntar apenas:
O que queres de mim?
Por acaso, não me chamaste à vida?
E por que me abandonas?

ou será que meus ouvidos
já estão surdos à tua voz?
Vozes do silêncio,
Vozes das dores,
Voz de um sofrimento mesclado com tua maneira
de ser diante de mim.
Qual é a palavra do teu silêncio?
O meu, tu bens sabes...
Nem mesmo compreendo.
Não retires de mim teu Espírito
Nem te afaste de minha face.
Mas eu que te veja!
Mostra-me teu rosto, para que seja um acalanto
Um canto de ninar da criança que se entrega
inteira aos teus braços de consolo e de paz.

(L'Arbresle, 1973 ou 74.)

DORMES, CRIANÇA

Dormes, criança, pois teu sonho é paz,
Embale, em tu'alma, o canto profundo
De um amor imenso que manifestaste
Em cantos mil.
Dormes, dormes, o amanhã é ternura
É dia de sol,
É dia de luz.
Canta teus cantos,
Brincas teus pássaros,
Faz da tua vida a beleza de uma aventura
Que é graça, também dom de Deus.
Sonha, sonha, ó infância amada
Que os poetas acalentem o teu repouso.
Em teus braços frágeis trazes flores

Para enfeitar um mundo de dores
Para uma realidade maior.
Faz de tua paz, a nossa paz,
De teu olhar, nosso olhar
Mesclado de claro-escuro
Dimensão de todo ser,
Profundo,
Imenso,
Sopro a encher um espaço vazio
Inexistente no infinito do Amor.
Dize-me em que braços andas,
Quem sonha teus sonhos,
Para que veja a clareza de teu espírito.
Faze dele o sonho do Nazareno
Quem também foi criança,
Sonhando como tu sonhas
Enfeitas de esperanças uma pequena aldeia,
Uma Nazaré humana,
Abrigo dos pobres,
Sustento dos fracos,
Grandeza dos pequenos como tua pequenez.

(L'Arbresle, 6 de fevereiro de 1974.)

FONTES

I. Os dados biográficos de Carlos Marighella foram extraídos de reportagens e posteriormente checados com pessoas que o conheceram mais de perto. As principais reportagens consultadas foram: "A caçada", artigo de *Veja* sobre a perseguição policial a Marighella, na edição de 20 de novembro de 1968; "Carlos Marighella, o homem mais procurado", do *Jornal da Tarde* (SP) de 23 de novembro de 1968. Os poemas são de sua obra *Poesias*, Edições Contemporâneas, Rio, s/d. O pensamento político, da polêmica interna no PCB à opção pela guerrilha, está contido nos documentos elencados na obra *Escritos de Carlos Marighella*, Editorial Livramento, São Paulo, 1979. Os documentos da ALN foram encontrados em publicação mimeografada, de janeiro de 1972, e uma análise da teoria e da prática daquele movimento, no texto mimeografado *ALN: contribuição para um balanço autocrítico*. Os principais documentos da ALN foram reunidos no livro *Pour la libération du Brésil*, de Carlos Marighella, publicado em Paris, 1970, por um conjunto de editoras francesas. Uma reprodução da última entrevista do dirigente revolucionário, concedida ao jornalista e escritor belga Conrad Detrez, em outubro de 1969, encontra-se na obra desse autor, *Les Noms de la tribu*, Paris, Éditions du Seuil, 1981. Para se conhecer o itinerário político e geográfico de Leon Trótski, ver sua obra *Minha vida* (*ensaio autobiográfico*), José Olympio Editora, Rio, s/d.

II. Para recompor com precisão tudo aquilo que a memória preserva de minhas atividades em São Paulo e no Sul, entre 1966 e 1969, mantive entrevistas com diversas pessoas que, direta ou indiretamente, viveram os mesmos acontecimentos. Consultei os jornais da época, principalmente a coleção do Arquivo da Província Dominicana do Brasil, e familiares de pessoas que ajudei a sair do país e que, hoje, estão mortas ou desaparecidas. Dos que estão vivos, tive oportunidade de conviver na prisão com Joseph Calvert e de, posteriormente, reencontrar Ana Maria Ribas. Eduardo Arantes de Almeida deu-me valiosa contribuição para reconstituir a síntese biográfica de seu irmão, José Arantes de Almeida.

Uma fonte muito importante para a 11ª edição e subsequentes desta obra foram os livros *Carlos Marighella*, de Emiliano José (São Paulo, Sol e Chuva, 1997), e o clássico *Dos filhos deste solo – mortos e desaparecidos políticos durante a ditadura militar: a responsabilidade do Estado*, de Nilmário Miranda e Carlos Tibúrcio (São Paulo, Fundação Perseu Abramo – Boitempo Editorial, 1999). Esta obra é fruto da Comissão Especial, criada em 1995 pelo governo FHC, que apura o destino de mortos e desaparecidos políticos.

III. Além dos jornais da época, graças ao depoimento de dom Marcelo Carvalheira foi possível reconstituir os episódios do Sul. Para esse capítulo, bem como para os dois seguintes, fiz um levantamento completo de nosso processo na Divisão de Arquivo e Conservação do Superior Tribunal Militar, em Brasília, nos primeiros dias de outubro de 1979. Sobre os combatentes assassinados pela repressão, ver *Desaparecidos políticos (prisões, sequestros, assassinatos)*, obra organizada por Reinaldo Cabral e Ronaldo Lapa, Rio de Janeiro, Edições Opção e Comitê Brasileiro pela Anistia, 1979. Consultei ainda um interessante levantamento das atividades repressivas, *A repressão militar-policial no Brasil*, em off-set, 1975; *Os governos militares 1969-1974*, de Hélio Silva, São Paulo, Editora Três, 1975; *Brasile, violazione dei diriti dell'uomo*, dossiê do Tribunal Russel II, organizado por Linda Bimbi e publicado pela Editora Feltrinelli, Milão, 1975. Ver também o documento divulgado pela Comissão Arquidiocesana de Pastoral dos Direitos Humanos e Marginalizados da Arquidiocese de São Paulo, *Repressão na Igreja no Brasil* (*Reflexo de uma situação de opressão – 1968/1978*), s/d.

IV. Sobre as diversas versões da morte de Marighella, ver "Operação Batina Branca", jornal *Movimento*, 7 de agosto de 1978; Marco Aurélio Borba, "Como Foram Realmente as Últimas Horas de Carlos Marighella", revista *Playboy*, nº 51, outubro de 1979; Sérgio Buarque de Gusmão, "Marighella Morreu. Descuido ou Traição?", *Isto É*, 31 de outubro de 1979; "Carlos Marighella", publicação em off-set da Comissão Executiva Nacional dos Movimentos de Anistia, São Paulo, novembro de 1979.

As informações sobre a participação da CIA no episódio são da obra de Victor Marchetti e John D. Marks, *A CIA e o culto da Inteligência*, Rio, Nova Fronteira, 1974. A entrevista que me concedeu o padre Ernanne Pinheiro, do Recife, permitiu reconstituir o sequestro de avião ocorrido no mesmo dia da morte de Marighella. A carta dos dominicanos franceses foi publicada no *Le Monde* de 15 de novembro de 1969. Entre

FONTES

o noticiário de imprensa da época, destaco "Scherer Verbera a Cumplicidade", *Estado de S. Paulo*, 10 de novembro de 1969. Ver ainda ministro Edgard Costa, *Os grandes julgamentos do Supremo Tribunal Federal*, 1º vol., Rio, Civilização Brasileira, 1964, e a obra de A.J. Langguth, *A face oculta do terror*, Rio, Civilização Brasileira, 1979, que narra as operações policiais dos Estados Unidos no Brasil e no Uruguai.

Para melhor se conhecer as torturas e a sofisticação do aparelho repressivo, ver *Tortura*, de Antonio Carlos Fon, São Paulo, Editora Global, 2ª edição, 1971. Frei Fernando de Brito e Ivo Lesbaupin forneceram-me dados de suma importância não só para este capítulo como para quase todos os capítulos desta obra, cuja redação iniciei em 1979. A revisão e ampliação do texto ocuparam-me ao longo de 1999.

O parecer médico-legal do professor Nelson Massini consta na *Folha de S. Paulo* (12/5/96). Cf. Emiliano José, *Carlos Marighella* (São Paulo, Sol e Chuva, 1997, pp. 32-33).

V. A reportagem que fiz sobre a reação do clero à mudança de bispo em Botucatu foi publicada na revista *O Cruzeiro* de 29 de junho de 1968, sob o título "A Rebelião dos Padres". Um complemento a este capítulo é a obra de Ivo Lesbaupin *A bem-aventurança da perseguição,* Petrópolis, Vozes, 1975. Diversas entrevistas com pessoas que passaram pelo DEOPS de São Paulo, na mesma época em que lá nos encontrávamos, permitiram a reconstituição dos fatos narrados.

VI. Sobre Frei Tito, há extensa bibliografia. *Fora do campo*, de Raniero La Valle, Rio, Civilização Brasileira, 1980, publica, em seu primeiro capítulo, um dossiê do sofrimento do jovem dominicano, destacando-se entrevistas com pessoas que com ele conviveram em seus últimos dias na França. A reconstituição de sua vida, seus escritos e sua morte estão em *Brasilianische passio*, de Tito de Alencar, Friedrich Reinhardt, Suíça, VerlagBasel, 1979; e na excelente obra organizada por Xavier Plasset, *Alors les pierres crieront*, Tito de Alencar, Paris, Editions Cana, 1980.

A Província Dominicana do Brasil editou dossiê mimeografado, s/d. intitulado *Frei Tito*, e lançou uma nova edição, revista e ampliada, em 1999, sob o título *Frei Tito, memória e esperança*, para comemorar os 25 anos de seu martírio. No capítulo, reproduzi o original do relatório que Tito fez de suas torturas, publicado por *Look Magazine* de 7 de abril de 1970, sob o título "Brazil: Government by Torture". Ver ainda "Dossiê Frei Tito", *in Memórias do exílio*, Pedro Celso Uchôa Cavalcanti e Jovelino Ramos (coord.), São Paulo, Editora Livramento, 1978; Isa Freaza,

"Frei Tito, um Jovem Destruído pela Ditadura", *Pasquim*, nº 468, 20 a 26 de outubro de 1978; Teófilo Cabestrero, *La pasión segun Frei Tito*, Bilbao, DDB, 1978, obra muito bem organizada; Frei Domingos Maia Leite, "Por Que Frei Tito Morreu?", depoimento a Rivaldo Chinem, *O São Paulo*, 5 a 11 de agosto de 1978; "As Sequelas da Tortura. Memórias (e Marcas) das Prisões Políticas", Sérgio Buarque Gusmão, *Isto É*, 12 de dezembro de 1979.

Em sua coluna do *Jornal do Brasil* de 29 de dezembro de 1978, José Carlos de Oliveira publicou, pela primeira vez, o poema de Adélia Prado "Terra de Santa Cruz", em memória de Frei Tito – poema posteriormente incluído no livro de mesmo nome da poeta mineira, editado pela Nova Fronteira, Rio, 1981.

O depoimento de Nildes de Alencar Lima, irmã de Tito, foi inicialmente publicado em *O São Paulo* e transcrito no *Jornal do Brasil* de 12 de novembro de 1978. O padre Paul-Eugène Charbonneau dedicou ao caso de Frei Tito seu comovido artigo "Torturas e torturados", na *Folha de S. Paulo* de 20 de maio de 1981.

A ficção brasileira presta uma homenagem à memória do religioso cearense na obra alucinada de Roberto Drummond, *Sangue de Coca-Cola*, Ática, São Paulo, 1980.

O depoimento do Dr. Jean-Claude Rolland, divulgado na forma de Comunicação ao XI Congresso da Academia Internacional de Medicina Legal e de Medicina Social, realizado em Lyon, em agosto de 1979, foi reproduzido na obra *Alors les pierres crieront*, já citada.

OBRAS DO AUTOR

EDIÇÕES NACIONAIS

1– *Cartas da prisão,* Rio de Janeiro, Civilização Brasileira, 1974 (6ª edição, 1976) – esgotada.

2 – *Das catacumbas,* Rio de Janeiro, Civilização Brasileira, 1976 (3ª edição, 1985) – esgotada.

3 – *Oração na ação,* Rio de Janeiro, Civilização Brasileira, 1977 (3ª edição, 1979) – esgotada.

4 – *Natal, a ameaça de um menino pobre,* Petrópolis, Vozes, 1978 – esgotada.

5 – *A semente e o fruto, Igreja e comunidade,* Petrópolis, Vozes (3ª edição), 1981 – esgotada.

6 – *Diário de Puebla,* Rio de Janeiro, Civilização Brasileira, 1979 (2ª edição, 1979) – esgotada.

7 – *A vida suspeita do subversivo Raul Parelo* (contos), Rio de Janeiro, Civilização Brasileira, 1979 (esgotado). Reeditada sob o título de *O aquário negro,* Rio de Janeiro, Difel, 1986. Há uma edição do Círculo do Livro, 1990 – esgotada.

8 – *Puebla para o povo,* Petrópolis, Vozes, 1979 (4ª edição, 1981) – esgotada.

9 – *Nicarágua livre, o primeiro passo,* Rio de Janeiro, Civilização Brasileira, 1980. Dez mil exemplares editados em Jornalivro, São Bernardo do Campo, ABCD-Sociedade Cultural, 1981 – esgotada.

10 – *O que é Comunidade Eclesial de Base,* São Paulo, Brasiliense, 5ª edição, 1985. Coedição com a Editora Abril, São Paulo, 1985, para bancas de revistas e jornais – esgotada.

11– *O fermento na massa,* Petrópolis, Vozes, 1981– esgotada.

12 – *CEBs, rumo à nova sociedade,* São Paulo, Paulinas, 2ª edição, 1983 – esgotada.

13 – *Fogãozinho, culinária em histórias infantis* (com receitas de Maria Stella Libanio Christo), Rio de Janeiro, Nova Fronteira, 1984 (3ª ed., 1985). Nova edição da Mercuryo Jovem – São Paulo, 2002.

14 – *Fidel e a religião, conversas com Frei Betto*, São Paulo, Brasiliense, 1985 (23ª edição, 1987). Edição do Círculo do Livro, São Paulo, 1989 – esgotadas.

15 – *Batismo de sangue, os dominicanos e a morte de Carlos Marighella*, Rio de Janeiro, Civilização Brasileira, 1982 (7ª edição, 1985). Reeditada pela Bertrand do Brasil, Rio de Janeiro, 1987 (10ª edição, 1991). Edição do Círculo do Livro, São Paulo, 1982. Em 2000 foi lançada a 11ª edição revista e ampliada – *Batismo de sangue – A luta clandestina contra a ditadura militar – Dossiês Carlos Marighella e Frei Tito* – pela Editora Casa Amarela, São Paulo.

16 – *OSPB, Introdução à política brasileira*, São Paulo, Ática,1985, (18ª edição, 1993) – esgotada.

17 – *O dia de Angelo* (romance), São Paulo, Brasiliense, 1987 (3ª edição, 1987). Edição do Círculo do Livro, São Paulo, 1990 – esgotada.

18 – *Cristianismo & marxismo*, Petrópolis, Vozes, 3ª edição, 1988 – esgotada.

19 – *A proposta de Jesus* (Catecismo Popular, vol. I), São Paulo, Ática, 1989 (3ª edição, 1991) – esgotada.

20 – *A comunidade de fé* (Catecismo Popular, vol. II), São Paulo, Ática, 1989 (3ª edição, 1991) – esgotada.

21 – *Militantes do reino* (Catecismo Popular, vol. III), São Paulo, Ática, 1990 (3ª edição, 1991) – esgotada.

22 – *Viver em comunhão de amor* (Catecismo Popular, vol. IV), São Paulo, Ática, 1990 (3ª edição, 1991) – esgotada.

23 – *Catecismo popular* (versão condensada), São Paulo, Ática, 1992 (2ª edição, 1994) – esgotada.

24 – *Lula – biografia política de um operário*, São Paulo, Estação Liberdade, 1989 (8ª edição, 1989). *Lula – Um operário na presidência*, São Paulo, Casa Amarela, 2003 – edição revisada e atualizada – esgotada.

25 – *A menina e o elefante* (infantojuvenil), São Paulo, FTD, 1990 (6ª edição, 1992). Em 2003, foi lançada nova edição revista pela Editora Mercuryo Jovem, São Paulo.

26 – *Fome de pão e de beleza*, São Paulo, Siciliano, 1990 – esgotada.

27 – *Uala, o amor* (infantojuvenil), São Paulo, FTD, 1991 (6ª edição, 1996).

28 – *Sinfonia universal, a cosmovisão de Teilhard de Chardin*, São Paulo, Ática, 1997 (5ª ed. revista e ampliada). 1ª ed., Letras & Letras, São Paulo, 1992 (3ª ed., 1999).

29 – *Alucinado som de tuba* (romance), São Paulo, Ática, 1993 (13ª edição, 2000).

OBRAS DO AUTOR

30 – *Por que eleger Lula presidente da República* (Cartilha Popular), São Bernardo do Campo, FG, 1994 – esgotada.

31 – *O paraíso perdido – nos bastidores do socialismo*, São Paulo, Geração Editorial, 1993 (2ª edição, 1993) – esgotada.

32 – *Cotidiano & mistério*, São Paulo, Olho d'Água, 1996. (2ª ed., 2003) – esgotada.

33 – *A obra do artista – uma visão holística do Universo*, São Paulo, Ática, 1995 (3ª edição, 1997).

34 – *Comer como um frade – divinas receitas para quem sabe por que temos um céu na boca*, Rio de Janeiro, Francisco Alves, 1996 (2ª edição, 1997). Em 2003, foi lançada nova edição, revista e ampliada, pela Editora José Olympio, Rio de Janeiro.

35 – *O vencedor* (romance), São Paulo, Ática, 1996 (14ª edição, 2000).

36 – *Entre todos os homens* (romance), São Paulo, Ática, 1997 (6ª edição, 1999).

37 – *Talita abre a porta dos evangelhos*, São Paulo, Moderna, 1998.

38 – *A noite em que Jesus nasceu*, Petrópolis, Vozes, 1998 – esgotada.

39 – *Hotel Brasil, São Paulo*, Ática, 1999 (2ª ed., 1999) – nova edição, Rocco.

40 – *A mula de Balaão*, São Paulo, Salesiana, 2001.

41 – *Os dois irmãos*, São Paulo, Salesiana, 2001.

42 – *A mulher samaritana*, São Paulo, Salesiana, 2001.

43 – *Alfabetto – Autobiografia escolar*, São Paulo, Ática, 2002.

44 – *Gosto de uva – Textos selecionados*, Rio de Janeiro, Garamond, 2003.

45 – *Típicos tipos – Coletânea de perfis literários*, São Paulo, A Girafa, 2004.

46 – *Saborosa viagem pelo Brasil – Limonada e sua turma em histórias e receitas a bordo do Fogãozinho* (com receitas de Maria Stella Libanio Christo), São Paulo, Mercuryo Jovem, 2004.

47 – *Treze contos diabólicos e um angélico* – São Paulo, Editora Planeta do Brasil, 2005.

48 – *A mosca azul – reflexão sobre o poder* – Editora Rocco, Rio de Janeiro, 2006.

EM COAUTORIA

Comunicación popular y alternativa (com Regina Festa e outros), Buenos Aires, Paulinas, 1986.

Mística y espiritualidad (com Leonardo Boff), Buenos Aires, Cedepo, 1995. Cittadella Editrice, Itália, 1995.

Palabras desde Brasil (com Paulo Freire e Carlos Rodrigues Brandão), La Habana, Caminos, 1996.

A reforma agrária e a luta do MST (com vv.aa.), Petrópolis, Vozes, 1997.

Ensaios de complexidade (com Edgar Morin, Leonardo Boff e outros), Porto Alegre, Sulina, 1977.

O desafio ético (com Eugenio Bucci, Jurandir Freire Costa e outros), Rio de Janeiro/Brasília, Garamond/Codeplan, 1997 (4ª edição).

Carlos Marighella – o homem por trás do mito (coletânea de artigos organizada por Cristiane Nova e Jorge Nóvoa) – São Paulo, Unesp, 1999.

Sinal de contradição (em parceria com Afonso Borges Filho), Rio de Janeiro, Espaço e Tempo, 1988 – esgotada.

Essa escola chamada vida (em parceria com Paulo Freire e Ricardo Kotscho), São Paulo, Ática, 1988 (14ª ed., 2003).

Hablar de Cuba, hablar del Che (com Leonardo Boff), La Habana, Caminos, 1999.

O MST abre um caminho de futuro in *Quem está escrevendo o futuro?* – 25 textos para o século XXI (coletânea de artigos, organizada por Washington Araújo) – Brasília, Letraviva, 2000.

A avareza in *7 pecados do capital* (coletânea de artigos, organizada por Emir Sader) – Rio de Janeiro, Record, 1999.

Prisão em dose dupla in *Nossa paixão era inventar um novo tempo* – 34 depoimentos de personalidades sobre a resistência à ditadura militar (organização de Daniel Souza e Gilmar Chaves), Rio de Janeiro, Rosa dos Tempos, 1999.

A prática dos novos valores in *Valores de uma prática militante*, em parceria com Leonardo Boff e Ademar Bogo, São Paulo, Consulta Popular, Cartilha nº 9, 2000.

Contraversões – civilização ou barbárie na virada do século, em parceria com Emir Sader, São Paulo, Boitempo, 2000.

Brasil 500 Anos: trajetórias, identidades e destinos. Vitória da Conquista, UESB (Série Aulas Magnas), 2000.

OBRAS DO AUTOR

O indivíduo no socialismo, em parceria com Leandro Konder, São Paulo, Fundação Perseu Abramo, 2000.

O decálogo (contos), em parceria com Carlos Nejar, Moacyr Scliar, Ivan Angelo, Luiz Vilela, José Roberto Torero e outros, São Paulo, Nova Alexandria, 2000.

As tarefas revolucionárias da juventude, reunindo também textos de Fidel Castro e Lênin, São Paulo, Expressão Popular, 2000.

Diálogos criativos, em parceria com Domenico de Masi e José Ernesto Bologna, São Paulo, DeLeitura, 2002.

Por que nós, brasileiros, dizemos não à guerra, em parceria com Ana Maria Machado, Joel Birman, Ricardo Setti e outros, São Paulo, Editora Planeta do Brasil, 2003.

Mística e espiritualidade (em parceria com Leonardo Boff), Rio de Janeiro, Rocco, 1994 (4ª ed., 1999). Rio de Janeiro, Garamond (6ª ed., revista e ampliada, 2005).

EDIÇÕES ESTRANGEIRAS

50 cartas a Dios, em parceria com Pedro Casaldáliga, Federico Mayor Zaragoza e outros, Madri, PPC, 2005.

Dai soterranei della Storia, Milão, Itália, Arnoldo Mondadori, 2ª edição, 1973 – esgotada.

Novena di San Domenico, Brescia, Itália, Queriniana, 1974.

L'Eglise des prisons, Paris, França, Desclée de Brouwer, 1972.

La Iglesia encarcelada, Buenos Aires, Argentina, Rafael Cedeño Editor, 1973 – esgotada.

Brasilianische passion, Munique, Alemanha, Kösel Verlag, 1973.

Fangelsernas kyrka, Estocolmo, Suécia, Gummessons, 1974.

Geboeid kijk ik om mij heen, Bélgica-Holanda, Gooi en sticht bvhilversum, 1974.

Creo desde la carcel, Bilbao, Espanha, Desclée de Brouwer, 1976.

Against Principalities and Powers, Nova York, EUA, Orbis Books, 1977 – esgotado.

17 días en Puebla, México, México, CRI, 1979.

Diario di Puebla, Brescia, Itália, Queriniana, 1979.

Lettres de prison, Paris, França, du Cerf, 1980.

Lettere dalla prigione, Bolonha, Itália, Dehoniane, 1980.

La preghiera nell'azione, Bolonha, Itália, Dehoniane, 1980.

Que es la Teología de la Liberación? Lima, Peru, Celadec, 1980.

Puebla para el pueblo, México, México, Contraste, 1980.

Battesimo di sangue, Bolonha, Itália, Asal, 1983. Nova edição revista e ampliada publicada pela Sperling & Kupfer, Milão, 2000.

Les frères de Tito, Paris, França, du Cerf, 1984.

El acuario negro, La Habana, Cuba, Casa de las Américas, 1986.

La pasión de Tito, Caracas, Venezuela, Ed. Dominicos, 1987.

El día de Angelo, Buenos Aires, Argentina, Dialectica, 1987.

Il giorno di Angelo, Bolonha, Itália, E.M.I., 1989.

Los 10 mandamientos de la relación Fe y Política, Cuenca, Equador, Cecca, 1989.

10 mandamientos de la relación Fe y Política, Panamá, Ceaspa, 1989.

De espaldas a la muerte, Dialogos con Frei Betto, Guadalajara, México, Imdec, 1989.

Fidel y la religión, La Habana, Cuba, Oficina de Publicaciones del Consejo de Estado,1985. Até 1995, editada nos seguintes países: México, República Dominicana, Equador, Bolívia, Chile, Colômbia, Argentina, Portugal, Espanha, França, Holanda, Suíça (em alemão), Itália, Tchecoslováquia (em tcheco e inglês), Hungria, República Democrática da Alemanha, Iugoslávia, Polônia, Grécia, Filipinas, Índia (em dois idiomas), Sri Lanka, Vietnã, Egito, Estados Unidos, Austrália e Rússia. Há uma edição cubana em inglês. Ocean Press, Austrália, 2005.

Lula – Biografia política de un obrero, Cidade do México, México, MCCLP, 1990.

A proposta de Jesus, Gwangju, Korea, Work and Play Press, 1991.

Comunidade de fé, Gwangju, Korea, Work and Play Press, 1991.

Militantes do reino, Gwangju, Korea, Work and Play Press, 1991.

Viver em comunhão de amor, Gwangju, Korea, Work and Play Press, 1991.

Het waanzinnige geluid van de tuba, Baarn, Holanda, Fontein, 1993.

Allucinante suono di tuba, Celleno, Itália, La Piccola Editrice, 1993.

Uala Maitasuna, Tafalla, Espanha, Txalaparta, 1993.

Día de Angelo, Tafalla, Espanha, Txalaparta, 1993.

OBRAS DO AUTOR

La musica nel cuore di un bambino (romance), Milano, Sperling & Kupfer, 1998.

La obra del artista – una visión holística del Universo, La Habana, Caminos, 1998.

La obra del artista – una visión holística del Universo, Córdoba, Argentina, Barbarroja, 1998.

La obra del artista – una visión holística del Universo, Madri, Trotta, 1999.

Entre todos los hombres (romance), La Habana, Caminos, 1998.

Uomo fra gli uomini (romance), Milano, Sperling & Kupfer, 1998.

Gli dei non hanno salvato l'America – Le sfide del nuovo pensiero político latinoamericano, Milano, Sperling & Kupfer, 2003.

Hotel Brasil – Éditions de l'Aube, França, 2004.

Non c'e progresso senza felicità, em parceria com Domenico de Masi e José Ernesto Bologna, Milano, Rizzoli, 2004.

Sabores y saberes de la vida – Escritos escogidos, Madrid, PPC Editorial, 2004.

Ten eternal questions – Wisdom, Insight and Reflection for Life's Journey, em parceria com Nelson Mandela, Bono, Dalai Lama, Gore Vidal, Jack Nicholson e outros – Organizada por Zoë Sallis – Editora Duncan Baird Publishers, Londres, 2005. Edição portuguesa pela Platano Editora, Lisboa, 2005.

Impressão e Acabamento:
EDITORA JPA LTDA.